城市主干道长距离穿越复杂环境条件下的关键设计方法研究

——以青岛市安顺路打通工程为例

李蕾　司义德　杨东升　主编

中国海洋大学出版社

·青岛·

图书在版编目（CIP）数据

城市主干道长距离穿越复杂环境条件下的关键设计方法研究：以青岛市安顺路打通工程为例 / 李蕾，司义德，杨东升主编． -- 青岛：中国海洋大学出版社，2024．7．
ISBN 978-7-5670-3918-6

Ⅰ．U415

中国国家版本馆 CIP 数据核字第 2024NB3489 号

CHENGSHI ZHUGANDAO CHANGJULI CHUANYUE FUZA HUANJING TIAOJIAN XIA
DE GUANJIAN SHEJI FANGFA YANJIU
——YI QINGDAOSHI ANSHUNLU DATONG GONGCHENG WEI LI

城市主干道长距离穿越复杂环境条件下的关键设计方法研究
——以青岛市安顺路打通工程为例

出版发行	中国海洋大学出版社
社　　址	青岛市香港东路 23 号　　邮政编码　266071
网　　址	http：//pub.ouc.edu.cn
出 版 人	刘文菁
责任编辑	由元春　　　　　　　电　　话　15092283771
电子信箱	94260876@qq.com
印　　制	青岛国彩印刷股份有限公司
版　　次	2024 年 7 月第 1 版
印　　次	2024 年 7 月第 1 次印刷
成品尺寸	185 mm × 260 mm
印　　张	14.25
字　　数	280 千
印　　数	1～1 000
定　　价	79.00 元
订购电话	0532-82032573（传真）

发现印装质量问题，请致电0532-58700166，由印刷厂负责调换。

编委会

前 言

近年来，随着青岛市经济水平和国际化程度的不断提升，城市发展迎来了新的阶段和机遇。青岛市委、市政府在"环湾保护、拥湾发展"的战略基础上，紧紧围绕蓝色经济区国家发展战略，坚持"组团发展、生态间隔"的城市空间布局理念，以"世界眼光、国际标准、本土优势"，落实"全域统筹、三城联动、轴带展开、生态间隔、组团发展"的空间发展战略。

随着胶东国际机场投入运营，城市框架、业态布局和交通格局都在迅速变化，东岸城区南北向和东西向交通拥堵越发严重，城市路网建设存在快速路网建成率偏低、区域问路网贯通率不高等问题。"十四五"期间，青岛市委、市政府发起的交通基础设施建设攻势，按照"超前谋划、加强储备、先急后缓"的思路，着力推进"快速成网、节点立体、主干完善、次支贯通"为核心的"5+5+15+N"工程。

唐河路—安顺路打通工程作为"十四五"期间重要的实施项目，从交通疏解功能来看，能够有效缓解环湾路交通压力，部分解决城市路网"东西不畅、南北不通"的状况，作为胶州湾第二隧道东端配套工程之一，为二隧整体交通功能的发挥提前储备路网保障。从带动区域发展来看，这一工程沿线穿越城市老工业区，近几年东风化工、青岛碱业、青岛钢铁等大型企业已经陆续搬迁，百洋健康科技园等高新技术企业陆续落地，该区域存在骨干路网缺乏、路网密度低、市政管网不足、整体环境差等问题，严重制约了周边地块的开发建设。该项目的实施有效改善了城区环境，提升了城市品质，强化了区域协同，完善了城市功能，盘活了闲置土地和低效用地，使城市焕发新的活力。从管网承载功能来看，唐河路—安顺路是青岛市东岸城区南北向市政管线的主要敷设路由，规划有输水、输电、燃气、供热、排水等重要的管道干线，串联沿线重要的变电站、水厂等市政设施，服务面积涵盖了东岸城区约 50 km^2 范围。同时，青岛市作为国家级综合管廊试点城市之一，唐河路—安顺路综合管廊是规划中的重要试点项目，项目的建设将打通主城区西部南北向管线廊道，补齐沿线区域管网配套不足的短板。

唐河路—安顺路打通工程全长 14.3 km，穿越市北、李沧、城阳三区，实施条件极其复杂，涉及铁路、公路、河道、地铁、高压电力走廊、不良地质等几乎市政道路建设的所有难点问题。本书在对现状及规划解读的基础上，对该项目交通及建设规模进行分析，针对涉铁路、涉公路、涉河、涉地铁、涉高压及不良地质处理等各种典型城市道路建设难点的解决策略进行详细分析，并对项目总体、路面、桥梁、管线、综合管廊、景观绿化等道路全元素关键技术进行介绍，一方面记录这一重点项目的研究历程，另一方面为读者全方位呈现一个完整的工程案例，为工程建设、设计、施工、科研等各领域，提供丰富、详细、全面的案例分析及策略研究。

目 录

第一章　项目研究的前期准备 ▶▶▶ ·· 001

　第一节　项目背景 ·· 001

　第二节　建设条件 ·· 002

　第三节　现状与规划分析 ·· 006

第二章　交通分析及规模预测 ▶▶▶ ·· 018

　第一节　现状交通调查与分析 ·· 018

　第二节　交通量预测方法 ·· 026

　第三节　交通量预测内容及结论 ·· 026

　第四节　建设规模分析 ·· 031

第三章　重难点问题解决策略 ▶▶▶ ·· 035

　第一节　涉铁问题解决策略 ·· 035

　第二节　涉公路问题解决策略 ·· 045

　第三节　涉河问题解决策略 ·· 052

　第四节　涉地铁问题解决策略 ·· 062

　第五节　涉高压电问题解决策略 ·· 067

　第六节　不良地质问题解决策略 ·· 070

第四章　关键性技术应用 ▶▶▶ 078

　　第一节　总体方案关键技术应用 078

　　第二节　路面结构关键技术应用 088

　　第三节　桥梁结构关键技术应用 093

　　第四节　管线综合关键技术应用 109

　　第五节　综合管廊关键技术应用 130

　　第六节　景观工程关键技术应用 158

　　第七节　全元素关键技术应用 180

第五章　项目评价与分析 ▶▶▶ 194

　　第一节　环境影响分析 194

　　第二节　节能评价与措施 200

　　第三节　劳动安全卫生消防 204

　　第四节　社会评价 208

第六章　新技术应用与研究 ▶▶▶ 210

　　第一节　BIM在道路桥梁设计施工中的应用 210

　　第二节　城市智慧化技术应用 213

　　第三节　智慧综合杆的建设 215

　　第四节　搓管机全护筒成桩新工艺 217

　　第五节　利用arcGIS软件解决片区防洪排涝问题 218

　　第六节　管道穿越河道采用非开挖技术施工 219

第一章

<<< 项目研究的前期准备

第一节　项目背景

　　青岛市位于山东半岛南部，东、南濒临黄海，东北与烟台市毗邻，西与潍坊市相连，西南与日照市接壤。青岛市是全国 5 个计划单列市之一，副省级城市，全国文明城市，全国卫生城市，中国历史文化名城，中国优秀旅游城市，中国东部沿海重要的经济、文化中心，全国 14 个沿海开放城市之一，中国面向世界的重要区域性经济中心和外贸口岸。青岛市总面积 11 282 km²，下辖七区三市：市南区、市北区、李沧区、城阳区、崂山区、黄岛区、即墨区、莱西市、平度市、胶州市。

　　近年来，随着青岛市经济水平和国际化程度的不断提升，城市发展迎来了新的阶段和机遇。青岛市委、市政府在"环湾保护、拥湾发展"的战略基础上，紧紧围绕蓝色经济区国家发展战略，坚持"组团发展、生态间隔"的城市空间布局理念，以"世界眼光、国际标准、本土优势"，落实"全域统筹、三城联动、轴带展开、生态间隔、组团发展"的空间发展战略。

　　随着胶东国际机场投入运营，城市框架、业态布局和交通格局都在迅速变化，东岸城区南北向和东西向交通拥堵越发严重，城市路网建设存在快速路网建成率偏低，区域间路网贯通率不高等问题。"十四五"期间，青岛市委、市政府发起交通基础设施建设攻势，按照"超前谋划、加强储备、先急后缓"的思路，着力推进以"快速成网、节点立体、主干完善、次支贯通"为核心的"5+5+15+N"工程。

　　唐河路—安顺路南起市北区兴隆路，北至 204 国道，位于环湾路与重庆路之间，是东岸城区贯通市北、李沧、城阳三区的交通性城市主干道，其沿线为市北、李沧老工业区，近几年青岛碱业、青岛钢铁等大型企业已经陆续搬迁，该区域存在骨干路网缺乏、路网密度低、市政管网不足、整体环境差等问题，严重制约了周边地块的开发建设，亟须一条交通性主干道带动整个区域的整体提升。项目实施将有效改善城区环境，提升城市品质，强化区域协同，完善城市功能，盘活闲置土地和低效用地，助推城市更新，焕发新的城市活力。

从交通现状来看，青岛市东岸城区呈南北狭长地形，同时受胶济铁路阻隔，东西向道路通行能力较低，整体呈现"东西不畅、南北不通"的状况。目前，胶东国际机场已投入使用，双元路也已建成通车，交通流量已趋饱和的环湾路交通压力进一步加大，亟须采取交通疏解措施。唐河路—安顺路作为介于重庆路与环湾路之间贯通南北的主干道，也是市区西部的交通主干道及联系沿线各功能组团的轴线，更是"环湾保护、拥湾发展"战略顺利实施的重要基础设施。唐河路—安顺路的打通可有效缓解环湾路等南北向交通压力。

从目前来看，金水路—衡阳路段虽已按规划建成通车，但未连通骨干路网，使用效率低，无法发挥整体路网交通功能。

唐河路—安顺路的打通将会形成一条南通青岛北站、北接城阳主城区、西连胶东国际机场的贯通性主干路，这将有效缓解环湾路、重庆路等南北向交通压力，为市北、李沧老工业区带来全新的发展机遇，使得整个东岸城区焕发新的城市活力。

第二节　建设条件

一、研究区域概况

（一）唐河路—安顺路（瑞昌路—金沙二支路）

该区域位于市北区西部四流路、瑞昌路、环湾路、李村河所围合区域。该区域现状为老企业正在搬迁，部分地块已处于开发建设阶段，工程沿线已建成的项目有百洋健康科技园等，区域道路不成系统。

（二）唐河路—安顺路（镇平路—太原路）

安顺路位于李沧西南部，李沧西南部规划区由八个街道办事处组成，规划总用地面积为 21.17 km²。安顺路（镇平路—太原路）道路西侧为胶济铁路新线，东侧为胶济铁路旧线、青岛青联股份有限公司等。

（三）唐河路—安顺路（衡阳路—仙山路）

该区域位于李沧西部娄山河南北两侧工业片区，该片区为娄山后工业片区，是李沧区乃至青岛市的老、重工业基地，分布有青岛钢厂、青岛碱厂、石油化工厂、阻燃材料厂、汽车制造厂、红星化工厂等大中型企业，大量的村办企业和大型仓储也是该地区的重要组成部分。近几年，李沧西部娄山河南北两侧的青岛碱业、青岛钢铁等大型企业已经全部搬迁，并且伴随着青连、青荣铁路的建设，部分厂房和村办企业也已被拆除，目前按照路段具体征拆情况有以下两个方面。

（1）已基本完成征拆的路段：衡阳路至遵义路段、娄山物流园北至瑞金路路段、双流高架至仙山路段，长约2.9 km。

（2）征拆暂未完成的路段：遵义路至娄山物流园、瑞金路至双流高架路段，长约1.9 km。

二、自然条件

（一）地形地貌

青岛市地形特征为东高西低，南北两侧隆起，中间凹陷。现代地貌轮廓是在漫长的地质历史发展中经过复杂的内外营力综合作用而成的，其主要的地貌单元为侵蚀构造地貌——低山、构造剥蚀地貌——丘陵、剥蚀堆积地貌——准平原、堆积地貌——洼地。

丘陵是市北区内主要地貌类型，分布面积广。其地势起伏不平，东高西低。其中，海拔100～200 m的丘陵分布更为普遍，表现为起伏和缓的宽谷缓丘地形。丘陵上部土质较差，系剥蚀性风化土，中下部是基岩或冲积土。

李沧区西部地势平坦，海岸线长约13 km，主要出产鱼类和贝类等海产品。其道路影响区域为滨海浅滩地貌，后经人工改造。现钻孔孔口地面高程为3.14～4.95 m。

（二）自然气象

青岛市地处北温带季风区域，属温带季风气候。市区受海洋环境的直接调节，受来自洋面上的东南季风及海流、水团的影响，故又具有显著的海洋性气候特点。空气湿润，雨量充沛，温度适中，四季分明。春季气温回升缓慢，较内陆迟1个月；夏季湿热多雨，但无酷暑；秋季天高气爽，降水少，蒸发强；冬季风大温低，持续时间较长。

青岛市范围内主要灾害性天气有热带气旋、雷暴、冰雹、寒潮、海冰、风暴潮等，但这些灾害性天气发生的频率均较低。

（三）工程地质

场区揭露范围内地层结构较简单，层序清晰，第四系主要由全新统人工填土层、全新统海相沉积层、全新统冲洪积层、上更新统洪冲积层等组成。其揭露基岩主要为燕山晚期粗粒花岗岩，局部变质作用形成泥质粉砂岩，共揭示了12个标准层，5个亚层。各岩土层分布特征及其物理力学性质按标准层层序自上而下，地质年代由新到老分述如下。

1. 全新统人工填土层（Q_4^{ml}）

第①层，素填土：场区沿线分布较广泛，大多数钻孔揭露该层；揭露层厚：0.50～3.80 m，层底高程为 −2.01～7.55 m；黄褐色，稍湿，松散；以回填砂土为主，含 5%～10% 黏性土，含少量碎石，直径 2～4 cm。该层回填年限大于 10 年，成分较复杂且不均匀，工程性质不稳定，未经处理不宜作为基础持力层使用。

第①₁层，杂填土：场区沿线分布广泛，根据钻探揭露，该层覆于第①层素填土之上；揭露层厚为 0.70～5.00 m，层底高程为 −0.78～8.05 m；杂色至褐色，稍湿、松散；以回填砂土为主，含 30%～40% 直径 2～7 cm 的碎石，含少量生活垃圾，较多砖块，回填花岗岩碎屑占 20%～25%。该层回填年限 5～10 年，成分复杂厚度不均匀，工程性质不稳定，未经处理不宜作为基础持力层使用。

2. 全新统海相沉积层（Q_4^{mh}）

第④层，淤泥质砂土：主要分布于衡阳路—遵义路段、遵义路—李沧区界段南段；揭露厚度为 0.40～3.10 m，层底高程为 −2.98～0.14 m；灰褐色，中密，饱和；混淤泥约 30%，呈胶结状，矿物成分以长石、石英为主，磨圆差，分选一般，含有机质，局部含较多小贝壳碎片，有腥臭味。该层地基承载力特征值 f_{ak}=90 kPa，变形模量 E_0=5.0 MPa。

3. 全新统洪冲积层（Q_4^{al+pl}）

第③层，粗砂：揭露厚度为 1.50～6.20 m，层底高程为 −4.55～0.98 m；褐黄色，稍密，饱和；矿物成分以长石、石英为主，含 10%～15% 黏性土，受到污染为灰色，分选、磨圆一般，成层不均，粒度上细下粗。该层地基承载力特征值 f_{ak}=120 kPa，变形模量 E_0=8.5 MPa。

第⑦层，粉质黏土：主要分布于遵义路—李沧区界段中段及北段；揭露厚度为 1.40～3.80 m，层顶高程为 −0.52～7.64 m；黄褐色，可塑；具有中等压缩性，含铁锰氧化物及结核，混少量砂粒，结构性差，有层理，其间夹多层粉细砂薄层，层厚为 10～20 cm，干强度中等，韧性较差，切面较粗糙，无光泽。该层地基承载力特征值 f_{ak}=220 kPa，压缩模量 E_{s1-2}=7.0 MPa。

第⑨层，砾砂：主要分布于衡阳路—遵义路段北段、遵义路—李沧区界段；揭露厚度为 0.50～3.50 m，层顶高程 −4.12～6.24 m；褐黄色，稍密，饱和；分选一般，磨圆较好，含约 10%～15% 黏性土，混少量直径为 1～3 cm 碎石。

4. 上更新统洪冲积层（Q_3^{al+pl}）

第⑩层，粉质黏土：仅在衡阳路—遵义路段中段和北段零星分布；揭露厚度为

1.50～2.00，层顶标高 −2.52～−1.84 m；灰褐色，可塑，饱和；结构性中等，塑性中等～好，有灰色黏性土条带，含中粗砂约5%，有棕色氧化物结核，干强度高。该层地基承载力特征值f_{ak}=180 kPa，压缩模量$E_{s1～2}$=8.7 MPa。推荐黏聚力标准值c_k=55 kPa，内摩擦角标准值φ_k=12°。

第⑪层，粉质黏土：在场区沿线分布广泛，揭露厚度为1.00～7.50 m，层顶高程为 −6.25～4.46 m；黄褐色，可塑～硬塑，饱和；具有中等压缩性，结构性中等，塑性中等，含少量粗砂颗粒，有铁锰氧化物及结核，有灰白色高岭土，干强度高，切面光滑。该层地基承载力特征值f_{ak}=280 kPa，压缩模量$E_{s1～2}$=9.2 MPa。推荐黏聚力标准值c_k=57 kPa，内摩擦角标准值φ_k=14.3°。该层进行标准贯入试验1次，贯入30 cm的实测击数为21击。

第⑫层，粗砾砂：该层在场区沿线分布较广泛，约一半钻孔揭露该层；揭露厚度为1.60～11.00 m，层顶高程 −10.34～0.75 m；黄褐色，中密，饱和；砾砂为主，含10%～20%黏性土，含少量粗砂，磨圆较好，分选性差，含较多风化碎屑，长石高岭土化明显。

第⑬层，黏土：揭露厚度6.20 m，层顶标高为 −10.05 m；褐红色，硬塑，饱和；结构性好，见有铁锰氧化物及其结核，含有5%的细砂，切面较光滑。根据青岛市及周边资料建议，该层地基承载力特征值f_{ak}=300 kPa，压缩模量$E_{s1～2}$=10.0 MPa。

第⑭层，砾砂：仅在7号钻孔揭露该层，揭露厚度为7.20 m，层顶标高为 −16.25 m；褐黄色，密实，饱和；矿物成分以长石、石英为主，磨圆、分选一般，局部含有30%～40%的黏性土。该层地基承载力特征值f_{ak}=350 kPa，变形模量E_0=23 MPa。

5. 基岩

场区基岩主要为燕山晚期粗粒花岗岩，局部揭露泥质粉砂岩。由于长期受内外地质的营力作用，场区内岩体物理力学性质在空间上发生了不同程度的变化，自上而下形成了性状各异的风化带。

第⑯层，粗粒花岗岩强风化带：本次勘察仅在衡阳路—遵义路段中段3～7号钻孔穿透第四系揭露该层；揭露厚度为0.50～0.60 m，揭露层顶高程为 −23.45～−11.52 m；肉红色，粗粒结构，块状构造；矿物成分以长石、石英为主，矿物蚀变强烈，风化节理裂隙较发育，岩体破碎，岩样手搓呈砂土状；由于该层揭露厚度小，未进行原位测试。根据青岛地区及周边资料推荐，该层地基承载力特征值f_{ak}=1 000 kPa，变形模量E_0=35 MPa。该层属极破碎的极软岩，岩体基本质量等级为Ⅴ级。

第⑰层，粗粒花岗岩中等风化带：本次勘察仅7号钻孔揭露该层；揭露厚度3.70 m；结构、构造、成分同上，矿物蚀变中等，风化程度较上层轻微，岩体较破碎，岩芯呈短柱状，岩块较坚硬，敲击声清脆。该层未进行原位测试及取样试验，根据青岛地区及周边资料推荐，该层地基承载力特征值 f_a=2 500 kPa，弹性模量 E=5×10^3 MPa。该层岩体基本质量等级为Ⅳ级。

6. 地下水及场地土

勘察期间，钻孔深度范围内未见地下水，根据区域调查资料，地下水位年变幅为 2～3 m，根据走访调查，近 3～5 年历史最高水位约 10 m。地下水以大气降水为主要补给来源，以地表蒸发为主要排泄方式。

7. 不良地质作用

根据调查，场区未见滑坡、崩塌、岩溶、泥石流等不良地质作用，除填土和风化岩之外无其他特殊性岩土，场区无河道、沟浜、墓穴、防空洞、孤石等对工程不利的埋藏物。

场区内揭露的饱和砂土层包括第③层粗砂、第④层淤泥质砂土、第⑨层砾砂、第⑫层粗砾砂，按照《建筑工程抗震设计规范》（GB 50011—2010）规定，按本地区抗震设防烈度 7 度要求，标准贯入锤击数基准值 N_0 取 7 击进行液化判别，判别结果为第④层淤泥质砂土是液化土层，液化等级为中等～严重。

第三节　现状与规划分析

一、区域发展现状与规划

市北区西部片区为青岛市传统工业区，主要有四方车辆研究所、瑞阳电子、华仪仪表、机械制造厂、公交公司、鸿恩橡塑等企业。根据《青岛市市北区滨海新区北片区控制性详细规划》，随着老企业搬迁计划的实施，滨海新区将建设成人口规模为 34 万人的蓝色中央商务区。

李沧西南部规划区由八个街道办事处组成，分别是兴城路街道办、兴华路街道办、沧口街道办（永安路街道办）、永清路街道办、振华路街道办、虎山路街道办、李村街道办、浮山路街道办，总面积约 21.17 km^2，总户数约 99 000 户，总人口约 21.4 万人。

娄山河南北两侧工业片区位于李沧西北部，区域涉及娄山街道办、湘潭路街道办、兴城路街道办和永清路街道办四个街道办事处，总面积约 1 640.44 hm^2；区域内涉及 8 个行政村：徐家宋哥庄、石家宋哥庄、刘家宋哥庄、西南渠村、娄山后村、板桥坊村、坊子街村、小枣园村，总户数约 11 200 户，总人口约 31 000 人。该片区为娄山后工业片区，是李沧区乃至青岛市的老、重工业基地，分布有青岛钢厂、青岛碱厂、石油化工厂、阻燃材料厂、汽车制造厂、红星化工厂等大中型企业，大量的村办企业和大型仓储也是该地区的重要组成部分。

参照《青岛市李沧区娄山河北片区控制性详细规划（过程稿）》《青岛市李沧区娄山河南片区控制性详细规划》，遵义路以南路段两侧地块以居住用地和农林用地为主，一类工业用地为辅；遵义路以北路段两侧地块以新型工业用地、铁路用地为主，商务用地为辅。

二、土地利用现状与规划

（一）用地现状

1. 唐河路—安顺路（瑞昌路—金沙二支路）

区域用地现状主要为四方车辆研究所、瑞阳电子、华仪仪表、机械制造厂、公交公司、鸿恩橡塑、天建实业等企业用地。

2. 唐河路—安顺路（镇平路—太原路）

李沧区西南部由李村片区与沧口老城区构成，原属城乡结合部，现状土地开发强度较大。现状用地以居住、商业为主，工业为辅。现已建成或已有规划小区 20 片，工业建筑以一层、二层为主，建筑质量一般，布局较凌乱。道路沿线用地主要涉及胶济铁路旧线用地、青岛青联股份有限公司。

3. 唐河路—安顺路（衡阳路—仙山路）

该段位于娄山河南片区和北片区范围内，被称为娄山后工业片区，是李沧区乃至青岛市的老、重工业基地，用地现状基本以村庄及工业仓储用地为主，主要分布有山东省粮油进出口集团、中国粮油食品进出口公司、青岛碱业等企业，目前大部分企业已经停产。

（二）土地利用规划

1. 唐河路—安顺路（瑞昌路—金沙二支路）

根据《青岛市市北区滨海新区北片区控制性详细规划》，唐河路（瑞昌路—金沙二支路）周边区域地块主要以居住区、商务及少量工业用地为主。区域规划居住人口规模约 34 万人。

2. 唐河路—安顺路（镇平路—太原路）

参照《青岛北站及周边片区控制性详细规划（征求意见稿）》，安顺路（镇平路—太原路）道路沿线区域规划为仓储用地（青岛青联公司）、铁路用地（胶济铁路旧线）、铁路防护绿地以及海军航空技术学院。

3. 唐河路—安顺路（衡阳路—仙山路）

参照《青岛市李沧区娄山河北片区控制性详细规划（过程稿）》《青岛市李沧区娄山河南片区控制性详细规划》，本区域功能定位为胶州湾东岸新旧动能转换重要区域，是以创新创业、综合服务、生态居住为特色的花园式产城融合区，遵义路以南路段两侧地块以居住用地和农林用地为主，一类工业用地为辅；遵义路以北路段两侧地块以新型工业用地、铁路用地为主，商务用地为辅。

三、交通设施现状与规划

（一）道路交通现状

瑞昌路至金沙二支路段：周边区域的大部分地块尚未开发建设，区域路网不成系统，除片区西侧环湾路及东侧四流路外，片区内部无南北向通路，片区横向道路有大沙路、开封路。

镇平路至太原路段：沿线主要为工业仓储企业、铁路用地以及部队用地，该段道路紧邻胶济铁路新线东侧，在李村河至太原路段，受新旧铁路线阻隔，铁路东西地块两侧主要依靠长治路与北站东西广场南通道沟通联系，铁路以西地块主要分布有青岛地铁运营分公司、山东高速收费站，铁路以东地块主要分布有青岛青联股份公司、青岛食品公司、李沧市政机械化公司、胜利花园等企业与住宅区。该区域内主要道路有太原路、环湾路、长治路、大桥接线、四流中路、四流中支路。

衡阳路至仙山路段：沿线主要为工业企业与仓储企业，在衡阳路、胶济铁路旧线、仙山路、环湾路围合区域范围内，南北向道路主要有环湾路与德江路两条道路，东西向道路主要有衡阳路、遵义路（滨海路）、瑞金路三条道路。该路段路网系统性差，受大型工厂企业和铁路的影响，纵、横向干路不足，支路匮乏，面临道路功能复杂、交通压力集中等问题。

（二）路网规划

根据《青岛市中心城区道路网规划（含专项规划和部分重要道路详细规划）》（青政字〔2018〕69号），将区域道路系统规划分为快速路、主干路、次干路、支路四级。

1. 中心城区高快速路规划

中心城区及外围区域规划形成"区域一体、高快衔接、六横九纵、环湾放射"的高快速路网络。

六横轴：①胶州湾西路—嘉陵江路—胶州湾隧道—胶宁高架—银川路；②疏港高速—胶州湾第二条机动车隧道—杭鞍高架-辽阳路；③青兰高速—胶州湾大桥—大桥接线；④胶州湾高速（湾底段）—仙山路；⑤扬州路—正阳路；⑥中心城区北部快速路。

九纵轴：①滨海公路快速路；②青银高速—青新高速；③山东路—重庆路—龙青高速；④环湾大道—双元路；⑤胶州湾大桥红岛接线—华中路；⑥青威快速路；⑦机场高速；⑧机场西快速路—胶州湾高速（西岸段）—江山路、昆仑山路；⑨沈海高速。

2. 市北区路网规划

根据《青岛市市北区滨海新区北片区控制性详细规划》（以下简称控规），将区域道路系统规划分为快速路、主干路、次干路、支路四级。

根据控规，唐河路（瑞昌路—金沙二支路），全长约1.5 km，规划道路红线宽30 m，考虑整体景观效果，增设3.5 m宽中央分隔带，实施道路红线宽33.5 m，双向6车道。

3. 李沧区路网规划

李沧区规划形成"两横三纵"的高快速路网，承担李沧区串联东岸、北岸的交通中枢功能。其中，"两横"为汾阳路—唐山路—世园大道快速路、胶州湾大桥—大桥接线；"三纵"为环湾大道、重庆路快速路、青银高速。

（1）汾阳路—唐山路—世园大道快速路。汾阳路—唐山路—世园大道快速路西接环湾大道，东至滨海公路，是东岸城区中南部一条东西向交通大动脉，承担李沧区西部、中部、东部等组团快速集散的功能；与环湾大道、胶州湾大桥接线、青银高速共同构成李沧中心商圈、北站周边商务区的快速环线，分流过境交通，提升区域内交通品质；同时，具有均衡环湾大道、重庆路、青银高速公路南北向交通量的功能。

（2）胶州湾大桥—大桥接线。胶州湾大桥—大桥接线西起环湾大道，继续往西可达红岛经济区及胶州市，沿李村河向东至海尔路后，沿海尔路向南与胶宁高架—银川路快速路相接。其承担胶州湾大桥的交通集散功能，是东岸城区新增的一个西向出口通道，也是李沧区、市北区与崂山区联系的快速通道，以客运功能为主，客货两用。

（3）环湾大道。环湾大道往北与胶州湾高速、双元路快速路相接，往南与新冠高架相接，为东岸城区对外联系的通道。该道路红线宽度主线41.5 m，双向8车道。

（4）重庆路快速路。重庆路快速路南起山东路，北至流亭机场，是贯穿东岸城区南北向的主要交通走廊，也是东岸城区重要的对外联系通道。重庆路为复合式走

廊，规划道路红线主线 50 m，自雁山立交开始，采用双向6车道

（5）青银高速公路。青银高速公路市区段属于国家高速公路干线网中青岛—银川高速公路的一段，主要承担东岸城区对外联系功能。该道路红线宽度35～40 m，设双向6车道，以高路堤形式为主。

（三）铁路情况

该工程周边为青岛传统工业区，胶济铁路线从区域西侧穿过，区域内专用线较多。

唐河路—安顺路于规划金沙二支路交叉口以南与孤山油库铁路专用线交叉，目前该铁路线尚在使用。

李村河至太原路段，道路西侧铁路线密集，道路规划用地范围内有现状胶济铁路旧线，道路西侧紧贴胶济铁路新线。

唐河路—安顺路（衡阳路—仙山路）周边为娄山河南北两侧工业片区，铁路路网密集，青荣城际、胶济铁路货线、青连铁路从场区中间穿过。该段规划线位由南向北分别下穿胶济铁路货线、青连铁路、青荣城际、青连铁路，上跨中石化铁路支线以及下穿青荣青连联络线，场区范围内青连铁路、青荣城际均为铁路桥梁，胶济铁路货线为铁路路堤（安顺路下穿处已预留铁路涵洞），现状中石化支线为平交道路支线。

四、市政管线现状与规划

（一）安顺路现状管线

管线现状由于大部分路段未贯通，全线管线未成系统。

1. 规划傍海东路至金沙二支路段

瑞昌路至瑞安路段西侧有现状 150 cm×90 cm、200 cm×100 cm 埋地通信管线，3 根 DN273 成品油管，现状车行道有 DN600 给水管道、DN300～DN800 雨水管道、DN400 污水管道，东侧有现状 700 mm×400 mm～1 000 mm×2 000 mm 埋地电力管线以及 10 kV 架空电力管线。

瑞安路至金沙二支路段有现状 DN500～DN1000 雨水管道，下游向西排至铁路地界；道路两侧有现状 10 kV、35 kV 架空电力电缆。

2. 镇平路至太原路段

（1）四流中支路。东侧绿化带内现状架空 35 kV 电力管线，东侧人行道下有 DN300 给水管线。车行道下有 DN219 中压燃气管线、DN300 中压燃气管线、DN400～DN800 雨水管线、DN300～DN400 污水管线，西侧人行道下有 300 mm×200 mm 通信管线，西侧绿化带内有架空通信管线。

（2）太原路。车行道下有现状 DN400～DN500 污水管线、DN1200～2500 mm × 2400 mm 雨水管渠、DN300 给水管线、400 mm × 300 mm 通信管线、DN100 电力管线、DN600 热力管道，横穿太原路有现状架空电力管线。

（3）长治路。北侧绿化带内有现状架空电力管线，南侧车行道下有现状 DN1200、DN2000 污水管线，局部敷设有 DN400 给水管线、DN400 雨水管线，安顺路以东段敷设有 DN800 热力蒸汽管线，该热力管线向南通过桥架架空穿越李村河。

（4）李村河南岸。在李村河南岸敷设有 DN1500 污水管线、DN800 架空热力蒸汽管线、DN200 热力管线、DN600 压力污水管线、DN600 再生水管线。

（5）李村河北岸。在李村河南岸敷设有 DN1200～DN2000 污水管线、DN800 架空热力蒸汽管线、2.0 m × 1.8 m 截污暗渠、DN400 雨水管线、DN400 给水管线。

（6）李村河内。河底有 DN800 再生水管道。

3. 衡阳路至仙山路段

（1）安顺路。安顺路（衡阳路—青岛碱业）敷设的现状管线主要有青岛碱业 1 条 DN1200 的铸铁管（内衬水泥）海水输水管，2 条 10 kV 青岛碱业海水取水泵房动力电缆，1 条碱业海水取水泵房控制线缆和 1 条青岛碱业海水取水泵房信号线缆，1 条 DN159 供热蒸汽管道；敷设有百发海水淡化厂 1 条 DN1350 玻璃钢夹砂管海水输水管，2 条 10 kV 百发海水淡化厂海水取水泵房动力电缆，1 条百发海水淡化厂海水取水泵房控制线缆和 1 条百发海水淡化厂海水取水泵房信号线缆。

安顺路（胶济铁路货线—娄山河段）的现状管线主要有百发海水淡化厂 DN400 淡化海水管道，DN1600 浓盐水管道及配套电缆各一条，青岛碱业 DN300 排渣管道 3 条，$B \times H$=3 500 m × 1 500 m 雨水明沟 1 条。

先期实施段（穿越青连青荣联络线）为新建成道路，道路下各种管线已按规划实施，现状管线主要有 DN800 污水管线、DN1200 热力管线、DN1200 海淡管线、DN1000 给水管线、DN300 中压燃气管线、DN400 给水配水管线、380 mm × 500 mm 雨水边沟管线、2 300 m × 2 000 m 电力隧道管线。

现状安顺路（娄山货场—刘家宋哥庄河）道路车行道下游主要有 DN1000 给水输水管线、DN300 给水配水管线、DN500-DN600 污水管线、$B \times H$=1 000 mm × 1 000 mm 盖板沟、10 孔通信管线、18 孔电力管线。

现状安顺路（瑞金路—区界）道路车行道下游主要有 DN1000 给水输水管线、DN300-DN600 污水管线、DN600-DN1200 雨水管线、2 孔通信管线、35 kV 电力隧道 $B \times H$ = 1 200 mm × 1 500 mm。

（2）娄山河、娄山后河管理路。娄山河、娄山后河管理路有排放路面雨水的DN400−DN500雨水管道，DN700供热蒸汽管道，汇集至娄山河污水处理厂的DN300、DN500、DN900、DN1200的河道截污干管。

（3）遵义路—滨海路。滨海路北侧有$B \times H$=1 500 mm×1 800 mm盖板渠、20孔通信线缆和军用光纤、10 kV电力架空线3回；道路车行道下有DN800雨水管道、DN600污水管道、DN300给水管道、DN700给水管道、DN1000给水管道；道路南侧有35 kV电力架空线2回。

（4）瑞金路。道路南侧有$B \times H$=450 mm×150 mm35 kV盖板沟、通信管线18孔、DN400给水管线、DN200中压燃气管线、DN800雨水管线。

（二）管线规划

1. 规划傍海东路至金沙二支路段

管线综合规划设计依据已批复的唐河路（金沙二支路—镇平路段）打通工程管线综合规划、安顺路（金水路—沔阳路）工程管线综合规划，并参考《铁路青岛北站工程市政管网详细规划说明书上报稿V1》中的相关规划。其中，已批复的唐河路（金沙二支路—镇平路段）打通工程管线综合管径容量，如表1-1所示。

表1-1　唐河路打通工程管线综合管径容量

管线类型	管径或容量
电力	2.0 m×1.8 m电力管沟（10 kV、35 kV）
通信	12孔
给水	DN800、DN400
中燃	DN300
再生水	DN300
热力	2×DN800
雨水	DN400～DN1350
污水	DN300～DN800

（1）电力、热力、燃气规划。

根据《铁路青岛北站工程市政管网详细规划说明书上报稿V1》、已批复的唐河路（金沙二支路—镇平路段）打通工程管线综合规划及电力部门的要求，规划2.3 m×2.0 m（净尺寸）电缆沟。

根据《铁路青岛北站工程市政管网详细规划说明书上报稿 V1》、已批复的唐河路（金沙二支路—镇平路段）打通工程管线综合规划及供热管理部门的要求，规划 DN400-DN700 高温水管道位置。

根据《铁路青岛北站工程市政管网详细规划说明书上报稿 V1》、已批复的唐河路（金沙二支路—镇平路段）打通工程管线综合规划及燃气管理部门的要求，规划 DN300 中压燃气管道位置。

（2）通信规划。

根据《铁路青岛北站工程市政管网详细规划说明书上报稿 V1》、已批复的唐河路（金沙二支路—镇平路段）打通工程管线综合规划及通信管理部门的要求，规划新设 12 孔通信管道。

（3）给水、再生水、雨水、污水规划。

根据《铁路青岛北站工程市政管网详细规划说明书上报稿 V1》、已批复的唐河路（金沙二支路—镇平路段）打通工程管线综合规划及给排水管理部门的要求，沿安顺路敷设 DN800 给水输水管道，根据用水需求，在道路两侧皆有用水需求的路段，分别敷设 DN300 给水管道，在道路一侧有用水需求的路段，敷设 DN400 给水管道。

根据《铁路青岛北站工程市政管网详细规划说明书上报稿 V1》、已批复的唐河路（金沙二支路—镇平路段）打通工程管线综合规划，再生水自规划李村河再生水厂输出后，规划主要沿李村河南岸以及环湾高速辅路进行输送，同时规划 DN300 再生水管道位置。

根据《铁路青岛北站工程市政管网详细规划说明书上报稿 V1》、已批复的唐河路（金沙二支路—镇平路段）打通工程管线综合规划，规划区实施雨污分流制，区域内现状有多处铁路涵洞，唐河路雨水排放体系主要通过以上涵洞及河道就近排除。污水沿安顺路污水系统排入李村河南侧截污干管接入李村河污水处理厂。根据雨污水系统规划，结合道路坡向，分别敷设 DN400～DN1500 雨水管道及 DN300～DN500 污水管道。

2. 镇平路至太原路段

管线综合规划设计依据已批复的唐河路（金沙二支路—镇平路段）打通工程管线综合规划、安顺路（金水路—沔阳路）工程管线综合规划，并参考《铁路青岛北站工程市政管网详细规划说明书上报稿 V1》中的相关规划。其中，安顺路（金水路—沔阳路）工程管线综合管径容量，如表 1-2 所示。

表1-2 安顺路工程管线综合管径容量

管线类型	管径或容量
电力	2.0 m×1.8 m电力管沟（10 kV、35 kV）
通信	12孔
给水	DN800、DN400
中燃	DN300
再生水	DN300
热力	2×DN800
雨水	DN400～DN1350
污水	DN300～DN800

（1）电力、热力、燃气规划。

根据《铁路青岛北站工程市政管网详细规划说明书上报稿V1》、已批复的唐河路（金沙二支路—镇平路段）及安顺路（金水路—沔阳路段）管线综合规划及电力部门的要求，预留2.3 m×2.0 m（净尺寸）宽电缆沟位置。

根据《铁路青岛北站工程市政管网详细规划说明书上报稿V1》、已批复的唐河路（金沙二支路—镇平路段）及安顺路（金水路—沔阳路段）管线综合规划及供热管理部门的要求，安顺路规划DN800-DN1200高温水管道位置。该工程范围内的供热企业共有2家，分别为后海热电厂和泰能热电厂。除青岛第二航空学校外，李村河以北为后海热电厂供热范围，李村河以南及青岛第二航空学校为泰能热电厂供热范围。该工程在镇平路至李村河南岸规划DN800供热管道，李村河南岸至金水路段规划DN1200热力管道，用于联络后海热电厂与泰能热电厂。

根据《铁路青岛北站工程市政管网详细规划说明书上报稿V1》、唐河路（金沙二支路—镇平路段）及安顺路（金水路—沔阳路段）打通工程管线综合规划及燃气管理部门的要求，规划DN300中压燃气管道位置。

（2）通信规划。

根据《铁路青岛北站工程市政管网详细规划说明书上报稿V1》、已批复的唐河路（金沙二支路—镇平路段）及安顺路（金水路—沔阳路段）打通工程管线综合规划及通信管理部门的要求，规划新设12孔通信管道。

（3）给水、再生水、雨水、污水规划。

根据《铁路青岛北站工程市政管网详细规划说明书上报稿 V1》、已批复的唐河路（金沙二支路—镇平路段）及安顺路（金水路—沔阳路段）打通工程管线综合规划及给排水管理部门的要求，沿安顺路敷设 DN1000 给水输水管道，根据用水需求，在道路两侧皆有用水需求的路段，分别敷设 DN300 给水管道，在道路一侧有用水需求的路段，敷设 DN400 给水管道。

根据《铁路青岛北站工程市政管网详细规划说明书上报稿 V1》、已批复的唐河路（金沙二支路—镇平路段）及安顺路（金水路—沔阳路段）打通工程管线综合规划，再生水自规划李村河再生水厂输出后，规划主要沿李村河南岸以及环湾高速辅路进行输送。

根据《铁路青岛北站工程市政管网详细规划说明书上报稿 V1》、已批复的唐河路（金沙二支路—镇平路段）及安顺路（金水路—沔阳路段）打通工程管线综合规划，规划区实施雨污分流制，区域内现状有多处铁路涵洞及李村河，唐河路雨水排放体系主要通过以上涵洞及河道就近排出。污水沿唐河路污水系统排入李村河南侧截污干管接入李村河污水处理厂。根据雨污水系统规划结合道路坡向，分别敷设 DN400～$B \times H$=4 000 mm × 1 800 mm 雨水管渠和 DN400～DN1 000 污水管道。

3. 衡阳路至仙山路段

根据已批复的《安顺路（衡阳路—仙山路段）打通工程—管线综合规划》，该工程将热力、给水、通信、电力、再生水等管道入廊敷设，中压燃气、雨水、污水、百发海水淡化厂及碱业相关管道采用直埋方式敷设，具体设计有如下几个方面。

（1）电力、热力、燃气规划。

根据电力部门要求，在安顺路综合管廊内设置 3 回 110 kV、24 回 10 kV 电缆支架，将安顺路现状电力电缆迁移至管廊内，并为电缆敷设预留条件。在安顺路设置 220 kV 高压电力管廊，由黄埠变电站向瑞金站供电。

根据供热专项规划，从沧海新城热力公司向西南方向敷设供热管道至安顺路后，沿安顺路向南敷设 DN1200 供热管道至后海热电，与南部后海热电厂现状管网相接。该工程根据供热公司意见，在规划六号线至遵义路段规划 DN1200 供热管道，在遵义路至仙山路段规划 DN800 供热管道。

根据《青岛市燃气专项规划（2016—2020）》及泰能燃气公司意见，安顺路为中压燃气管道敷设通道，该工程在安顺路规划 DN300 中压燃气管道。

（2）通信规划。

根据《李沧西部区域通信工程专业规划（上报稿）》，结合道路建设配建通信管道，主要沿安顺路、太原路、金水路等主要道路敷设7～10孔通信管道，在安顺路综合管廊内预留12孔通信管线。

（3）给水、海淡、再生水、排水规划。

该工程在综合管廊内全线敷设DN1000的输水管道，在娄山河以南段道路的管廊内敷设DN300给水配水管，在娄山河以北段道路的管廊内敷设DN400给水配水管。

为配合青岛百发海水淡化厂处理规模，需要在百发海淡厂—仙山路段新规划一条DN1200海水淡化输水管，与仙山路新设DN1200海淡管相接。

根据《青岛市城市节约用水综合规划——再生水利用规划（专家评审稿）》，娄山南片区、娄山北片区再生水由娄山河再生水厂供水，规划沿安顺路分别敷设DN100-300再生水管道，该工程在安顺路规划DN300再生水管。

根据《李沧区排水工程专项规划（2018—2035）》《青岛市李沧区娄山河北片区控制性详细规划》《青岛市李沧区娄山河南片区控制性详细规划》以及现状地形，对安顺路所在区域的排水进行汇水分区划分、排水管道容量计算、排水管道布置。经计算，雨水管渠规格为DN600～2根×3.5 m×1.5 m，污水管道规格为DN300～DN1000。

娄山物流园附近，该工程范围内现状刘家宋戈庄河侵占人行道，需临时改建，该工程结合实施条件，将该处现状5 m宽排水沟翻建为5 m宽雨水箱涵，近期作为临时排水通道转输上游现状排水沟雨水，远期待娄山物流园拆除、刘家宋戈庄河道按照规划位置实施后，将人行道下的雨水箱涵用于收集路面雨水；超出该工程范围的现状刘家宋戈庄河不能满足防洪要求，严重影响本次雨水工程防洪排涝效果，建议尽快实施拓宽改造。

（4）综合管廊。

根据《青岛市地下综合管廊专项规划（2016—2030年）》安顺路（汾阳路至仙山路段）为青岛市东岸城区北部"口"字形管廊的一边，汾阳路至衡阳路段管廊已按照规划实施。

该工程将热力、给水、通信、电力、再生水等管道进行入廊敷设，中压燃气、雨水、污水、百发海水淡化厂及碱业相关管道采用直埋方式敷设。除在穿越娄山河及娄山后河段，由于青连青荣胶济货线墩柱密集，供热管线出舱敷设外，其余路段全部敷设综合管廊。

衡阳路至娄山后河北岸：该路段管廊延续南段已实施管廊形式，设置单侧双舱综合管廊，规格为 $B×H=（6.2 m+3.8 m）×3.5 m$。管廊过规划六号线附近胶济货线预留涵洞，受涵洞高度及宽度制约，热力管线出仓改为直埋，管廊规格调整为 $B \times H=$（4.2 m+2.5 m）$\times$ 2.6 m。管廊过娄山河采用盾构形式，根据盾构机械对应的标准断面，将该段管廊断面调整为 $B \times H=$（3.2 m+2.5 m）$\times$ 3.3 m，直埋热力加设套管顶管过河；管线穿越娄山后河段沿用过娄山河段管廊断面及热力敷设形式。

娄山后河北岸—遵义路：直埋热力入廊，恢复至标准断面。管廊规格为 $B \times H=$（6.2 m+3.8 m）$\times$ 3.5 m。

遵义路至先期实施段：受青连铁路桥墩影响，该段管廊改为双侧。西侧规格为 $B \times H=$4.4 m $\times$ 3.5 m、东侧规格为 $B \times H=$3.8 m $\times$ 3.5 m。

先期实施段至仙山路段：道路与铁路并行，东侧几乎没有市政管线需求，为了避免管廊施工对铁路的影响，全线采用单侧管廊形式，敷设于道路西侧的绿化带和人行道下，规格为 $B \times H=$（4.4 m+3.8 m）$\times$ 3.5 m。

五、水系情况

李村河流域是青岛市五大排水系统之一。李村河源于石门山南侧卧龙沟，沿线有金水河、侯家庄河、南庄河、张村河、大村河、郑州路河、水清沟河等支流汇入，穿过环湾大道向西汇入胶州湾。

李村河水系包括李村河、张村河、大村河、水清沟河等支流河道，李村河流域汇水面积为 137 km^2，水系总长约 50 km，其中干流长度约 17 km。其流域跨越李沧区、崂山区和市北区，每年7—9月雨季时，是市区内主要的泄洪通道；冬春季节枯水，河床底仅有少量流水。

规划安顺路与李村河交汇处河道蓝线宽度 230 m，规划河底高程为 0.51 m，50年一遇水位为 3.906 m，百年一遇水位为 4.161 m，规划堤顶高程为 4.706 m。

娄山河流域是青岛市主要流域之一，主要由刘家宋哥庄河、娄山后河、娄山河组成。娄山后河河道全长约 5 000 m，汇水面积为 18.2 km^2，河道宽度为 80～120 m，娄山河河道全长约 3 000 m，汇水面积为 4.7 km^2，宽度为 20～30 m。根据《青岛市李沧区娄山（后）河（重庆路—入海口段）防洪规划》（2017年6月），娄山河及娄山后河规划防洪重现期为50年，排涝设计重现期为20年。规划安顺路与娄山河交汇处，现状河道宽度约为 25 m，现状护岸高程约为 3.6 m，现状河道流水底高程为 1.7 m。规划安顺路与娄山后河交汇处，现状河道宽约为 70 m，现状护岸高程约为 3.5 m，现状河道流水底高程为 1.8 m。

第二章

≪≪≪ 交通分析及规模预测

第一节 现状交通调查与分析

一、人口与岗位

2020年，青岛市人口密度各行政区区域差异显著，由城区向外围县市人口分布密度呈逐渐下降趋势。中心城区中，东岸城区明显高于北岸和西岸城区，且基本呈现由北向南递增的趋势。

2020年，青岛市全市就业岗位总量为443.4万个，主要集中在市内，市内就业岗位数量为278万个，岗位数占全市就业岗位总量的63%。全市就业岗位密度为394个/平方千米，行政区间差异显著，中心城区岗位密度整体高于外围县市，东岸城区明显高于北岸和西岸城区，其中市南区密度最大，达到1.5万个/平方千米，崂山区密度最小，为676个/平方千米。

岗位人口比即特定区域的就业和居住人口之比，是用来衡量职住平衡的重要指标，岗位人口比过高，则该区域就业人口较多，通常是工作区；岗位人口比过低，则该区域居住人口较多，就是通常的"睡城"。如果职住失衡，就会产生更多的交通出行需求，这是引发交通拥堵的重要原因之一。

2020年，青岛市岗位人口比为0.49，基本实现职住平衡，但受到各个区域公共服务设施用地布局不均衡的影响，中心城区的职住比差异显著。其中，市南区岗位人口比最大，达到0.81，主要由于市南区行政、办公、商务用地较多，岗位较为聚集。市北区、李沧区岗位人口比较低，分别为0.33和0.37，主要由于市北区和李沧区居住用地较多，居住人口较为聚集。（表2-1）

表2-1 2020年青岛市各区就业岗位及人口分布

区市	岗位 （个）	人口 （万人）	岗位人口比	面积 （平方千米）	岗位密度 （个/平方千米）
市南区	463 195	57.16	0.81	30	15 440
市北区	350 943	107.27	0.33	64	5 483
李沧区	200 103	54.38	0.37	98	2 042
崂山区	262 781	42.99	0.61	389	676
城阳区	622 244	79.06	0.79	553	1 125
黄岛区	881 484	149.36	0.59	2 127	414
即墨区	551 687	120.2	0.46	1 921	287
胶州市	523 752	87.6	0.6	1 324	396
平度市	278 680	136.21	0.2	3 176	88
莱西市	299 119	75.47	0.4	1 568	191

二、机动车保有量发展状况

根据交通管理部门数据统计，截至2021年3月底，青岛市机动车保有量达到335.8万余辆，驾驶人395.5万余人，均居全省首位，成为全国16个机动车保有量超过300万辆的城市之一。

其中，中心城区机动车保有量为110.0万辆，机动车千人拥有量为277辆；汽车保有量为105.2万辆，汽车千人拥有量为264辆。（图2-1）

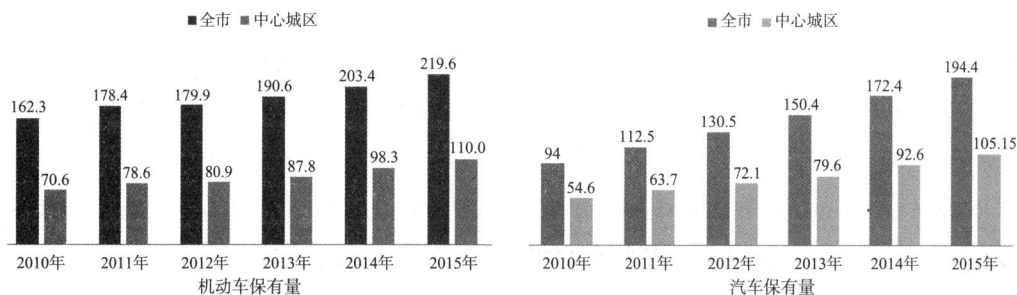

图2-1 全市和中心城区机动车、汽车保有量变化图

全市机动车保有量从 2015 年的 162.3 万辆发展到 2020 年的 219.6 万辆，年均增长率为 6.2%；中心城区机动车保有量从 2015 年的 70.6 万辆发展到 2020 年的 110.0 万辆，年均增长率为 9.3%。

全市汽车保有量从 2015 年的 94.0 万辆发展到 2020 年的 194.4 万辆，年均增长率为 15.6%；中心城区汽车保有量从 2010 年的 54.6 万辆发展到 2015 年的 105.1 万辆，年均增长率为 14.0%，中心城区与外围县市均呈现迅猛增长势头。

"十三五"期间，全市汽车保有量增长率明显高于机动车保有量增长率，主要原因是摩托车、农用运输车等保有量出现负增长，而青岛市汽车保有量呈现持续迅猛增长的势头。

在全市的机动车构成中，客车占 75.3%，货车占 8.8%，摩托车占 14.3%，其他车辆（农用运输车、拖拉机、挂车等）占 1.6%。

目前，私家车占汽车的比例呈现持续迅猛增长势头。全市私人汽车保有量至 2020 年已发展到 273 万辆，年均增长率为 8.7%。私家车占汽车的比重也在逐年增长，已由 2015 年的 77.7% 增长到 2020 年的 85.8%。

私家车保有量持续快速增长，货车保有量也呈上升趋势，而摩托车保有量则呈快速下降趋势。2020 年年底，市南区、市北区、李沧区摩托车保有量仅为 546 辆，摩托车基本在外围的三区四市。

2020 年，中心城区汽车千人拥有量为 264 辆。中心城区汽车最集中的区域为市南区，其次为市北区，汽车千人拥有量分别达到 315 辆和 267 辆。

车辆密度最高的为市南区，每平方千米达 6 194 辆；其次为市北区，密度为每平方千米 4 421 辆；崂山区与经济技术开发区车辆密度基本相当，为每平方千米 700 辆左右。外围市区车辆密度较低，最低为平度市，每平方千米 89 辆；其次为莱西市，密度为每平方千米 96 辆。

2020 年，青岛市私人汽车拥有量较 2015 年增加 128%，年均增长率高达 18%，五年间私家汽车保有量快速增长。同时，小汽车使用强度高，2020 年青岛市小汽车单车平均行程里程 6.9 千米，小汽车日均出行量约为 300.5 万人次，比 2015 增加约 80 万人次，增长率高达 36.6%。

根据 2020 年交通出行调查结果分析，市区中 57.65% 的家庭拥有小汽车，市南区家庭拥有小汽车的比例最高，近 70% 的家庭拥有至少一辆小汽车。

对比"十三五"期间青岛市道路交通设施与机动车的变化情况，交通设施的发展速度难以满足机动车发展的要求。

三、居民出行特征

（一）出行结构与目的

2020 年，青岛市中心城区常住人口（包括 6 岁以下儿童）的平均出行次数为 2.18 次/日，比 2015 年的 2.13 次/日提高了 0.05 次/日；常住人口出行总量为 959.6 万次/日，比 2015 年调查日出行总量的 778.2 万人次增加了 23.3%。从各区来看，市南区出行次数最大，为 2.37 次/天；其次为城阳区，2.33 次/天。（表2-2）

表2-2　各行政区出行量和人均出行次数

行政区	全部出行量（人次/天）	人均出行次数
市南区	1 033 202	2.37
市北区	2 183 420	2.14
李沧区	1 216 363	2.03
崂山区	1 236 708	2.29
城阳区	2 346 243	2.33

中心城区居民上班出行占 26.8%，较 2015 年的 27.4% 下降约 0.6%；个人事务出行占 7.6%；购物出行占 6.3%，较 2015 年的 7.3% 有所下降，下降约 1%，这与电子商务的发展密不可分；餐饮文化娱乐出行占 3.9%，较 2015 年的 3.3% 有所增加，增加约 0.6%；回家出行占 43.7%，较 2015 年的 45.5% 有所下降，下降约 1.8%。

与 2015 年相比，2020 年步行、自行车、摩托车等方式的出行比重均有所下降，而小汽车的出行比重明显提高，由 2015 年的 28.4% 增加到 31.3%，增长 2.9%；公交车的出行比重也有所提高，由 2015 年的 22.1% 增加到 24.2%，增长 2.1%；非机动化出行比重持续下降，由 2015 年的 36.3% 下降到 34.3%，下降 2%；出租车出行比例也有所下降，由 2015 年的 6.3% 下降到 5.7%，下降 0.6%。

上班目的出行中，小汽车和公交出行占比较多，分别占 35.7% 和 29.7%；上学目的出行中，步行为首选交通方式，占 66.5%，其次为小汽车，占 20.3%；单位业务目的出行中，小汽车为首选交通方式，占 53%；个人事务目的出行中，小汽车、公交车和步行方式占比相对均衡，而出租车占比相对较高，为 11.5%；购物目的出行中，步行为首选交通方式，约占 48%。

（二）出行耗时

青岛市中心城区全方式出行有明显的早高峰和晚高峰，中午小高峰不明显。居民出行的早高峰时段为 7:00—8:00，早高峰时段出行量占全天出行总量的 18.4%；晚高峰时段为 17:00—18:00，晚高峰时段出行量占全天出行总量的 14.7%。

不同出行方式的时间分布存在一定差异。公交车、小汽车、步行等出行方式基本与全方式时间分布一致，有典型的早高峰和晚高峰，而出租车方式全天波动不大，最高峰出现在 9:30—10:30 时段，夜间出行占有一定比例。

青岛市中心城区居民出行平均时耗 35.9 min，较 2010 年的 31.8 min 增加了 13.2%。公交车出行时耗，30 min 以内的占 56.8%，60 min 以内的占 84%。公交车方式出行的平均时耗为 48.9 min，较 2010 年的 44 min 增加了 11.1%。小汽车出行时耗，30 min 以内的占 78.5%，60 min 以内的占 94.5%，平均出行时耗 36.5 min，较 2010 年的 32 min 增加了 14.1%。步行出行时耗，20 min 以内的占 82.7%，平均出行时耗 16.5 min。出租车平均出行时耗约为 24.6 min。（图 2-2）

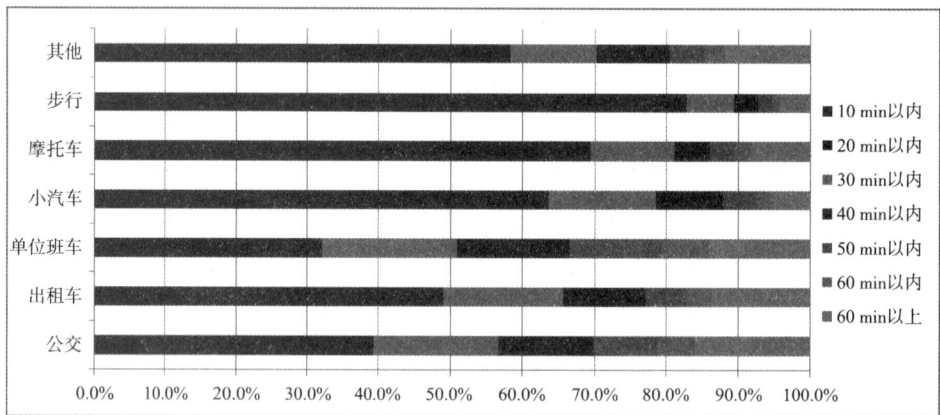

图 2-2　不同出行方式出行时耗分布

此次调查中心城区居民的平均出行距离为 5.16 km，较 2010 年的 4.5 km 增加 14.7%。公交方式的平均出行距离为 7.3 km，较 2010 年的 7.0 km 增加了约 3.6%；私人小汽车的平均出行距离为 6.9 km，较 2010 年的 6.6 km 增加了 4.5%；步行平均出行距离为 1.3 km；出租车平均出行距离为 6.2 km。

（三）通勤出行

根据数据统计，青岛市通勤人口为 486 万人。① 职住分布。青岛市通勤人口的工作岗位分布较为集中，主要分布于市南区、市北区、四方区、李沧区等区域，以及西海岸新区唐岛湾生活居住区及山东科技大学周边区域。相比于工作岗位分布，中心城区通勤人口的居住地除市南区、市北区较为集中外，其他地区分布较为分散。② 各区通勤比例。区内就业是指本区通勤人口在当地岗位就业的比例。就业率越高，表征该区的职住平衡水平较高，所承担的跨区长距离出行较少。各区内的就业率均在60%以上，其中中心城区市南区、市北区、李沧区本地就业率相对较低，职住平衡水平相对较差；西海岸新区、即墨区、胶州市、莱西市、平度市的本区就业率均较高，在90%以上。（表2-3）

表2-3 青岛市各行政区间通勤量比例

居住—工作	市南区	市北区	李沧区	崂山区	城阳区	黄岛区
市南区	72.1%	13.0%	2.2%	6.6%	2.5%	2.2%
市北区	13.3%	69.9%	3.9%	6.2%	3.7%	1.2%
李沧区	4.2%	7.5%	70.0%	8.1%	7.2%	0.7%
崂山区	6.1%	5.7%	4.6%	78.4%	2.5%	0.7%
城阳区	0.7%	1.3%	2.4%	1.1%	88.8%	0.4%
西海岸新区	0.6%	0.4%	0.1%	0.2%	0.3%	97.1%

（四）出行特征变化

与2015年相比，2020年步行、自行车、摩托车等方式的出行比重均有所下降，而小汽车的出行比重明显提高，由2015年的28.4%增加到31.3%；公交车的出行比重也有所提高，由2015年的22.1%增加到24.2%，但仍远低于小汽车出行比重。从居民出行方式结构来看，在机动化趋势中，公共交通的主体地位未能确立，个体机动化出行比例的提高要快于公共交通，尤其是在人口密集的城市中心区域以及主要的高客流走廊上，公共交通出行比例依然偏低。

青岛市通勤人口的工作岗位分布较为集中，相比于工作岗位分布，通勤人口的居住地分布较为分散。市南区的工作岗位职住比在各区中最高，工作岗位最为集中；市北区、李沧区本地就业率相对较低，约为70%，职住平衡水平相对较差；城阳区、西海岸新区就业率相对较高，达88%以上。

2020年，青岛市中心城区居民出行平均时耗35.9 min，较2015年的平均时耗31.8 min有所增加，增幅为13.2%。从各区平均出行时耗来看，市南区、崂山区岗位密集、商业商务发达区域的居民出行时耗较短，这主要与就近上班、购物、娱乐等有关，市北区、李沧区、城阳区等以居住为主的区域，因居民大多在外区域上班，距离较远，交通拥堵，导致出行时耗较长。

青岛市中心城区空间尺度大，东岸、北岸、西岸三大城区各自职住平衡，区域较大。从职住平衡区域划定标准来看，通勤时间应控制在45 min以内，15 km左右。

在城市用地规划中，应促进形成组团式、多中心、职住平衡、产城融合的布局模式，减少出行距离，均衡交通时空分布，避免潮汐交通，提高交通设施效率。

四、对外出行交通特征

中心城区长途客运站年发送量约 1 131 万人次，年均增长率为 5.5%；中心城区铁路旅客发送量为 1 143.6 万人次，年均增长率为 8.3%；高速公路出入性交通量呈现快速增长的趋势，年均增长率为 22.3%。东岸城区与城阳中心区车流量分布最大，其中青岛东收费站交通量最大，日均达到 5 万辆以上，夏庄收费站交通量达到 4.5 万辆左右。不同区域的产业分布特点造成各收费站车种构成差异显著，大部分收费站小客车占比最大，而西岸城区内收费站货车占比大，其中崖逄收费站大型货车流量占总流量的 57%，西海岸新区收费站大型货车流量占总流量的 30% 以上。

分时段统计的 2020 年高速公路出入口流量数据显示，市域内高速公路出入口总流量呈现双高峰态势，早高峰出现在 9:00—10:00（城市交通早高峰为 7:00—8:00），高峰流量比为 7.85%，晚高峰出现在 17:00—18:00（城市交通晚高峰为 17:00—18:00），高峰流量比为 7.64%。

不同区域的产业分布特点造成各收费站车种构成差异显著，西岸城区与胶州市因港口、货场的布设，区域内收费站货车占比较大，其中崖逄收费站大型货车流量占总流量的 57%，西海岸新区收费站、营海收费站、平度东收费站大型货车的流量占比均在 30% 以上。

按车型统计的 2015—2020 年国省道交通流量分析显示，市域国省道交通流量总体呈现增长态势，年增长率约为 2.2%；各车型中，中小客车增长速度最快，年均增长率达到 6.8%；其次为大客车和特大型货车增速较快，年均增长率分别为 5.5% 和 5.3%；拖拉机与摩托车出现逐年减少趋势，年均减少率分别为 11.3% 和 24.7%。2014 年世界园艺博览会在青岛市举行，车流量出现突增现象，比 2013 年猛增 37.7%。

与高速公路、快速路交通量对比发现，国道、省道交通量年均增长率相对较小，表明随着高速公路及城市快速路的快速建设发展，利用高速、快速公路出行交通量增速明显，高速、快速公路在日常生活出行中越来越重要。

按国道、省道流量观测点统计的 2015—2020 年国省道流量分析显示：交通流量较高的观测点主要集中于东岸城区和北岸城区，各观测点交通量总体保持增长趋势。其中，东岸城区的黑龙江路由国道功能转变为城市主干路，道路流量最大，日均达到 6 万辆；北岸城区的西流高架桥，流量较大，日均达到 4 万，王沙大道夏庄观测点处日均达到 3 万；西岸城区的黄张路红石崖观测点日均达到 2 万。

从车种构成的分布来看，除中小型客车外，东岸、北岸城区及即墨区的国省道观测点，中小型货车的比重较大，其中西流高架桥中小型货车占总流量的31%，黑龙江路杨家群观测点中小型货车占总流量的25%。

五、区域交通现状

李村河以南：铁路西侧有傍海路（双四）及环湾辅路（双四）；铁路东侧有唐河路（双六），共计双向14车道。且唐河路紧邻铁路，均为"T"形交叉，主要服务东边区域。

李村河以北：无环湾辅路，安顺路（双八）距离铁路较远，主要服务两侧区域。

近些年来，随着经济社会的发展，青岛市汽车保有量日益增加。目前，青岛主城区李村河、张村河断面日交通量约 38.5×10^4 pcu。其中，区域南北向贯通性道路（7条）：高峰小时断面交通量 3.2×10^4 pcu/h，环湾路占比15.5%，四流南路占比9.4%，；东西向贯通性道路（3条）：高峰小时断面交通量 2.4×10^4 pcu/h，瑞昌路占比17.3%，长沙路（大沙路以东）占比6.3%。

（一）环湾路

环湾路南起杭鞍快速路，中部与海湾大桥及其连接线相交，北经双埠立交与双元路相接，全长约 15.6 km，现状双向 8 车道，是青岛市快速路网体系中的重要"一纵"，主要承载南北向快速过境交通流。

目前，环湾路交通流量达 12×10^4 pcu/d，早晚高峰饱和度0.95。

提取近期监测数据，环湾路大货交通量为 1.2×10^4 pcu/d，其中青岛港方向约 3 000 pcu/d。

（二）瑞昌路

瑞昌路现状双向 4～6 车道，自南向北分别与重庆南路、南昌路、人民路、杭州路、金华路、环湾路等主要道路相交，是主城区联系环湾路的主要通道之一。

目前，瑞昌路交通流量约 3×10^4 pcu/d，早晚高峰饱和度0.7，服务水平为C级。

（三）四流路

四流路已被规划为城市主干路，南起瑞昌路，北至遵义路，全长约 12 km，是市区中部重要的南北向交通主干道。

目前，瑞昌路交通流量约 3.6×10^4 pcu/d，早晚高峰整体饱和度0.8，局部节点拥堵。

（四）傍海路、环湾辅路

傍海路已被规划为城市次干路，双向 4 车道，南起宜昌路，北至镇平路，全长约 5.5 km，是铁路西侧重要的南北通道，交通流量约 1.1×10^4 pcu/d，早晚高峰整体饱和度0.7。

环湾辅路已被规划为城市次干路，双向 4 车道，南起滨河路，北至镇平一路，全长约 6.5 km，交通流量约 0.4×10^4 pcu/d，饱和度较低。由于其介于环湾路与铁路之间，大部分为未搬迁企业，交通状况良好。

第二节　交通量预测方法

根据项目影响区内的经济发展资料和土地利用规划情况，对项目的交通量进行预测。本节对交通量的预测采用四阶段法（图2-3）。

（1）根据有关交通调查及统计资料，在分析项目影响区社会经济和交通运输现状的基础上，对未来社会经济发展趋势进行预测。

（2）交通发生预测。根据交通运输指标与社会经济指标之间的相互关系，预测未来交通量增长率，计算交通产生量和吸引量。

（3）交通分布预测。

（4）利用未来路网进行交通量分配，得到交通量的预测结果。

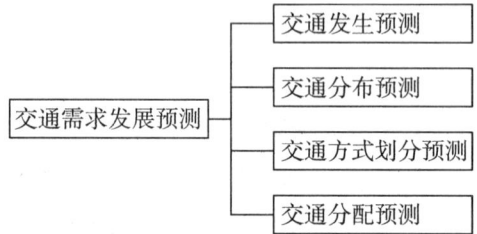

图 2-3　交通量预测流程图

第三节　交通量预测内容及结论

一、预测年限和特征年

根据《城市道路工程设计规范》（CJJ 37—2012），唐河路—安顺路为主干路，该项目交通预测年限按 20 年考虑，预测特征年为 2023 年、2027 年、2033 年、2043 年。该项目预测基年为 2023 年。

二、交通小区划分

交通小区的划分应根据城市规划区域的用地规模、人口规模、土地利用性质和规划布局的特点来确定。一般以行政分区、人工构筑物及自然疆界（如河流、铁路、森林公园、山脊等）作为交通区界。

考虑到该项目作为环湾路重要的疏解节点，承担了部分东岸城区通过该项目前往胶州湾大桥、第二条胶州湾隧道等区域性通道功能，将会对青岛对外交通出行环境产生一定影响，因此以青岛市域为研究范围，以行政区划分为8个地带。

8个地带现状的交通出行分布矩阵，如表2-4所示。

表2-4　8个地带现状交通出行分布矩阵表

单位：万人次/日

	西岸	城阳	红岛	胶州	即墨	平度	莱西
东岸	26	25	12	6	4	3	1
西岸		3	8	6	1	1	1
城阳			20	3	10	5	2
红岛				5	5	4	1
胶州					3	4	1
即墨						8	5
平度							6

三、人口、岗位分布预测

（一）人口预测

规划年限的人口预测，主要是依据青岛市城市总体规划的人口控制规模以及土地使用规划提供的居住用地分布，同时结合最新的相关研究成果，综合得出规划年的人口规模，并详细划分到各个交通小区中。

现状人口岗位均以胶州湾以东区域最为集中，远期胶州湾以东区域人口变化不大，城阳区、即墨区、黄岛区等外围区域的人口增幅明显。

（二）岗位预测

岗位预测是以现状岗位分布为基础，以青岛市城市总体规划的用地分布、未来李沧区经济发展方向及产业结构为依据，将各类岗位详细划分到规划研究范围内各个交通小区中，从而体现出"经济—用地—岗位—交通吸引"四者的关系。

现状岗位均以东岸最为集中，远期东岸城阳区、即墨区、西海岸新区等外围区域岗位增加明显，区域之间联系将更加频繁，组团间的通勤交通需求将进一步增大。

四、交通出行产生、吸引量预测

（一）交通出行产生预测

出行生成模型的建立通常有两种方法：回归分析法和交叉分类法。这两种方法的共同原理都是通过分析、研究影响交通发生或吸引的主要因素，建立起这些主要因素与交通量的关系。

出行产生量预测采用交叉分类中的产生率法，将出行对象按照社会经济、家庭情况分成不同的类型、不同的出行目的，确定各交叉类别的出行率，具体公式如下：

$$P_i=\sum R_i^k T_i^k \qquad (2-3-1)$$

式中，P_i——i区的出行产生量；

R_i^k——i区第k种出行目的出行率（次/人·日）；

T_i^k——i区第k种出行目的人口数。

根据人口分布预测及不同区位、不同出行目的的出行率预测结果，可以得出规划期各地区的发生量分布。

预测2037年，李沧西部日出行总量为115×10^4人次。

（二）交通出行吸引预测

出行吸引模型的建立，采用多元回归法，其表达式为

$$Y=a_1x_1+a_2x_2+\cdots+a_nx_n \qquad (2-3-2)$$

式中，Y——出行吸引量；

a_1，$a_2\cdots a_n$——回归系数；

x_1，$x_2\cdots x_n$——与吸引量有关的因子。

出行吸引与城市用地特征和工作岗位密切相关，而不同的区位、不同的交通可达性，即使有相同用地性质和同样的岗位数，其出行吸引量也有显著差异。为此，根据不同区域用地类型和出行特征，进行相应回归分析。对回归变量，采用逐步回归和相关变量统计检验的方法，进行组合和筛选，最终得到分区位的出行吸引模型。

结合《李沧西部综合交通规划（中间稿）》，本次安顺路交通量预测出行吸引模型为：

$Y=0.57\times$（居住人口）$+0.64\times$（工业+仓储）$+11.35\times$（中小学校）$+8.86\times$（商业金融）$+7.13\times$（行政办公）

根据出行吸引模型和预测得到的各种性质的岗位数，可预测各交通小区出行吸引

量，并与发生总量进行平衡调整。

（三）交通出行空间分布预测

出行分布模型建立的是各个交通小区之间交通量变换的定量关系。出行分布模型一般有两种类型：增长系数法和重力模型法。与增长系数法相比，重力模型法引入了交通区之间的阻抗，既可以反映土地使用的变化对出行分布的影响，也可以反映交通设施的变化对出行分布的影响。

由于李沧区西部处于快速发展中，未来用地发展变化很大，因此，分布模型宜采用重力模型法。

重力分布模型如下：

$$T_{ij}=P_i\frac{A_j \cdot F(IMP_{ij})}{\sum_j (A_j \cdot F(IMP_{ij}))} \tag{2-3-3}$$

式中，T_{ij}——起点小区 i 至迄点小区 j 的出行量；

P_i——起点小区 i 的出行产生量；

A_j——迄点小区 j 的出行吸引量；

IMP_{ij}——起点小区 i 至迄点小区 j 的出行阻抗，本次建模中采用出行时间；

$F(IMP_{ij})$——阻抗函数，称为摩阻系数，有各种函数形式。该模型采用 Gamma 函数。

根据已标定的出行分布模型，可以得出规划年居民出行量空间分布。李沧区西部内部出行为 50×10^4 人次/天，占全部出行量的 43%；外部出行为 65×10^4 人次/天，占全部出行量的 57%。其中，往城阳方向的出行量为 7×10^4 人次/天，占全部出行量的 6%；往李沧中东部、崂山方向的出行量为 23×10^4 人次/天，占全部出行量的 20%；往西海岸新区、市南区、市北区方向的出行量为 35×10^4 人次/天，占全部出行量的 31%。从李沧区西部的外部出行各方向的比例可以看出，往城阳区方向的联系较少，与市北区、市南区方向的联系较多。

五、交通出行方式预测

从目前国内城市交通需求预测的实践看，在进行城市客运方式划分的预测中，一个普遍的趋势是定性分析和定量分析相结合，在宏观上依据国家经济政策、交通政策及相关城市的比较来对未来城市交通结构做出估计，然后在此基础上进行微观预测。

通过调查数据可以看出，青岛市市内三区居民出行方式结构有两个明显特点：一是公交车及步行出行所占比例较高；二是自行车出行所占比例极低，仅分担总出行量的 3.72%。

2043年李沧区西部居民出行方式结构预测表，如表2-5所示。

表2-5　2043年李沧区西部居民出行方式结构预测表

年份	占全部出行量百分比						合计
	公共汽车	小汽车	出租车	步行	轨道交通	其他	
2043年	32.7%	35.9%	5%	10%	12.8%	3.6%	100%

注：1. 单位大客车及单位小汽车分别纳入到公共汽车及小汽车中。

　　2. 目前青岛市轨道交通M3、M1已经运营通车。

六、交通量分配

交通量分配是将预测未来年度各小区间的交通量分布分配在区域未来路网上，从而得到路网各路段未来年度的交通量。常用的交通分配模型有最短路交通分配、容量限制—增量加载交通分配、多路径交通分配、多路径—容量限制交通分配。该工程采用多路径—容量限制交通分配模型。

七、交通预测结果

根据道路规划和交通功能定位，结合道路总体方案及影响区内相关道路交通量，本次唐河路—安顺路交通量预测结果，如表2-6和表2-7所示。

表2-6　唐河路—安顺路目标年交通量预测结果

单位：pcu/h

路段名称	2023年	2027年	2033年	2043年
瑞昌路至金沙二支路段	2 456	3 210	3 986	4 395
镇平路至太原路段	2 528	3 345	4 306	4 853
太原路至金水路段	2 994	3 452	4 534	5 155
衡阳路至仙山路段	2 860	3 406	4 353	4 925

表2-7　双流高架上下匝道高峰小时流量预测

匝道名	高峰小时流量（pcu/h）	
	2033年	2043年
双流高架上桥匝道	587	726
双流高架下桥匝道	574	739

第四节 建设规模分析

一、通行能力计算及服务水平标准

（一）路段设计通行能力计算

依据路段道路平面线形和实际行驶情况以及《城市道路工程设计规范》的规定，设计速度为50 km/h，一条机动车道的基本通行能力为1 700 pcu/h。

受平面交叉口影响的机动车道单向通行能力可按下式计算：

$$N = Np \times \alpha 1 \times \alpha 2 \times \delta \qquad (2-4-1)$$

式中，N——单向实际通行能力（pcu/h）；

Np——一条机动车道基本通行能力（pcu/h）；

$\alpha 1$——多车道折减分布系数，第一车道为1.0，第二车道为0.85，第三车道为0.75，第四车道为0.65；

$\alpha 2$——行人横向过街、自行车干扰及公交折减系数；

δ——交叉口影响通行能力的折减系数。该系数根据两交叉口间距离、行车速度、绿信比和车辆起动、制动时的平均加减速度及交通组织设计等因素而变化。经查《城市道路设计手册》，综合考虑该工程实际情况，交叉口间距为300～500 m，交叉口影响修正系数 δ 取 0.58（信号周期 120 s，红灯时间 52 s）。由于进口道均进行拓宽设置专用转向车道，折减系数提高1.2倍。

不同车道数的条件下路段的单向通行能力计算，如表2-8所示。

表2-8 道路路段单向实际通行能力计算

设计速度（km/h）	单车道基本通行能力（pcu/h）	单向车道数	交叉口折减系数δ	车道折减系数α1	行人、公交干扰系数α2	实际通行能力（pcu/h）
50	1 700	2车道	0.58	1.85	0.9	1 630
50	1 700	3车道	0.58	2.6	0.9	2 291
50	1 700	4车道	0.58	3.25	0.9	2 884

（二）服务水平分级标准

根据《交通工程手册》，道路路段部分通常采用饱和度指标来评价其服务水平。
服务水平情况有如下描述。

（1）自由流，车辆的形式性能得到充分发挥，畅通，舒适。

（2）稳定车流，车辆的形式性能稍受限制，驾驶比较舒适，较小的行车事故对交通影响不大。

（3）稳定车流，行车自由程度明显受限，是能接受的延误。

（4）稳定交通流的临界状态，行车自由程度严重受限，很小的事故也会造成严重堵塞。

（5）达到道路的通行能力，为不稳定交通流，拥挤，是不能忍受的延误。

（6）交通流呈走走停停状态，交通流超过了道路最大通行能力。

表2-9　路段服务水平评价分级表

等级	A	B	C	D	E	F
对应饱和度	≤0.4	0.4-0.6	0.6-0.75	0.75-0.90	0.90-1.0	>1.0

二、建设规模论证

根据交通量预测结果，对预测路段交通量进行通行能力适应性分析，分别按双向6车道和双向8车道规模进行分析，如表2-10和表2-11所示。

表2-10　瑞昌路至金沙二支路段近、远期通行能力适应性分析表

路段	预测年	类别	双向6车道		双向8车道	
			南向北	北向南	南向北	北向南
瑞昌路至金沙二支路段	2033	饱和度	0.87	0.85	0.7	0.69
		服务水平	D	D	C	C
	2043	饱和度	0.96	0.95	0.81	0.80
		服务水平	E	E	D	D

表2-11 镇平路至仙山路段通行能力适应性分析表

路段	预测年	类别	双向6车道		双向8车道	
			南向北	北向南	南向北	北向南
镇平路至太原路段	2033	饱和度	0.94	0.93	0.74	0.75
		服务水平	E	E	C	C
	2043	饱和度	1.06	1.05	0.85	0.84
		服务水平	F	F	D	D
太原路至金水路段	2033	饱和度	0.99	0.98	0.79	0.78
		服务水平	E	E	D	D
	2043	饱和度	1.13	1.12	0.9	0.89
		服务水平	F	F	D	D
衡阳路至仙山路段	2033	饱和度	0.95	0.96	0.76	0.77
		服务水平	E	E	D	D
	2043	饱和度	1.08	1.07	0.86	0.85
		服务水平	F	F	D	D

（一）瑞昌路至金沙二支路段

若采用双6车道，2033年路段服务水平为D，道路通行能力能够较好地满足交通需求；但2043年路段服务水平达到E，已达到饱和状态。若采用双8车道，2043年路段服务水平为D，道路通行能力可以很好地满足交通需求。

综合考虑工程经济性、红线宽度及交通适应性等因素，推荐唐河路—安顺路（瑞昌路—金沙二支路）近期采用地面双向6车道，同时预留远期拓宽为双向8车道的条件。

（二）镇平路至仙山路段

若采用双6车道，2033年路段服务水平为E，道路通行能力已经不能满足交通需求；2043年服务水平为F，双向6车道不能满足交通需求。若采用双8车道，2033年单向路段服务水平为C或D，2043年单向路段服务水平为D，道路通行能力可以较好地满足交通需求。

综合考虑工程经济性、红线宽度及交通适应性等因素，推荐唐河路—安顺路（镇平路—仙山路）采用地面双向 8 车道。

（三）匝道建设规模论证

从交通量来看，根据匝道基本通行能力与规划特征年上下匝道交通量，互通立交范围匝道均采用单车道规模；双流高架路上下匝道服务双流高架和唐河路—安顺路之间的交通转换，建议采用单车道规模设计。

第三章

≪≪≪ 重难点问题解决策略

第一节　涉铁问题解决策略

一、下穿胶济、青连、青荣铁路节点

（一）现状情况

唐河路—安顺路在娄山河位置连续下穿胶济铁路货线、青连、青荣城际铁路，胶济铁路已预留四孔箱涵，青连铁路与青荣铁路为高架形式，青连铁路下穿青荣铁路，同时安顺路在下穿青荣铁路位置时需上跨娄山河。受到青连、青荣铁路桥墩位置的限制，规划线位分为东西两幅，采用"S"形曲线下穿铁路。

图3-1　下穿位置胶济青连青荣现状

（二）主要限制因素

1. 胶济货线

唐河路—安顺路下穿胶济货线，胶济铁路已预留四孔箱涵，道路规划线位下穿预留好的四孔箱涵，铁路涵尺寸为 1.67 m（壁厚）+10.26 m（人行）+1.67 m（壁厚）+20.51 m（车行）+1.67 m（壁厚）+20.51 m（车行）+1.67 m（壁厚）+10.26 m（人行）+1.67 m（壁厚）= 69.89 m，顶板标高 8.16 m，底板标高 1.66 m，净高 6.5 m。（图3-2）

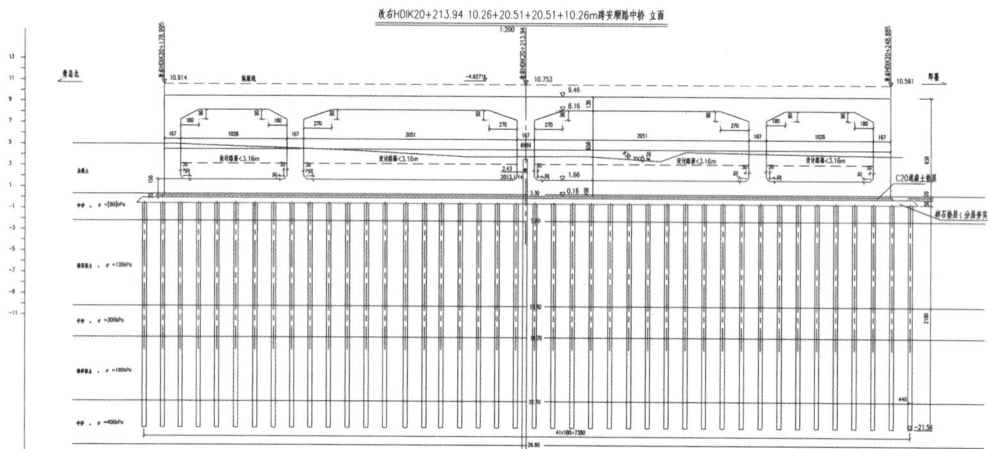

图3-2　胶济货线安顺路桥立面图

2. 青连铁路

该路段唐河路—安顺路规划线位按照双向 8 车道建设标准下穿此节点，车行道边与青连铁路承台投影存在冲突，同时为满足道路 4.5 m 净高要求，在高程上同样存在和道路标高冲突的风险。安顺路下穿青连铁路位置，青连铁路梁底标高为 7.65 m，①号墩下承台顶标高 1.582 m，②号墩下承台顶标高 2.09 m，③号墩下承台顶标高 1.598 m。根据《公路与市政工程下穿高速铁路技术规程》（2018 年 4 月）的规定，公路和市政道路应与高速铁路桥墩保持必要的距离。除桥梁外，其他下穿工程结构边缘线投影不应侵入高速铁路桥梁承台。桥梁、桩板结构、路基护栏外侧与高速铁路桥墩的净距不宜小于 2.5 m。（图3-3）

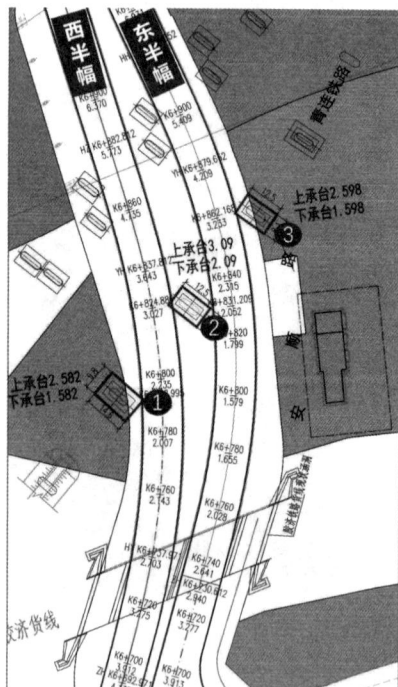

图3-3　青连铁路墩号

3.娄山河

唐河路—安顺路在下穿青连、青荣铁路同时，需要上跨娄山河，需要满足娄山后河防洪水位，根据《青岛市李沧区娄山（后）河（重庆路—入海口段）防洪规划》，娄山河防洪标准确定为50年一遇，排涝标准为20年一遇，入海口防风暴潮标准为百年一遇。娄山河在安顺路桥位置50年一遇设计水位为3.74 m。

表3-1 娄山河规划水面线成果表

河道桩号	设计20年水位（m）	设计50年水位（m）	设计100年水位（m）	计算堤顶高程（m）	备注
楼0+550	3.45	3.64	3.80	4.57	规划安顺路桥
楼0+550	3.55	3.74	3.90	4.67	
楼0+600	3.55	3.75	3.90	4.68	青荣铁路
楼0+600	3.57	3.77	3.93	4.70	
楼0+650	3.58	3.78	3.94	4.71	青连铁路
楼0+650	3.59	3.80	3.96	4.73	

（三）设计方案

为满足规范要求，充分考虑现状，在技术可行的前提下，提出主线双向8车道，以桥梁形式下穿铁路的方案。

根据《公路与市政工程下穿高速铁路技术规程》（2018年4月）的规定，公路和市政道路应与高速铁路桥墩保持必要的距离。除桥梁外，其他下穿工程结构边缘线投影不应侵入高速铁路桥梁承台。

为满足本条规范要求，采用双八桥梁的形式穿越铁路限制路段，道路分为东西两幅，采用"S"形曲线下穿铁路，西半幅采用缓和曲线45 m+圆曲线 R=250 m+缓和曲线45 m，东半幅采用缓和曲线45 m+圆曲线 R=200 m+缓和曲线45 m，满足50 km/h设计时速，同时做到以下几点。

（1）道路车行道投影与青连铁路承台存在冲突，但采用桥梁的形式上跨承台，高程上避开冲突。

（2）青连铁路梁底标高只有7.65 m，下承台标高为1.582 m或2.09 m，保证安顺路4.5 m净高需求。

（3）安顺路跨越娄山河处，需满足娄山河50年一遇水位标高，而娄山河南侧河岸距离青连3号墩只有38 m，而娄山河桥面标高至少为5.41 m，青连3号墩满足4.5 m净高的最小标高为 3.15 m，两者高差达 2.26 m，需向北改移河道，道路最大纵坡按 4% 控制。

（四）横断面布置

充分考虑铁路桥墩的布局，横断面布置在满足规范的前提下，尽量压缩断面尺寸，降低对既有铁路的影响，下穿此节点标准断面形式为

3～4 m 人行道+1.5～8 m 绿化带+0.5 m 防撞体+14.5 m 车行道+0.5 m 防撞体+3.5～10 m 中央分隔带+0.5 m 防撞体+14.5 m 车行道+0.5 m 防撞体+4 m 人行道。（图3-4）

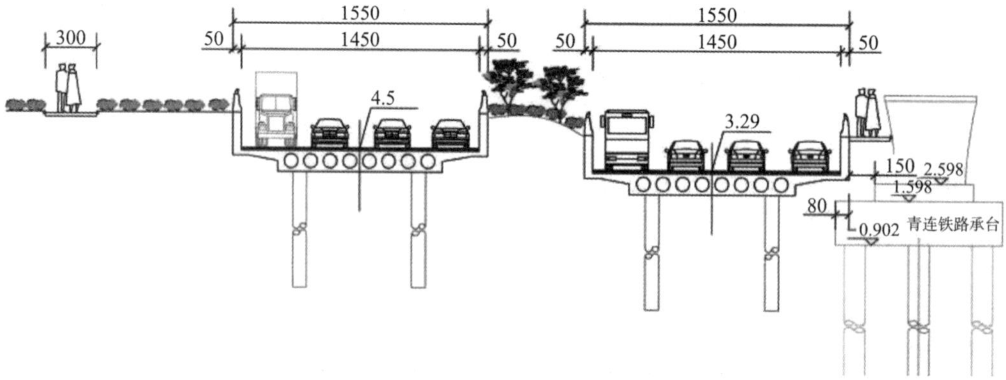

图3-4　青连铁路3号墩位置横断面布置图

（五）道路纵断面设计

在充分考虑胶济货线净高、青连铁路下承台标高及净高、娄山河桥梁标高等多方因素的情况下，安顺路此路段设计方案如图3-5所示。

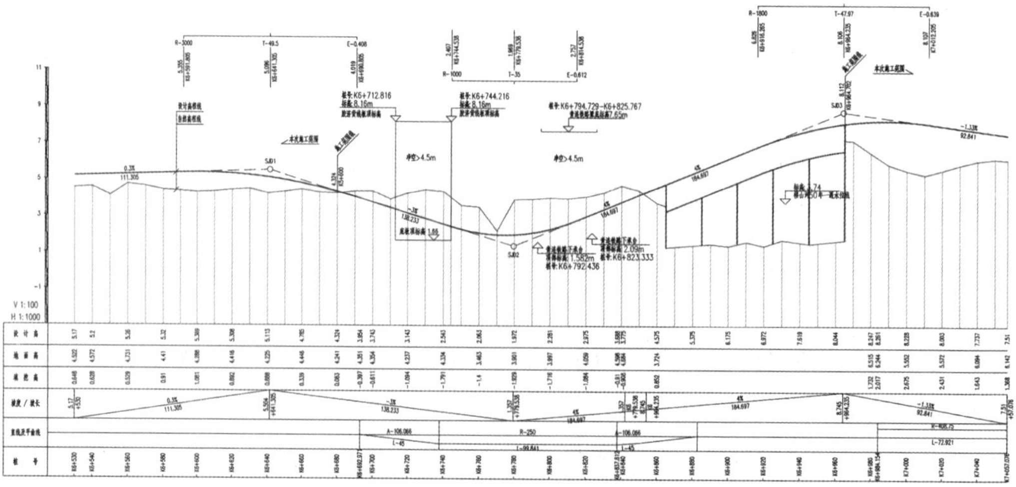

图3-5　道路纵断面设计图

娄山河河道北移，最不利位置向北移 28 m，下穿此节点纵断最大纵坡为 4%，坡长 184 m，满足 50 km/h 设计时速，按照《城市道路路线设计规范》的规定，特大桥、大桥、中桥的桥面纵坡不宜大于 4.0%，桥头引道纵坡不宜大于 5.0%，4% 的纵坡，满足规范要求。

二、青连铁路正线与石化专线节点

唐河路—安顺路与遵义路交叉口北约 150 m，桩号 K7+610，唐河路—安顺路下穿青连铁路正线，唐河路—安顺路与遵义路交叉口北约 400 m，桩号 K7+760，唐河路—安顺路与石化专线相交。

青连铁路正线为高架桥梁形式，已为唐河路—安顺路下穿预留条件，现状为单跨 64 m 变截面梁，梁底距离现状地面 10.1 m。

石化专线为中石化青岛石油化工公司石油运输专用线，为单股铁路，从胶济货线分叉向西与现状安顺路、长顺路、滨海路平交，使用频率为日均 1 次，影响安顺路通行 10～20 min。按照《青岛市李沧区娄山河北片区控制性详细规划》，中石化青岛石油化工公司搬迁，石化专线废除。

图 3-6　唐河路—安顺路与青连铁路正线、石化专线节点关系图

图3-7　青连铁路正线现状照片

图3-8　石化专线现状照片

根据现状情况，考虑青连铁路与石化专线的影响，该节点设计以下方案进行比选。

方案一　唐河路—安顺路下穿青连铁路、平交长顺路（平交）

考虑到石化专线的远期废除，唐河路—安顺路采取地面道路下穿青连铁路，与石化专线平交，长顺路右进右出。

考虑到青连铁路承台与唐河路—安顺路车行道边存在冲突，为避开承台的影响，将印江路至遵义路段道路横断面形式进行优化调整，在保持双向8车道不变的前提下，取消3.5 m中央分隔带，车行道宽度调整为29 m，道路和铁路承台投影安全无冲突。具体断面形式，如图3-9和图3-10所示。

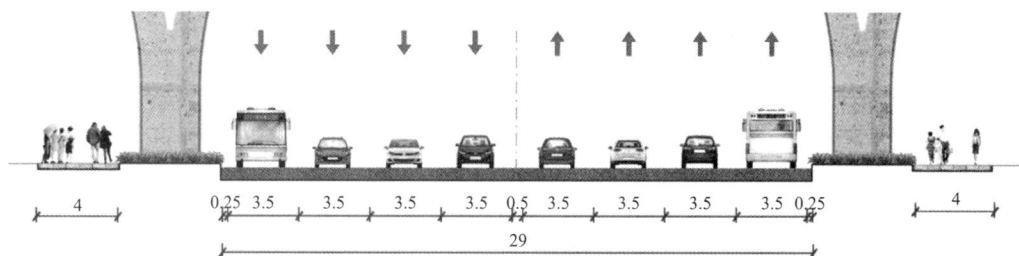

图3-9　方案一标准横断面图

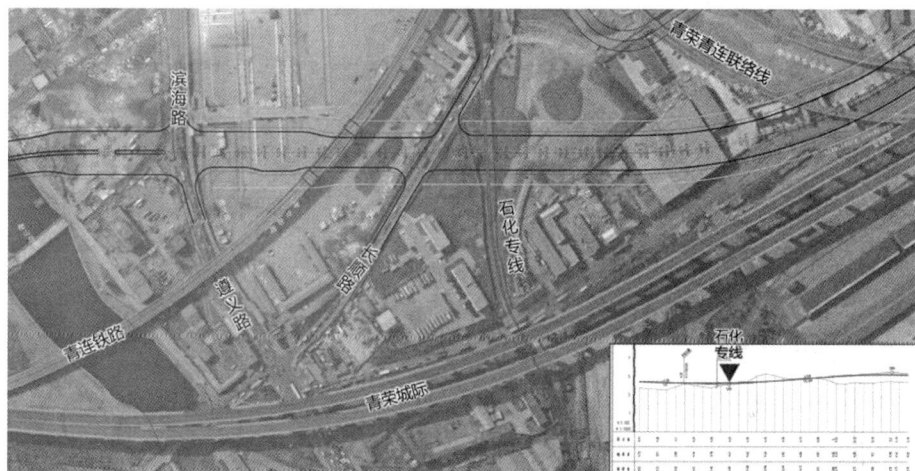

图3-10　方案一平面图、纵断面图

方案二　唐河路—安顺路双八桥梁形式下穿青连铁路、上跨石化专线（双八上跨）

考虑到石化专线废除时间待定，且目前运营频率较高，同时结合运维单位济南铁路局意见，建议按照立交方式处理石化专线节点，方案二拟采用近、远期结合方案，近期唐河路—安顺路下穿青连铁路，上跨长顺路及石化专线。

（一）主要限制因素

（1）根据《城市道路路线设计规范》（CJJ 193—2012）及《标准轨距铁路建筑限界》（GB 146.2—2020）规定，内燃机牵引机车建筑限界高5.5 m。

表3-2　各类型铁路的限界高度和限界宽度

铁路类别		限界高度（自轨面以上）（mm）	限界宽度（自线路中心外侧）（mm）
既有铁路	内燃（蒸汽）牵引	5 500	2 440
	电力牵引	6 550（困难6 200）	2 440
新建时速200 km客货共线铁路	内燃牵引	5 500	2 440
	电力牵引	7 500	2 440
200 km/h客货共线双层集装箱运输	内燃牵引	6 050	2 440
	电力牵引	7 960	2 440
京沪高速铁路（电力牵引）		7 250	2 440

（2）青连铁路变截面梁梁底最不利高度13.1 m，安顺路下穿保持大于5 m的净空。

（3）根据《公路与市政工程下穿高速铁路技术规程》（2018年4月）的规定，桥梁、桩板结构、路基护栏外侧与高速铁路桥墩的净距不宜小于2.5 m。

（4）长顺路为现状道路，唐河路—安顺路上跨长顺路，净高不小于4.5 m。

（二）设计方案

唐河路—安顺路距离遵义路路口约40 m位置开始起坡，先下穿青连铁路，然后连续上跨长顺路、石化专线；下穿青连铁路道路标高距离青连铁路梁底最不利位置约5 m；安顺路上跨长顺路，长顺路净高4.5 m；唐河路—安顺路上跨石化专线，石化专线净高5.5 m。

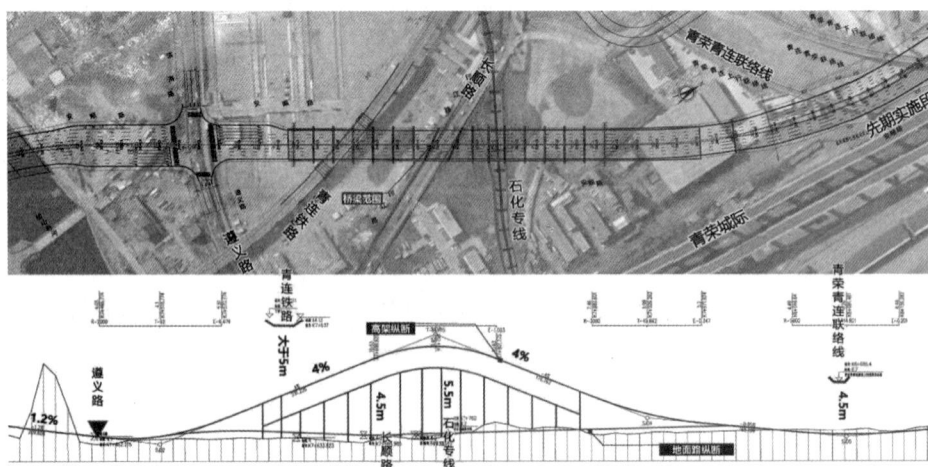

图3-11　方案二平面图、纵断面图

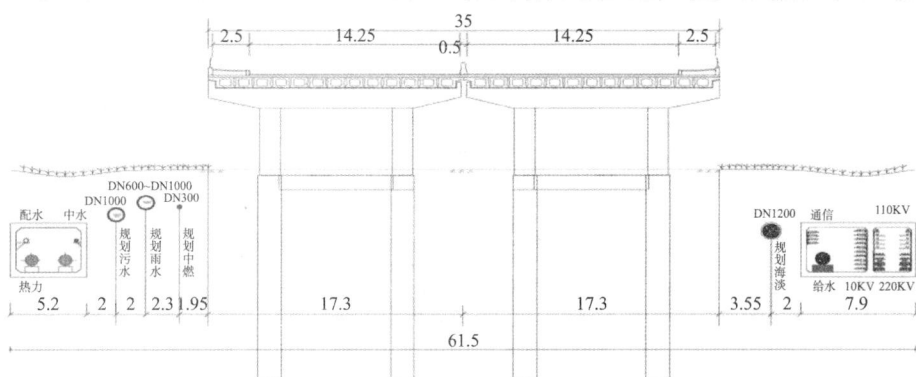

图3-12 方案二横断面图

图3-13 方案二效果图

方案三 双四高架桥梁+双四地面辅路方案（双四上跨）

考虑到石化专线废除时间待定，且目前运营频率较高，同时结合运维单位济南铁路局的意见，建议按照立交方式处理石化专线节点。为减少投资规模，方案三拟采用近、远期结合折中方案，唐河路—安顺路主线以桥梁形式双向4车道下穿青连铁路，上跨长顺路及石化专线，地面设置双四辅路平交长顺路与石化专线，石化专线废除后，拆除双四桥梁恢复地面道路。

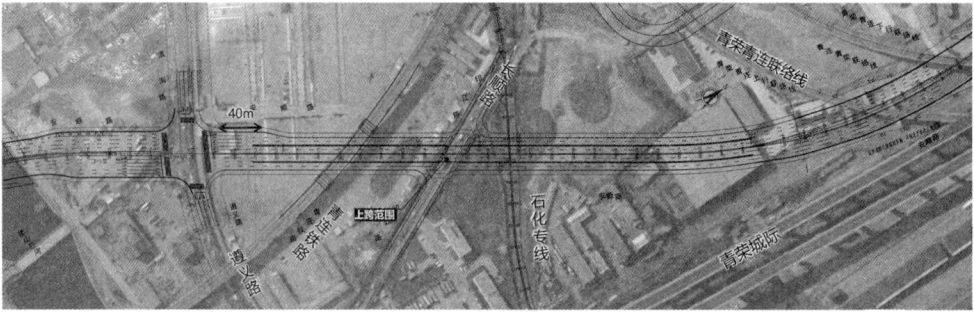

图3-14 方案三平面图

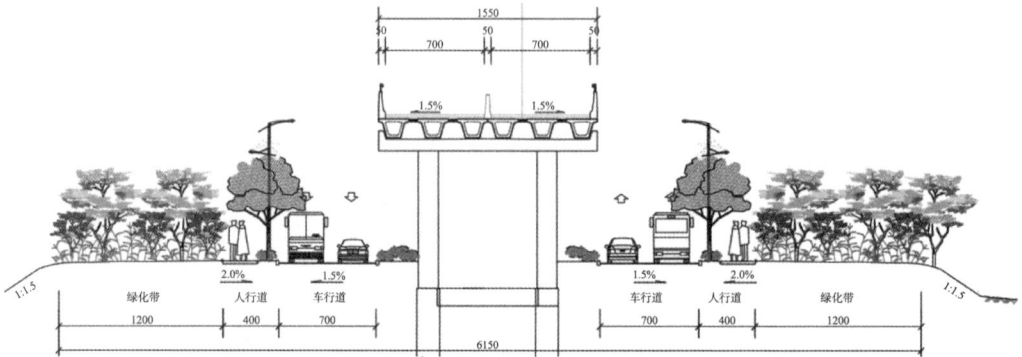

图3-15 方案三横断面图

综合考虑石化专线待废除，安顺路实施后，石化专线对唐河路—安顺路的通行效率影响巨大，同时结合济南铁路局意见，考虑到平交对铁路存在安全隐患，推荐方案二为实施方案。

表3-3 三种方案的比选

比选	方案一 平交	方案二 双八上跨	方案三 双四上跨
投资	950万	7 600万	5 000万
涉铁安全性	存在安全隐患，铁路手续办理困难	无安全隐患，铁路部门推荐方案	地面辅路存在安全隐患，手续办理困难
交通组织	20～30 min封闭交通，对交通通行影响巨大	无影响	地面辅道受影响，铁路封闭期间上跨交通压力大
推荐		√	

第二节 涉公路问题解决策略

一、双流高架节点

为加强唐河路—安顺路和西向交通的快速连接，实现与青岛胶东国际机场及高新区的快速连通，同时分解环湾路交通压力，在双流高架和唐河路—安顺路相交位置增设1对匝道。

现状双流高架为高速公路，设计车速为100 km/h，西起双埠立交桥，东至流亭立交桥，现状道路红线24 m，双向4车道，两侧各设置3 m宽应急车道。

图3-16 双流高架现状照片

结合仙山路快速路实施方案，仙山路快速路西接女姑口大桥，东至青银高速，全长约9.8 km，自双埠收费站西侧，以高架形式接拟拓宽的女姑口大桥，向东在地面穿越双埠立交后，继续向东高架跨越既有铁路线及沿线道路后接入青银高速。近期实施青银高速1座互通立交，双流高架匝道及重庆路西侧临时设立接地匝道2对，预留重庆路互通立交、黑龙江路匝道条件。

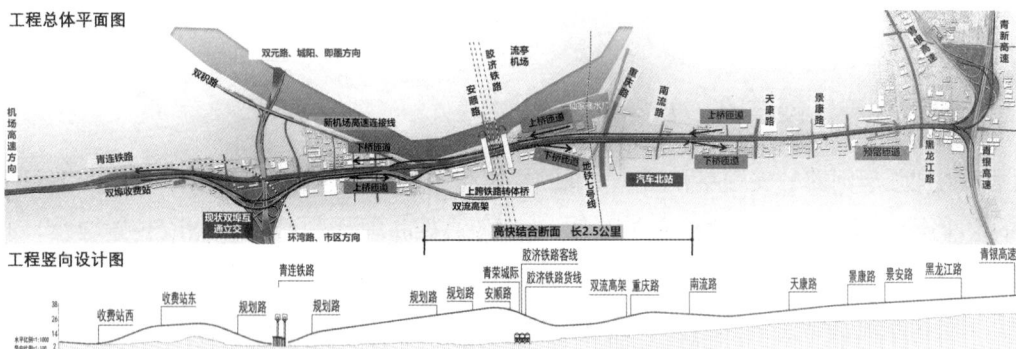

图3-17　仙山路快速路总体方案平面布置图

重庆路与仙山路均已被规划为城市快速路，两条快速路相交节点采用全互通立交形式，现状重庆路西侧是既有的双流高架，根据规划，远期重庆路快速路利用仙山路北侧既有的双流高架，南侧新建高架快速路至山东路。

根据《青岛市中心城区道路网规划（含专项规划和部分重要道路详细规划）》，双流高架（仙山支路至重庆路，约2.1 km）功能由快速路改为为区域服务的城市主干路。重庆路互通立交远期实施后，仙山路以南、双流高架胶济铁路以东段高路堤段拆除改为地面道路，接入重庆路地面路。胶济铁路以西段高路堤段保留现状，在安顺路节点增设1对上下桥匝道，实现与青岛胶东国际机场及高新区的快速连通。为了解决铁路以西段地块出行的问题，远期在双流高架两侧设置地面辅路，实现与安顺路的衔接，地块出行通过规划的南北向下穿双流高架道路实现。

图3-18　双流高架节点区位图

由于青岛市东岸城区呈南北狭长地形，目前南北向已贯通的交通主通道数量明显不足，同时受胶济铁路阻隔，东西向道路通行能力较低，整体呈现"东西不畅、南北不通"的状况。目前，环湾路交通流量已达到 11×10^4 pcu/d，处于高度饱和运行状态，随着胶东国际机场的使用及双元路的建成通车，环湾路的交通压力进一步加大，亟须采取交通疏解措施，缓解未来几年环湾路交通压力。近期实施安顺路节点上下桥匝道非常有必要，可有效分解环湾路交通压力，同时尽早实现与胶东国际机场及高新区的快速连通。

综上所述，为尽快实现与双流高架的交通联系，最大限度地发挥安顺路的整体交通功能，缓解环湾路交通压力，建议该工程建设时一并实施双流高架匝道。

（一）匝道布置原则

快速系统与路网道路的联系，主要是通过各种形式的立交和匝道出入口来衔接。立交型式和匝道布置方案的选择是快速系统总体方案的设计关键，将直接影响快速系统的交通功能和总体效益的发挥。

目前，从国内外快速系统使用情况分析，存在的主要问题有以下几个方面。

（1）上下匝道口的疏解交通能力差，匝道距离交叉口过近，地面路网与高架匝道布置不配套，造成严重交织等不良交通状况；相邻匝道布设不尽合理，出现连续进口，使高架道路车道数不平衡，对主线交通干扰大；高架车道数规模小，车辆运行的可靠性差。

（2）采用背向主要交叉口设置匝道，上、下匝道交织段过短，交织现象影响主线通行能力。

上述出入口布置存在的问题，均应在青岛市快速系统建设中加以总结，避免类似设计重复出现。

根据快速路网与主干路连接体系的要求，设置匝道出入口需考虑以下因素。

（1）匝道的布设应符合沿线快速路功能需要，以更好地服务沿线区域、重点区域进出、便于与区域路网衔接为原则。

（2）快速路与主干路连接，设置匝道出入口，满足区域交通快速接入快速系统。

（3）在匝道布置形式上应优先考虑先下后上（先出后进），减少因匝道出入车辆引起的快速路主线交织、合流、分流的影响，保证主线交通的畅通。

（4）根据快速路快速、大容量客运交通的功能定位，快速路上行驶的车辆以中长距离为主，出入口间距应合理，确保高比例快速路的基本路段畅通，并注意匝道间距不宜过大，否则快速路服务区域功能不便，导致匝道与地面道路衔接处的流量过于集中而使交通阻塞。匝道间距也不宜过密，以减小匝道交通频繁进出快速路对主路交通的影响。

（二）匝道布置方案

现状双流高架西起双埠立交，北至流亭立交，全长约7 km，现状桥面宽度24.5 m，双向4车道。在安顺路交叉口设置与双流高架衔接的上下桥匝道，实现安顺路与双流高架的衔接，区域衔接交通可经双流高架向西衔接胶州湾高速，或通过双埠立交实现与环湾路和双元路的快速衔接。根据交通量需求，匝道布设为单向车道匝道。

根据《公路路线设计规范》（JTG D20—2017）的规定，高速公路相邻互通式立体交叉的最本间距不宜小于4 km。因路网结构或其他特殊情况限制，经论证，相邻互通式立体交叉的间距需适当减小时，其上一互通式立体交叉加速车道渐变段终点至下一个互通立体交叉的减速车道渐变起点间的距离不得小于1 000 m。双流高架—安顺路下桥匝道与双流高架—仙山路高接高匝道均为主线出口，不存在上述加速车道与减速车道交织问题，故不受上述规范条款限制。

另据规定，相邻出入口的间距应符合下列规定，高速公路上如图3-19所示的各种相邻出口或入口之间、匝道上相邻出口或入口之间、主线上的出口至前方相邻入口之间的距离应不小于表3-4所列之值。

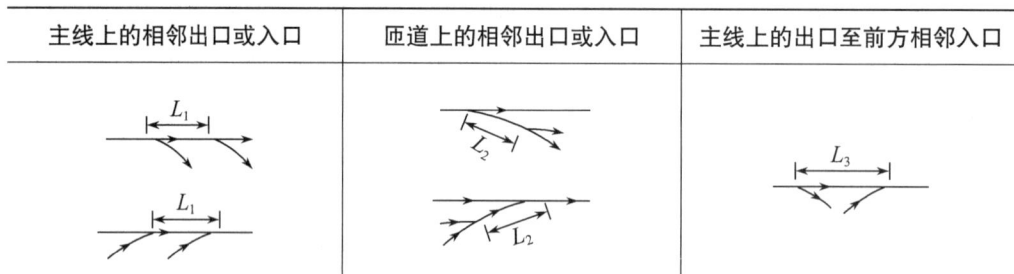

主线上的相邻出口或入口	匝道上的相邻出口或入口	主线上的出口至前方相邻入口
L_1 ↗↗↗ L_1 ↗↗↗	L_2 ↗↗↗ L_2 ↗↗↗	L_3 ↗↗↗

图3-19　相邻出入口的间距规定

表3-4　高速公路相邻出入口最小间距要求

主线设计速度（km/h）				120	100	80
间距 （m）	L_1	一般值		400	350	310
		最小值		350	300	260
	L_2	最小值	枢纽互通式立体交叉	240	210	190
			一般互通式立体交叉	180	160	150
	L_3	一般值		200	150	150
		最小值		150	150	120

双流高架—安顺路下桥匝道与双流高架—仙山路高接高匝道均为主线出口，适用于此规范，双流高架—安顺路下桥匝道分流点与双流高架—仙山路高接高匝道分流点间距为825 m，满足规范要求的最小间距350 m。综上分析，安顺路上下桥匝道与相邻立交的间距满足规范要求。

图3-20　安顺路下桥匝道分流点与仙山路高接高匝道间距

图3-21　双流高架上下桥匝道平面图

图3-22　安顺路双流高架节点上下桥匝道方案效果图

二、仙山路地面路节点

（一）工程现状

唐河路—安顺路（衡阳路—仙山路段）向北衔接安顺路北路，安顺北路起点接仙山路，跨越白沙河后向北延伸至兴阳路，全长约 5.6 km。2014 年青荣铁路修建时铁路线位侵占了现状安顺路用地，2016 年对安顺北路进行了还建，还建红线宽度 20 m，车行道宽 16 m，在跨越白沙河位置新建一座连续箱梁桥梁，宽度 20.5 m，桥梁跨径布置为 2×20+（20+3×32.7+20）+2×20=218.1 m。

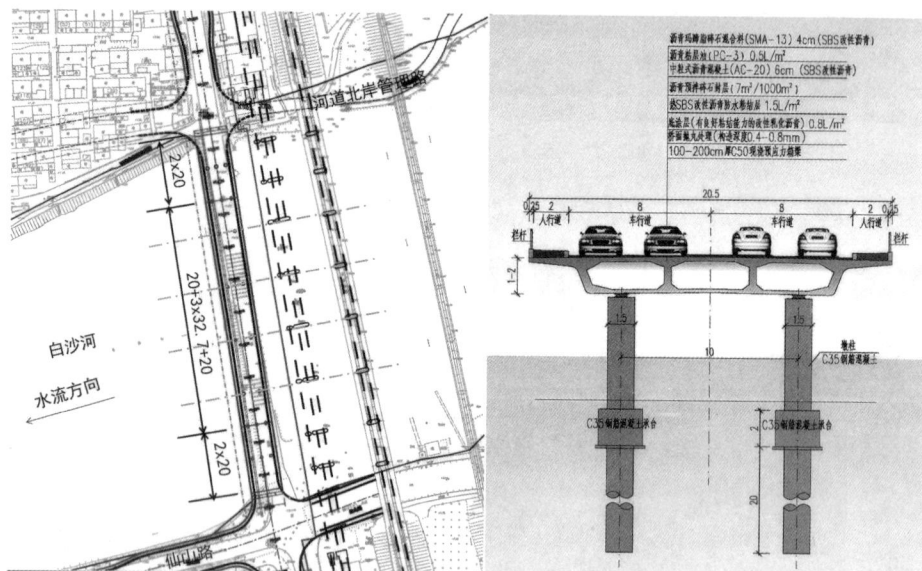

图 3-23　2016 年还建安顺北路跨白沙河桥平面及横断面图

图 3-24　2016 年还建安顺北路跨白沙河桥效果图

（二）设计方案

唐河路—安顺路（衡阳路与仙山路段）与安顺北路衔接，考虑安顺北路不在该工程范围内，统筹考虑采用近期与远期相结合方案。

远期方案： 利用现状白沙河桥作为安顺路东半幅路，在现状白沙河桥西侧新增设一幅桥梁，作为西半幅道路，新增设桥梁考虑进口道展宽渠化，宽度为27.5 m。（图3-25）

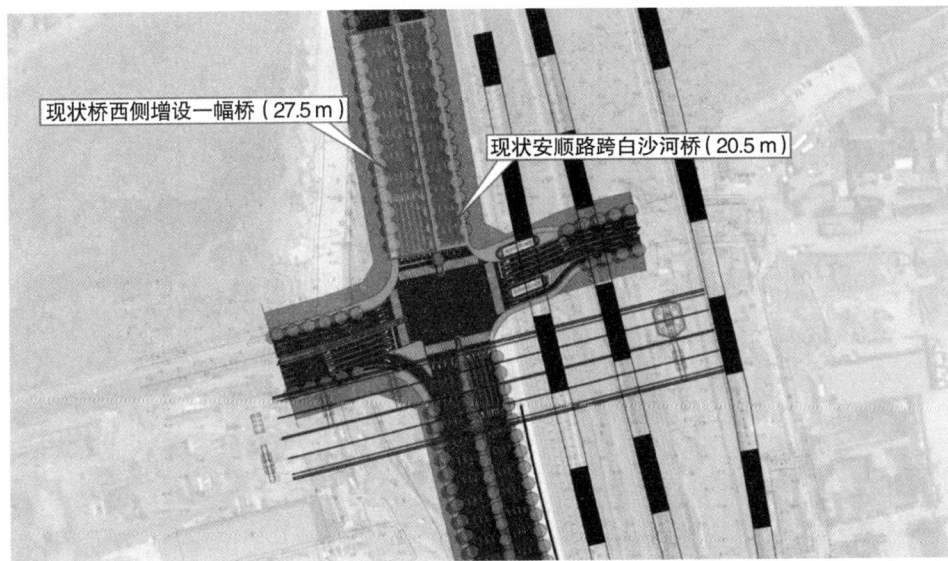

图3-25　唐河路—安顺路与安顺北路衔接远期方案

近期方案： 充分利用现状白沙河桥，安顺北路维持现状双向4车道不变，安顺路（衡阳路与仙山路段）为双向8车道，渠化后为双向10车道，对该路口进行优化设计，在仙山路路口采用施划路口导向线、布置防撞体的方式引导交通，使得安顺路（衡阳路与仙山路段）进口道通过二次渐变，由4车道过渡到路口范围的3车道，设置为1个左转专用车道、1个直行车道及1个直行右转车道，与安顺路北路2个出口道合理顺接，从而优化该交叉口交通组织形式。（图3-26）

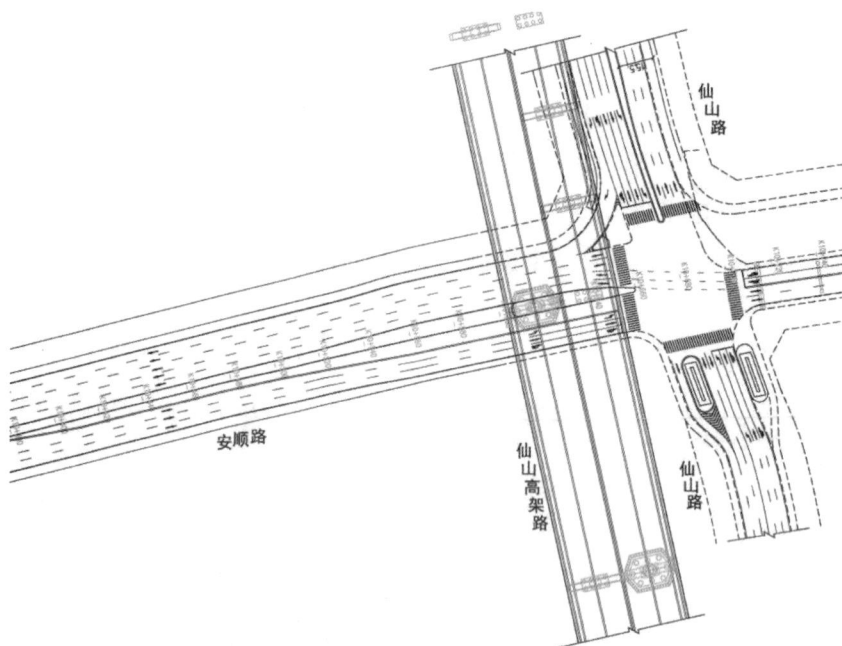

图 3-26 唐河路—安顺路与安顺北路衔接近期方案

第三节 涉河问题解决策略

一、工程概况

为满足安顺路跨娄山河大桥纵坡设计，该工程对安顺路与娄山河河道相交部分的河道进行了改移，将河道向北移动约30 m，改道长度约466 m，改道后设计河宽为40 m。

图 3-27 娄山河位置图

安顺路过李村河段新建桥墩占压现状水清沟河入李村河处，需对现状水清沟河进行改造，以现状河道断面为基础，向东西两侧进行拓宽，拓宽后河道总宽约40 m，改道长度约200 m。

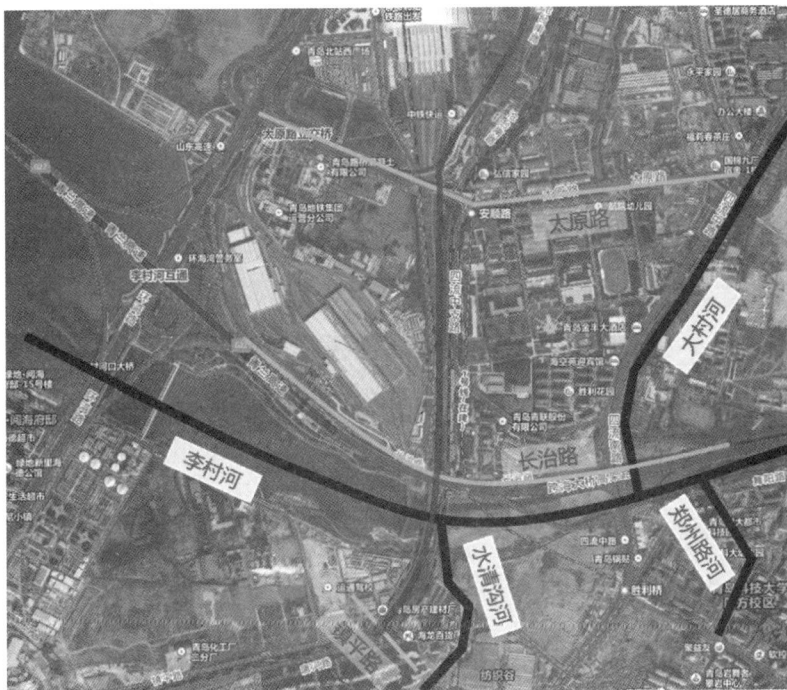

图3-28　水清沟河位置图

二、设计洪水计算

（一）自然地理概况

李沧区是青岛市内3区之一，为2014年青岛市世界园艺博览会主办地。李沧区地处青岛市区北端，东枕崂山山脉，西临胶州湾，南接市北区，北连城阳区，是进出青岛市的咽喉之地。李沧区东西长约14 km，南北长约11 km，区域总面积为97.98 km²，人口约51万。

娄山后河位于青岛市李沧区境内，娄山后河发源于文昌路东侧，河道下游在环湾路处入胶州湾，河道全长约7.3 km，流域面积为17.4 km²。其主要的支流为娄山河、刘家宋戈庄支流、印江路支流。

水清沟河总流域面积为7.08 km²，河道全长5.56 km，发源于嘉定山之北与双山之西及孤山范围内。其干流流经清江路、南昌路、萍乡路、四流南路、大沙路、开平路、开封路和唐河路，最终汇入李村河。水清沟河是北岭山、嘉定山北坡，南昌路、周口路以西，以及四流南路一带的主要排水防汛泄洪道。

（二）水文气象

娄山后河流域及水清沟河流域位于温带半湿润大陆性季风气候区。由于受海洋的影响，呈现出明显的海洋性特征，四季分明，温度适宜，冬无严寒，夏无酷暑。光照充足，无霜期长，多年平均年日照数为 2 703 h，多年平均无霜期为 196 d。平均年降水量为 776.7 mm，多年平均水面蒸发量为 1 170.8 mm。最大降水量为 1 477.8 mm（1964 年），最小降水量为 252.9 mm（1981 年）。降水量的年内分配很不均匀，汛期6—9 月降水量为 566.8 mm，占全年降水量 73%；7 月份降水量最多，为 197.3 mm，占全年降水量的 25.4%，1 月份降水量最少，仅占全年降水量的 1.2%。

春季受海洋影响，其气温上升比较缓慢，4 月份平均气温为 9.9℃。降水量较冬季明显增多。夏季天气比较凉爽、多雨，空气湿润并有海雾，7 月份平均气温只有23.5℃。秋季略为干燥，随着蒙古高气压的加强，南下冷空气逐渐增多，气温逐月下降，但比内陆缓慢，10 月份平均气温 16.8℃。受强大的蒙古高气压影响，其冬季比较漫长，多偏北风，且寒潮和冷空气频繁。1 月是蒙古高压最强盛的时期，也是全年最冷的月份，月平均气温 −0.2℃。

（三）设计洪水

由于娄山后河流域及水清沟河面积小于 30 km²，且区域内无实测洪水流量资料，设计洪水计算采用《山东省小型水库洪水核算办法》进行计算。

1. 娄山河的相关计算

娄山河入娄山后河口控制流域面积为 $F=4.50$ km²，其干流长 $L=4.73$ km，干流比降 J 按下列公式进行计算：

$$J=\frac{(Z_0+Z_1)L_1+(Z_1+Z_2)L_2+\cdots\cdots+(Z_{n-1}+Z_n)L_n-2Z_0L}{L_2} \qquad (3-3-1)$$

式中，Z_0、Z_1……Z_n——自出口断面起沿流程各特征地面点的高程；

L_1、L_2……L_n——各特征点间的距离；

L——干流长度。

将各特征点高程及相互间的距离代入公式计算得：

$$J=0.008\ 9\ \text{m/m} \qquad (3-3-2)$$

流域特征综合参数下列公式进行计算：

$$K=\frac{L}{J^{1/3}\cdot F^{2/5}} \qquad (3-3-3)$$

式中，L——干流长度，4.73 km；

F——控制流域面积，4.50 km²；

J——干流比降，0.008 9 m/m。

代入公式中计算得：

$$K=12.488 \qquad (3\text{-}3\text{-}4)$$

根据项目区所在区域，查"山东省小型水库所在县降水量统计参数表"，可得工程地点以上流域中心多年平均最大 24 h 降雨量为 $\overline{H}_{24}=110$ mm，变差系数 $C_v=0.60$，采用 $C_s=3.5C_v$，应用皮尔逊Ⅲ型频率曲线 K_p 值表查得 10 年一遇的值 K_p 为 1.77，20 年一遇的 K_p 值为 2.20，50 年一遇的 K_p 值为 2.76，百年一遇的 K_p 值为 3.20，则最大 24 h 降雨量按下式计算：

$$H_{24}=\overline{H} \cdot K_p \qquad (3\text{-}3\text{-}5)$$

式中，$\overline{H}$——多年平均最大 24 h 降雨量，110 mm；

K_p——皮尔逊Ⅲ型频率曲线的模比系数；

H_{24}——最大 24 h 降雨量（mm）。

代入公式计算得：

$H_{24(5\%)}=194.70$ mm，$H_{24(5\%)}=242$ mm，$H_{24(2\%)}=303.6$ mm，$H_{24(2\%)}=352.0$ mm。

规划地块流域特征综合参数 $K=12.488$，根据项目区所在地位置查胶东丘陵区 $q_m \sim H_{24} \sim K$ 关系曲线，根据所在地位置查 $q_m \sim H_{24} \sim K$ 关系曲线，10 年一遇单位面积洪峰流量模数 $q=8.95$ m³/（km²·s），20 年一遇单位面积洪峰流量模数 $q=11.70$ m³/（km²·s），50 年一遇单位面积洪峰流量模数 $q=14.75$ m³/（km²·s），百年一遇单位面积洪峰流量模数 $q=17.50$ m³/（km²·s）。

最大洪峰流量按下列公式计算：

$$Q_m=q_m \cdot F \qquad (3\text{-}3\text{-}6)$$

式中，q_m：$q_{10\%}=8.95$ m³/（km²·s）；

$q_{5\%}=11.70$ m³/（km²·s）；

$q_{2\%}=14.75$ m³/（km²·s）；

$q_{1\%}=17.50$ m³/（km²·s）；

F—控制流域面积，4.50 km²。

代入公式中计算得：

$Q_{10\%}=39.60$ m³/s，$Q_{5\%}=53.10$ m³/s，$Q_{2\%}=66.60$ m³/s，$Q_{1\%}=78.75$ m³/s。

2. 水清沟河相关计算

河道平面位置以《青岛市城市分区规划》作为依据，按照现状河道走向布置为主。

结合实际情况，水清沟河中下游河道至李村河分为8段，具体情况有如下几个方面。

（1）水清沟河覆盖终点至德安路桥（0+000—0+022），长22 m，为水清沟河覆盖段与中下游河道衔接段，设计宽度为11～14 m。

（2）德安路桥至四流南路桥（0+022—0+360），长338 m，设计宽度为14 m。

（3）四流南路桥至大沙路桥（0+360—0+700），长440 m，设计宽度为20 m。

（4）大沙路桥至开平路桥（0+700—1+160），长460 m，设计宽度为22 m。

（5）开平路桥至开封路桥（1+160—1+700），长640 m，设计宽度为24 m。

（6）开封路桥至唐河路桥（1+700—2+540），长1 140 m，设计宽度为26 m。

（7）唐河路桥至明渠5（2+540—2+670），长130 m，设计宽度为26～32 m。

（8）明渠5至李村河（2+670—2+870），长200 m，设计宽度为40 m。

本次涉及的水清沟河改造范围位于"明渠5至李村河（2+670—2+870）"段，河道断面按原位向两侧进行拓宽，采用矩形断面。

表3-5 水清沟河河道洪水量计算

序号	位置	重现期	洪峰流量（m³/s）
1	李村河	$P=20$	92.05
		$P=50$	120.38
2	唐河路桥	$P=20$	89.97
		$P=50$	117.66
3	开封路桥	$P=20$	89.21
		$P=50$	114.70
4	开平路桥	$P=20$	78.02
		$P=50$	100.31
5	大沙路桥	$P=20$	66.51
		$P=50$	85.52
6	四流南路桥	$P=20$	37.70
		$P=50$	73.55

三、工程设计

（一）设计范围

此次娄山河改道工程范围自原设计桩号 0+323～0+778，长度为 466 m；水清沟河改造工程范围自原设计桩号 2+670～2+870，长度为 200 m。

（二）工程等别与防洪标准

根据《防洪标准》（GB 50201—2014）、《水利水电工程等级划分及洪水标准》（SL252—2017）、《堤防工程设计规范》（GB 50286—2013），娄山河防洪标准确定为 50 年一遇，排涝标准为 50 年一遇。该工程级别为 Ⅲ 级，河道堤防工程级别为 2 级。水清沟河防洪标准为 20 年一遇。

（三）改道方案

为满足安顺路跨娄山河大桥纵坡设计，该工程对安顺路与娄山河河道相交部分的河道进行改移，将河道向北移动约 30 m，改道长度约 466 m，改道后设计河宽 40 m。

安顺路过李村河段新建桥墩占压现状水清沟河入李村河处，需对现状水清沟河进行改造，以现状河道断面为基础，向东西两侧进行拓宽，拓宽后河道总宽约 40 m，改道长度约 200 m。

（四）规划水面线推求

起始断面水位：根据《青岛市李沧区娄山河防洪规划》，于娄山河 0+000 处各频率设计水位，如表 3-6 所示。

表 3-6　娄山后河起始断面不同重现期水位

重现期	10 年（P=10%）	20 年（P=5%）	50 年（P=2%）	百年（P=1%）
娄山河起始水位（m）	3.029	3.165	3.338	3.461

由于要对河道进行清淤、疏浚，河道需进行适量的拓宽、顺直，同时对两岸边坡进行平整、护砌等工程，规划后河道的主槽糙率为 0.03。

在遇到交通桥、蓄水构筑物等位置时会产生阻水现象，水流遇构筑物上游处水位时局部存在壅高，水面壅高计算与现状水面线推算方法相同。

水面线推算采用断面 CAD 软件的天然河道水面线程序进行计算，推算原理如下式所示：

$$z_1+\frac{\alpha v_1^2}{2g}=z_2+\frac{\alpha v_2^2}{2g}+\frac{Q^2\Delta l}{(\overline{K_1}+\overline{K_2}+\overline{K_3})^2}+\xi\left(\frac{v_2^2}{2g}-\frac{v_1^2}{2g}\right) \qquad （3-3-7）$$

式中，$\overline{K}_1$、$\overline{K}_2$、$\overline{K}_3$分别为两岸滩地及主槽平均流量模数，ΔL为河段长度。

采用分段试算法，逐段试算水位。推算规划后的河道水面线成果如表3-7所示。

表3-7 规划后的河道水面线成果

河道桩号	设计河底高程（m）	设计主槽宽（m）	左岸地面高程（m）	右岸地面高程（m）	设计20年水位（m）	设计50年水位（m）	50年一遇堤防超高（m）	计算堤顶高程（m）
0+000	0.73	70	3.91	3.96	3.165	3.34	1	4.34
0+100	0.88	60	3.96	3.83	3.168	3.34	1	4.34
0+200	1.03	50	3.67	3.74	3.173	3.35	1	4.35
0+300	1.18	30	3.5	4.05	3.187	3.36	1	4.36
0+370	1.29	40	3.5	4.05	3.221	3.41	1	4.41
0+400	1.33	40	3.96	4	3.225	3.41	1	4.41
0+467	1.43	40	4.22	4.01	3.238	3.43	1	4.43
0+500	1.48	40	3.86	4	3.245	3.43	1	4.43
0+550	1.55	40	3.60	4.60	3.256	3.45	0.93	4.38
0+550	1.55	40	3.60	4.60	3.356	3.55	0.93	4.48
0+600	1.15	40	3.68	3.90	3.374	3.57	0.93	4.50
0+600	1.15	40	3.68	3.90	3.394	3.59	0.93	4.52
0+650	1.2	40	3.64	4.43	3.399	3.59	0.93	4.52
0+650	1.2	40	3.64	4.43	3.419	3.61	0.93	4.54
0+700	1.78	40	3.60	3.77	3.427	3.62	0.93	4.55
0+790	1.90	30	3.65	3.70	3.468	3.67	0.93	4.60

四、工程布置

（一）防浪墙设计

现状娄山河桩号0+370～0+790左岸地面高程为3.5～4.22 m，右岸地面高程为3.9～4.6 m，不满足50年一遇洪水位加超高要求。为保障两岸防洪安全，设计河道两岸可设置防浪墙，同时起到安全防护栏作用。

根据《堤防工程设计规范》（GB 50286—2013），堤顶高程应按设计洪水位加堤顶超高确定。堤顶超高可按下式计算：

$$Y=R+e+A \tag{3-3-8}$$

式中，Y——堤顶超高（m）；

R——设计波浪爬高（m）；

e——设计风壅增水高度（m）；

A——安全加高（m）。

1. 波浪爬高

波浪的平均波高和平均波周期采用莆田公式计算，计算公式如下：

$$\frac{g\overline{H}}{V^2}=0.13th\left[0.7\left(\frac{gd}{V^2}\right)^{0.7}\right]th\left\{\frac{0.0018\left(\frac{gF}{V^2}\right)^{0.45}}{0.13th\left[0.7\left(\frac{gd}{V^2}\right)^{0.7}\right]}\right\} \qquad （3-3-9）$$

$$\frac{g\overline{T}}{V}=13.9\left(\frac{g\overline{H}}{V^2}\right)^{0.5} \qquad （3-3-10）$$

式中，$\overline{H}$——平均波高（m）；

$\overline{T}$——平均波周期（s）；

V——计算风速，取21.90 m/s；

F——风区长度，55 m；

d——水域平均水深，2.4 m；

g——重力加速度，取9.81 m/s²。

2. 平均波长的计算

平均波长按下式进行计算：

$$L=\frac{gT^2}{2\pi}th\left(\frac{2\pi d}{L}\right) \qquad （3-3-11）$$

式中：L——平均波长（m）；

d——水域平均水深，2.4 m；

g——重力加速度，取9.81 m/s²。

3. 波浪爬高的计算

当$m=1.5\sim5.0$时，正向来波在单坡上的波浪爬高按下式进行计算：

$$R_p=\frac{K_\Delta K_v K_p}{\sqrt{1+m^2}}\sqrt{\overline{H}L} \qquad （3-3-12）$$

式中，R_p——累积频率为p的波浪爬高（m）；

m——单坡的坡度系数，若坡角为α，即等于$\cot\alpha$，此处取0；

K_Δ——斜坡的糙率渗透性系数，砌石护坡取0.8；

K_v——经验系数，根据$\frac{W}{\sqrt{gd}}$查表；

K_p——爬高累积频率换算系数，允许堤防越浪，爬高累积频率取13%。

4. 风壅水面高度

风壅水面高度在有限风区的情况下，可按下式计算：

$$e = \frac{KV^2F}{2gd}\cos\beta \qquad (3-3-13)$$

式中，e——计算点的风壅水面高度（m）；

    K——综合摩阻系数；

    V——设计风速，21.9 m/s；

    F——风区长度，55 mm；

    d——水域平均水深，2.4 m；

    β——风向与垂直堤轴线的法线的夹角，20°。

表3-8　波浪计算成果表

平均波高（m）	平均波长（m）	波浪爬高（m）	风壅高度（m）	合计
0.092	2.825	0.525	0.003	0.528

根据《堤防工程设计规范》（GB 50286—2013），堤防工程的安全加高值应根据堤防工程的级别和防浪要求，按表3-9确定。

表3-9　堤防工程的安全加高值表

堤防工程的级别		1	2	3	4	5
安全加高值（m）	不允许越浪的堤防工程	1.0	0.8	0.7	0.6	0.5
	允许越浪的堤防工程	0.5	0.4	0.4	0.3	0.3

防浪墙采用C40钢筋砼结构，墙顶宽0.5 m，背水侧坡比1:0.7，迎水侧为半径1.25 m圆弧面，墙趾长0.5 m，基础总宽1.35 m，墙高1.2 m。新建防浪墙长共计947 m。

（二）护岸设计

河道两岸主槽采用M15浆砌石挡墙护岸，挡墙高为1.78～3.23 m，顶宽为0.5 m，外露面采用M15浆砌方块石，镶面厚24 cm，迎水面为直立式，背水面坡比为1:0.4，顶部为M15浆砌细料石压顶，基础深为1.2 m。挡墙设φ100 PVC排水管，排水管管口包透水土工布，呈梅花桩形布置，间距为1 m，排水管纵比降不小于3‰。挡墙压顶石采用0.2 m×0.6 m×1.0 m细料石，两端各伸出墙顶5 cm。镶面采用0.24 m×0.15 m×0.48 m方块石，三顺一丁排列。挡墙地基经抛石挤淤处理后，地基承载力不小于150 kpa。

根据《堤防工程设计规范》（GB 50286—2013），顺坝及平顺护岸冲刷深度计算公式如下：

$$h_s = H_0 \cdot \left[\left(\frac{U_{cp}}{U_c} \right)^n - 1 \right] \qquad (3-3-14)$$

$$U_{cp} = U \frac{2n}{1+n} \qquad (3-3-15)$$

式中，h_s——局部冲刷深度（m）；

　　　H_0——冲刷处的水深，7.33 m；

　　　U_{cp}——近岸垂线平均流速（m/s）；

　　　U_c——河床面上允许不冲流速，取 0.3 m/s；

　　　n——与防护岸坡在平面上的形状有关，取 $n = 1/4 \sim 1/6$；

　　　η——水流流速不均匀系数，根据水流流向与岸坡交角 α 查表采用。

表3-10　护岸冲刷深度计算表

序号	桩号	水深 （m）	平均流速 （m/s）	允许流速 （m/s）	n	冲刷深度 （m）	基础埋深 （m）
1	0+370～0+790	2.40	0.90	0.30	0.25	0.60	1.2

经计算，娄山河局部冲刷深度 $h_s = 0.60$ m，根据规范要求，基础埋深宜在冲刷线以下 1 m 左右，设计基础埋深 1.20 m。

根据表3-8分析，新建直立挡墙护岸的抗滑移、抗倾覆以及地基承载力均满足规范要求。

（三）护底设计

对桩号 0+470～0+720 段河道的河底采用格宾石笼护底，采用 2.0 m×2.5 m×0.3 m 格宾网箱装块石，块石粒径大于网孔的 1～2 倍。笼下铺设 0.15 m 厚碎石垫层，碎石垫层下为一层 350 g/m² 土工布。格宾石笼护底面积共计 10 000 m²。

（四）防汛路设计

改道河道两侧设置 6 m 宽防汛管理路，与改道上下游河边管理路衔接，采用沥青路面。两岸道路长 947 m，道路总宽 6.2 m，采用 6.0 m 机动车道 +0.2 m 路缘石。

路面结构自上而下为 4 cm 细粒式沥青混凝土 AC-13+6 cm AC-20C 中粒式沥青混凝土 +19 cm 水泥稳定碎石（水泥含量6%）+18 cm 水泥稳定风化砂（水泥含量5%）+路基压实。道路两侧采用 M10 浆砌方块石路缘石，路缘石尺寸为 0.2 m×0.4 m×1.0 m。

第四节 涉地铁问题解决策略

一、地铁1号线安顺路站节点

相关资料显示，轨道交通5号线镇平路站位于现状镇平路与唐河路交叉口南550 m处，胶济铁路北侧，不在该工程实施范围内。镇平路站在现状镇平路共设有三处出入口，在唐河路设有一处市政过街出入口。在唐河路打通工程（规划金沙二支路—镇平路）中该节点结合镇平路站出入口布设位置，分别在规划二号线、镇平路交叉口设有一对公交港湾车站，并结合出口道展宽做一体化设计。

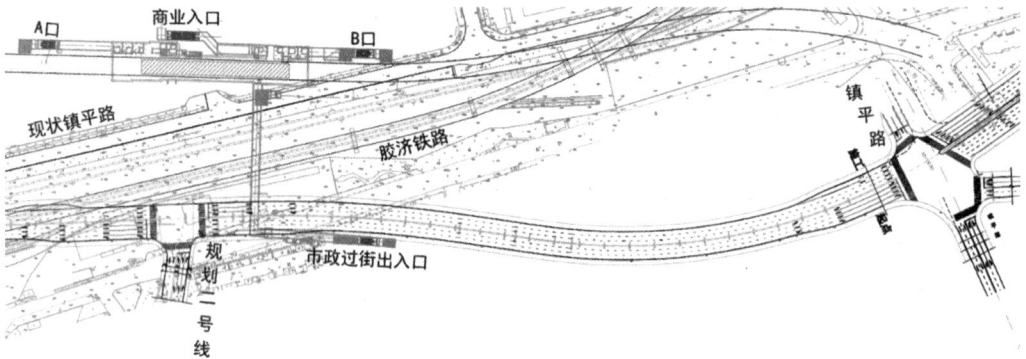

图3-29 轨道交通5号线镇平路站总平面图

地铁1号线安顺路站位于四流中支路与太原路之间，地铁线路位于安顺路东半幅，安顺路站B口位于人行道东侧10 m处，地铁结构顶标高为−6.2 m，该段安顺路标高为10.3 m，结构顶覆土厚度为15～17 m。根据《青岛市轨道交通保护区管理办法（征求意见稿）》，安顺路该段属于涉铁施工，需征求轨道交通经营单位的意见；办理施工许可前建设单位需委托第三方评估单位进行安全预评估；在施工许可证颁发前需取得轨道交通经营单位的专项审查意见。

图3-30　安顺路站平面图

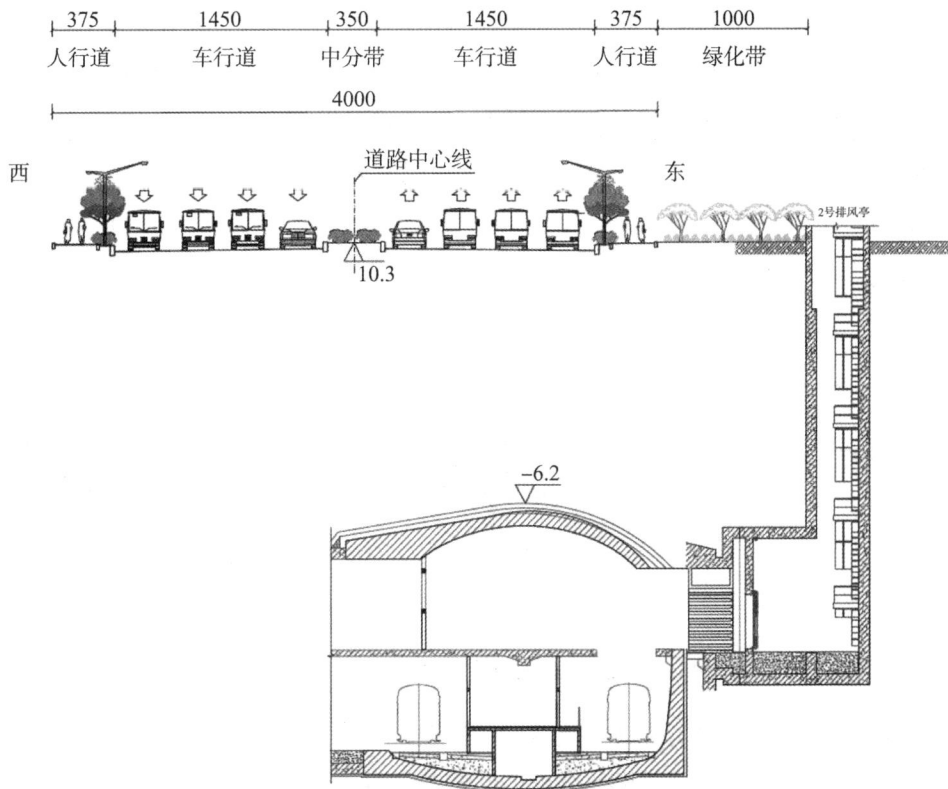

图3-31　安顺路站道路横断面图

　　为方便沿线行人乘坐与换乘公共交通，在安顺路与太原路交叉口及安顺路与四流中支路交叉口增设两对公交港湾车站，并结合出口道展宽做一体化设计。

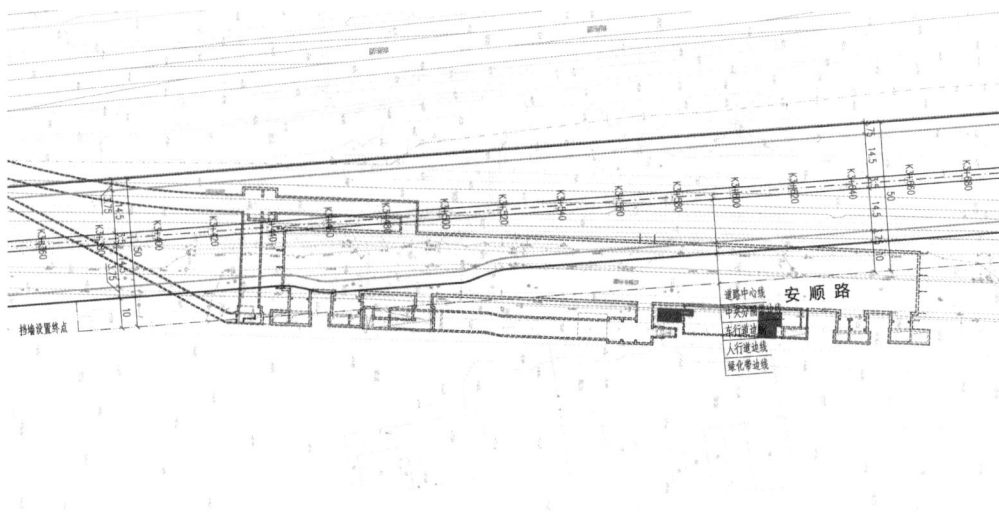

图 3-32　轨道交通1号线安顺路站总平面图

在地铁安顺路站范围内设有4.5～5.5 m人行道及7～8 m绿化带，考虑该节点结合地铁站既有的人行通道及绿化带进行接驳设计，增加54 m² 人行铺装，连接地铁站与安顺路港湾车站的人行动线，以保证行人疏散的连续性。

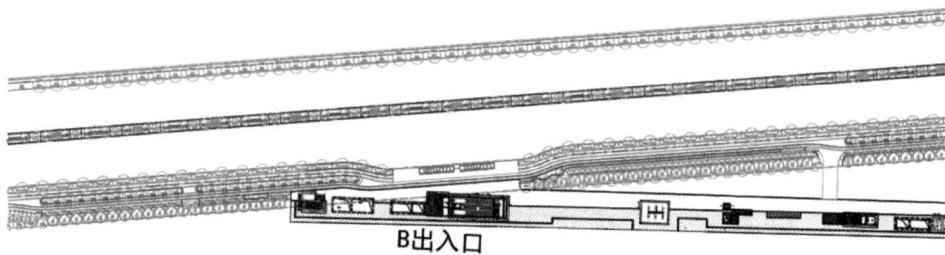

图 3-33　人行广场接驳设计图

二、地铁车辆段周边交通设施整治提升

根据《青岛北站及周边片区控制性详细规划》，规划长治路与环湾路无交叉口，对外主要通过衔接四流路、安顺路、太原路实现。道路西起环湾路，东至四流路，道路宽度8 m，全长4 km。

现状四流路—胶济货线段为单行线，胶济货线—环湾路为双行线，与环湾路有两个交叉口，均为右进右出，环湾路已预留加速车道。

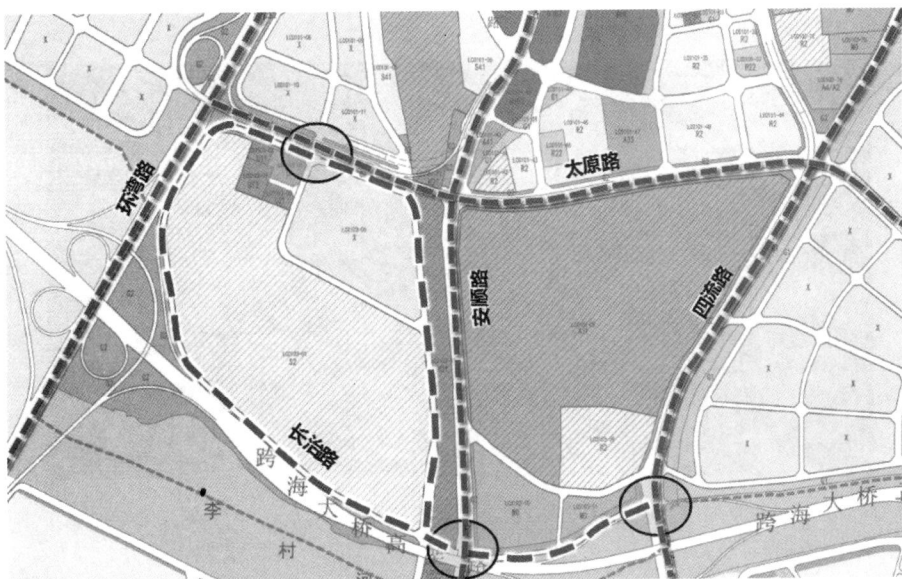

图3-34　车辆段周边规划路网图

图3-35　车辆段周边现状路网图

长治路（安顺路至四流路段）处现状为单行线，但存在逆行现象，四流路左转、长治路右转及跨海大桥连接线上行匝道三者形成冲突点。要考虑在此交叉口内设置单行线标志提示过往车辆，并设置电子警察及信号灯，以提高行车安全。

图3-36　长治路与四流路交叉口

结合现状道路，考虑将长治路（四流路—安顺路段）设置为单行线，剩余路段为双行线，且安顺路东侧辅路代替未建成的规划，长治路西向东车辆通过绕行安顺路实现单循环体系，要考虑在四流路交叉口增加车行信号灯、电子警察及视频监控，以提高行车安全。

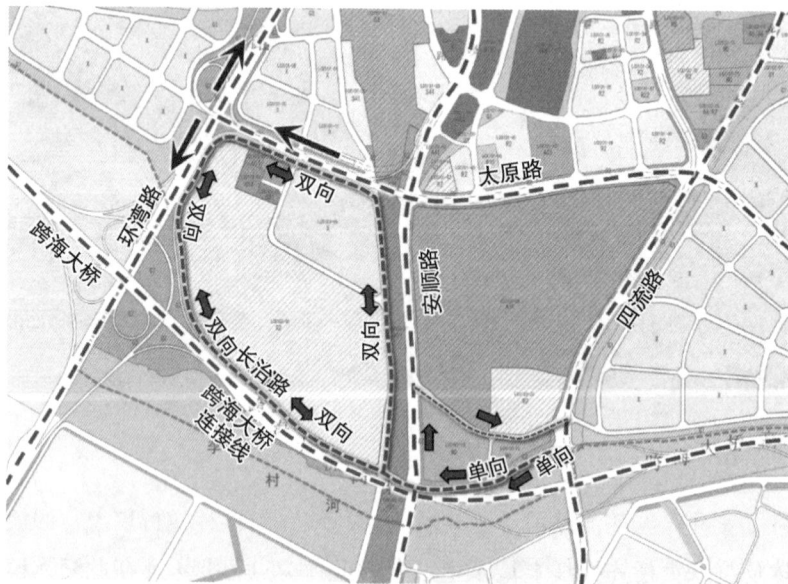

图3-37　长治路交通组织图

第五节　涉高压电问题解决策略

一、现状情况

安顺路沿线跨越水清沟河及李村河，然后下穿跨海大桥连接线同步上跨长治路，跨海大桥连接线现状为高架形式，长治路现状为地面路形式。道路西侧为现状胶济铁路线，现状标高为 6～8.5 m，在李村河南岸至北岸沿线敷设有 DN700 热力管廊桥及铁路管理站，并在李村南岸设有两座 220 kV 电力塔，道路东侧现状有一处蓄水池。

图 3-38　跨李村河桥路线图

二、主要限制因素

（一）李村河及水清沟河

李村河源于石门山南侧卧龙沟，流经毕家上流、姜家下河、王家下河、李村，在阎家山张村河与之汇流，至胜利桥大村河与之交汇，穿过胶济铁路桥，下穿环胶州湾高速公路汇入胶州湾。李村河干流长度约 17 km，汇水面积 147 km²。其流域跨越李沧区、崂山区、市北区，每年 7～9 月雨季时，是青岛市区内一条主要的泄洪河道。冬春季节枯水，河床底仅有浅状水流。李村河百年一遇设计水位为 3.95 m。

水清沟河发源于嘉定山之北与双山之西及孤山范围内。其干流流经清江路、南昌路、萍乡路、四流南路、大沙路、开平路、开封路和唐河路，最终汇入李村河。其河道全长 5.56 km，汇水面积 7 km²，是北岭山、嘉定山北坡，南昌路、周口路以西，四流南路一带的主要排水防汛泄洪道。水清沟河百年一遇设计水位为 4.15 m。

（二）现状热力管廊桥及 220 kV 电力塔

沿李村河南岸至北岸，敷设有 DN700 热力管廊桥，现状梁桥顶标高为 7.25~9.23 m，在李村河南岸现状设有两座 220 kV 电力线塔。

（三）《公路铁路并行段设计技术规范》

《公路铁路并行段设计技术规范》（JT/T 1116—2017）中规定设计时速小于 100 km/h 的一级公路或二级公路与铁路并行时，相邻公路土路肩边缘（桥梁边线）与铁路路肩边缘线（桥梁边缘）之间的横向距离极限值为 15 m。

表 3-11　公路铁路并行等级

项目	公路铁路并行等级				
	Ⅰ级	Ⅱ级	Ⅲ级	Ⅳ级	Ⅴ级
一般值	50	40	35	25	20
最小值	35	30	25	15	10
极限值	20	15	15	10	5

（四）跨海大桥连接线及长治路

本段安顺路规划线位按照双向 8 车道下穿跨海大桥连接线后，同步上跨现状长治路，同时为了满足道路净空 4.5 m 的要求，跨海大桥连接线在该处梁底标高为 15.661 m。现状长治路道路标高为 3.25 m，长治路西段已实现规划，红线宽度为 13.5 m，东段未实现规划，红线宽度为 6 m。安顺路设计标高综合考虑现状标高、水清沟河百年一遇设计水位 4.15 m、李村河百年一遇设计水位 3.95 m，同时需满足道路净空 4.5 m 的要求。为保证安顺路与现状长治路的交通衔接，在桥梁两侧设置安顺路辅道，结合长治路规划宽度综合考虑安顺路辅道的转弯半径。

（五）胶济铁路桥

该段安顺路人行道边线距离西侧胶济铁路桥 50~63 m。结合《青岛市市北区滨海新区北片区控制性详细规划》（2018 年 8 月），该段安顺路西侧地块性质为铁路用地及防护绿地，东侧为交通场站用地、加油加气站用地、排水用地及防护绿地。

（六）镇平路

现状唐河路为双向 6 车道，现状镇平路为双向 4 车道，唐河路及镇平路规划于铁路用地两侧，共同承担铁路两侧及周边区域的集散交通，且从规划层面考虑，唐河路与镇平路为一条道路，唐河路承担铁路南侧的交通，镇平路承担铁路北侧的交通，共同构成双向 10 车道以承担铁路用地区域的交通。

现状镇平路交叉口为道路低点，汇集的雨水由该交叉口排水至西侧现状铁路桥涵，即考虑在镇平路交叉口处设置 2% 的反坡，以保证汇水面积不会增加。

三、设计方案

（一）平面线位

根据《公路铁路并行段设计技术规范》（JT/T 1116—2017），与铁路并行段间距最小为 15 m。规划线位距铁路最小间距为 3 m，不满足规范要求。规划线位线型指标较差，需拆除现状热力管线及铁路管理用房，且不满足 60 km/h 的设计车速，需对规划线位进行优化调整。

道路线位在规划线位的基础上进行优化，线位在水清沟河位置向东偏移，避让水清沟河河口，并采用分幅形式跨越水清沟河及李村河，然后下穿跨海大桥连接线同步上跨长治路，在四流中支路交叉口处合为一幅路，并且取消该处 S 曲线。该线位线型指标较好，对规划调整影响较小，道路线型满足 60 km/h 的设计车速。

同时，结合长治路排水需求，将现状长治路标高 3.25 m 抬高 1 m，道路净空控制为 3.5 m，将长治路道路最低点向东偏移，长治路抬高段总长约 180 m。

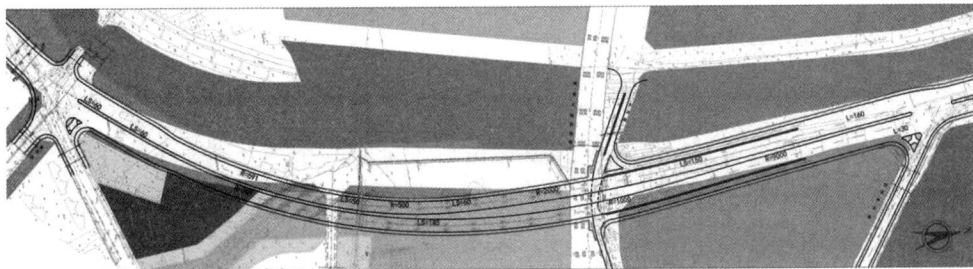

图 3-39 道路平面图

（二）纵断面设计

该节点纵断面有以下控制因素。

（1）跨海大桥梁底标高 15.66 m。

（2）现状长治路标高 3.25 m。

（3）水清沟河百年一遇设计水位 4.15 m、李村河百年一遇设计水位 3.95 m。

（4）桥梁结构厚度 1.8～2.0 m（考虑铺装与道路横坡）。

（5）长治路净高满足 3.5 m、安顺路净高满足 4.5 m。

结合现状控制因素及桥梁结构厚度，跨李村河桥采用大半径竖曲线跨越，竖曲线半径为 6 000 m，竖曲线长度为 317.988 m。该段最大纵坡为 2.7%，最小坡长为 292.865 m。（图3-40）

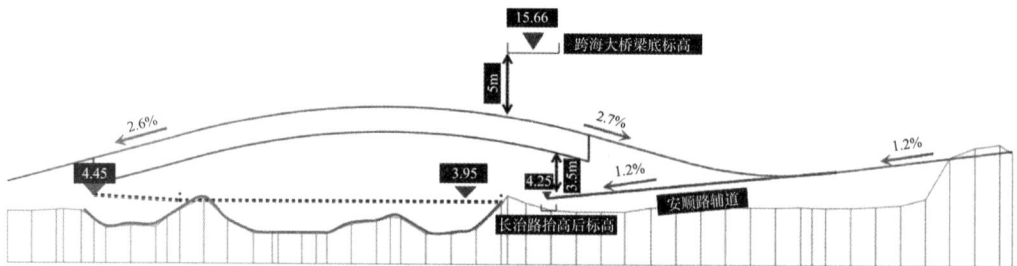

图 3-40　道路纵断面

第六节　不良地质问题解决策略

一、路基设计的总体思路

结合片区工程地质条件，根据青岛市路基处置经验，该工程在核查相关资料的基础上，对沿线一般路基段和桥头路基段进行了全面的路基处理方案的比选分析，最终明确该工程一般路段和桥头路段的路基处理方案。路基工程设计总体思路如图 3-41 所示。

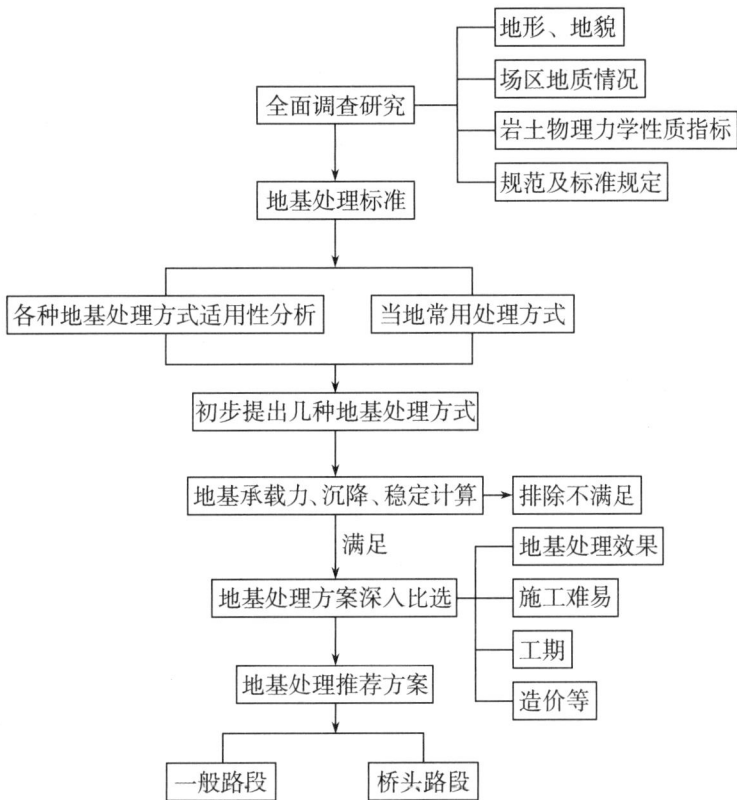

图3-41 路基工程设计总体思路

二、一般路基设计原则

（1）路基必须做到密实、均匀、稳定。

（2）路基填筑材料应因地制宜，合理采用当地材料或工业废料。

（3）路基设计应满足防洪泄洪要求。

（4）路基设计应经济、耐用。

（5）路基设计应特别注意路基排水，采取拦截、分散的处理原则。同时，设置必要的防冲刷、防渗漏和有利于水土保持的综合排水设施及防护措施。

（6）路基设计应考虑冲沟对路基稳定性的影响。

（7）路基设计要注意环境保护要求，注意工程景观效果。

三、路基设计指标

路床顶面土基回弹模量：≥40 MPa。

路堤稳定安全系数：1.30。

容许工后沉降（路面设计使用年限内残余沉降）：如表3-12所示。

表3-12　容许工后沉降表

工程位置	一般路堤	桥台与路堤相邻处
容许工后沉降	≤0.30 m	≤0.10 m

表3-13　路基压实度表

填挖类别	路槽底面以下深度（cm）	压实度（%）主干路
填方	0～80	95
	80～150	93
	>150	92
挖方	0～30	95
	30～80	93

四、路基填料的选择及分层压实

（1）路基填料优先选用级配较好的砾类土、砂类土等粗粒土，也可采用细粒土，同时应采用液限不大于50%、塑性指数不大于26的土料，并采取必要的晾晒措施以控制含水量，满足土基顶面回弹模量及压实度的相关要求。

（2）桥头高路堤填筑设计：桥后30 m范围内的高路堤，采用级配良好的石渣填筑。

（3）沟槽管线路基回填工作面狭小，大型压实机械难以作业，可采用石粉回填路基，采用小型机械压实。

填土路基必须根据设计断面分层填筑压实，其分层填筑厚度必须与压实机具功能相适应，一般每层松土厚度不应超高30 cm（压实厚度为20 cm）。若采用薄铺轻碾的方法，每层松土厚度可达20 cm，路基填筑压实宽度不得小于设计宽度，以便最后削坡，严禁贴坡。

表3-14　路堤填料最小强度要求

填挖类别		路床顶面以下深度（cm）	填料最小强度（CBR）（%）	填料最大粒径（mm）
			主干路	
路堤	上路床	0～30	8	100
	下路床	30～80	5	100
	上路堤	80～150	4	150
	下路堤	>150	3	150
零填及挖方路基		0～30	8	100
		30～80	—	—

五、一般路段路基设计

根据道路纵断，道路全线基本以低填及零填为主，除下穿胶济、青荣、青连铁路货线段外，基本无挖方路段，全线路基填方高度为0～3 m，路堤较低，附加应力较小。

该工程道路绝大部分为低填或挖方，路基填土前，需对路基进行清表处理，清除路基范围内的所有垃圾、灌木、植被、表层腐殖土等，清表深度一般为30 cm；局部可适当加深，需清除掉树根等。在有老路的路段，仅考虑挖除现有的路面结构，该工程清表土不考虑利用。

管线开挖回填位置：应按设计填料和压实度要求分层回填压实，管顶不得虚填。

非管线开挖位置：按照设计要求拆除旧路面结构层，并清理表层杂物，之后对原地面进行压实。

路床顶面设计回弹模量应大于或等于40 MPa，路床顶面横坡应与路拱横坡一致。其一般原则有如下几个方面。

（1）该工程路基填料一般采用黏土或开山土石，石方粒径需满足相应的规范、规程要求。

（2）路基填筑前，基底应清理和压实。对菜地、旱地、荒地等应清除草皮、平整压实。

（3）含草皮、淤泥、生活垃圾、树根、腐殖质的土严禁作为路基填料。

（4）填方路基应优先选用级配较好的砾类土、砂类土等粗粒土作为填料，填料最大粒径应小于150 mm，路基施工前，填方路段清表土厚度为50 cm。

（5）路堤填料不得使用淤泥、沼泽土、冻土、有机土、含草皮土、生活垃圾、树根和含有腐朽物质的土。

（6）液限大于50%、塑性指数大于26的细粒土，以及含水量超过规定的土，不得直接作为路堤填料。

（7）最终形成的路基断面填料强度应符合相关规范要求。

（8）道路红线范围内新近填筑的建筑垃圾土必须挖除，回填的土方需满足填料的要求。

（9）填方段原地面标高以下的各种管道、箱涵及其他构筑物应先期做完，管、涵周围及管、涵顶面以上的回填土应按路基沟槽压实度的要求做到对称、均匀、薄铺轻夯分层回填夯实，浅埋管道必须加固处理。

不同种类的土必须分类、分层填筑，不应混杂。优良土应填在上层，如用透水性较小的土填筑路基时，宜作2%～4%的横坡，并且不应将透水性较大的土层包覆，以便排水。

填土路基必须根据设计断面分层填筑压实，其分层填筑厚度必须与压实机具功能相适应，一般每层松土厚度不应超过30 cm（压实厚度约为20 cm）。若采用薄铺轻碾的方法，每层松土厚度可达20 cm，路基填筑压实宽度不得小于设计宽度，以便最后削坡，严禁贴坡。

挖方路基路堑以下的天然土基，要求压实至90%（重型）以上。该工程多处既有老路，其路基多年来已沉降完成，但由于市政管线、桥梁承台等的开挖需要，本阶段开挖范围内路基按新建道路考虑，其余老路范围内考虑对既有路基进行整治、拓宽，重新压实处理。根据道路纵断，道路全线基本以低填、低挖为主。结合临近工程地质条件及现有地勘资料，道路表层主要为杂填土，密实度差，均匀性差，因此为保证道路路基的稳定、减少不均匀沉降，需对道路路基进行处理。

1. 瑞昌路至金沙二支路段

该段道路车行道及两侧各1 m范围内路床采用石渣回填；挖方段路床采用石渣换填；填方段清表后应先采用碎石土回填至路床底，路床范围用石渣回填。

2. 镇平路至太原路段

该段道路车行道及两侧各1 m范围内路床采用石渣回填；挖方段路床采用石渣换填；填方段清表后应先采用碎石土回填至路床底，路床范围用石渣回填。

3. 衡阳路至仙山路段

该段范围内地下水位较低，3～5年历史最高水位约10 m，地下水位对路基的影响非常微弱，路基工后沉降满足主干路的要求，道路路基不需要进行深层处理。

先期实施段至桩号 K9+460 段、桩号 K10+150 至仙山路段除去跨刘家宋戈庄河桥范围、跨洪沟河桥范围外，基本为浅挖或低填，该段表层有厚度 1.5 m～4.0 m 的杂填土，因此该段道路采用一般路基处理方式：挖方段路床采用石渣换填；填方段清表后应先采用碎石土回填至路床底，路床范围用石渣回填。

桩号 K9+460 至桩号 K10+150 段为挖方段，且路床顶位于粉质黏土层，根据地勘资料，该层粉质黏土地基承载力 f_{ak}=220 kPa，因此该段道路仅下挖至路床顶，然后进行整平、碾压，不做换填处理。

一般路基处理方式如下：挖方段路床采用石渣换填；填方段清表后应先采用碎石土回填至路床底，路床范围用石渣回填。

桩号 K9+460 至桩号 K10+150 段为挖方段，且路床顶位于粉质黏土层，根据地勘资料，该层粉质黏土地基承载力 f_{ak}=220 kPa，因此该段道路仅下挖至路床顶，然后进行整平、碾压，不做换填处理。

六、特殊路段路基设计

（一）高压旋喷桩复合地基处理

根据现有地勘资料，衡阳路至规划六号线段、娄山河至遵义路段存在淤泥质下卧层，因此，对衡阳路至规划六号线段、娄山河至遵义路段道路车行道范围采用高压旋喷桩复合地基处理。

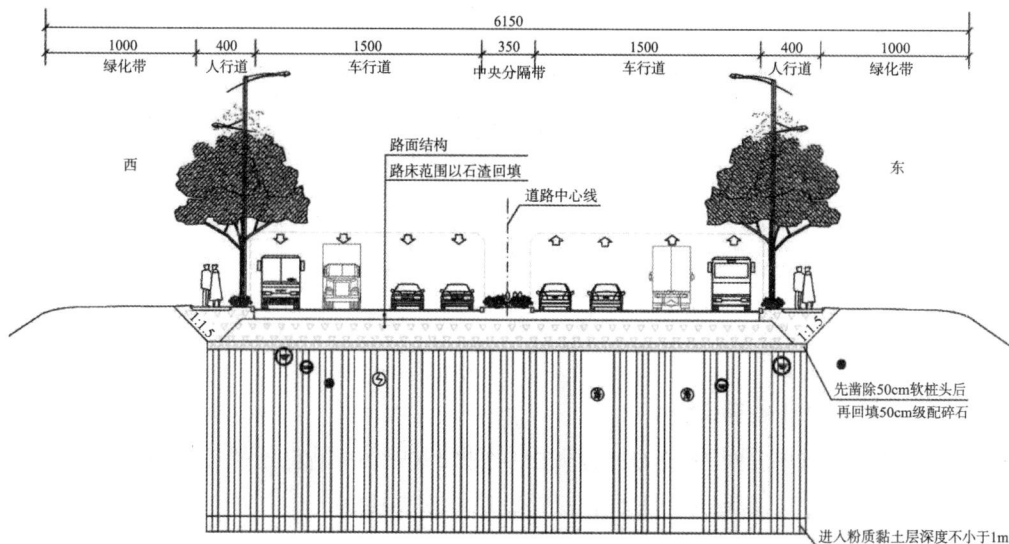

图 3-42 高压旋喷桩复合地基处理

挖方段应开挖至路床底，然后在车行道范围内打高压旋喷桩；填方段应先清表30 cm，然后在车行道范围内打高压旋喷桩。对车行道边处理范围向外扩2 m，高压旋喷桩桩径0.5 m，成矩形布置，桩间距为2 m，桩底部深入粉质黏土层不小于1 m，平均桩长7.5 m。水泥浆的水灰比采用1∶1.5，水泥宜采用42.5号普通硅酸盐水泥。旋喷桩施工完成后，挖除设计桩顶之上50 cm软桩头，经检测合格后，铺50 cm级配碎石褥垫层。同时，挖方段采用石渣回填至设计路床顶；填方段应先采用碎石土回填至路床底，路床范围用石渣回填。

（二）桥台路基处理

临近桥台20 m范围的桥头地基采用均质石渣、分层回填碾压处理，单层压实厚度不大于30 cm，并严格按照设计和规范要求控制压实度，桥头位置设8 m桥头搭板，实现刚柔过渡。

（三）新老路基衔接处

应在新老路基衔接处，先开挖40 cm×100 cm台阶，朝内4%。每层设置宽度为2 m的土工格栅，土工格栅为纵向布置。其设置方式是在各层宕渣顶部加铺钢塑双向土工格栅一层，钢塑双向土工格栅宜采用凸结点型式，以保证结点连接牢固，其性能要求有如下两个方面。

（1）纵向抗拉强度：≥80 kN；横向抗拉强度：≥80 kN。

（2）伸长率：≤3%；结点剥离力：≥500 N。

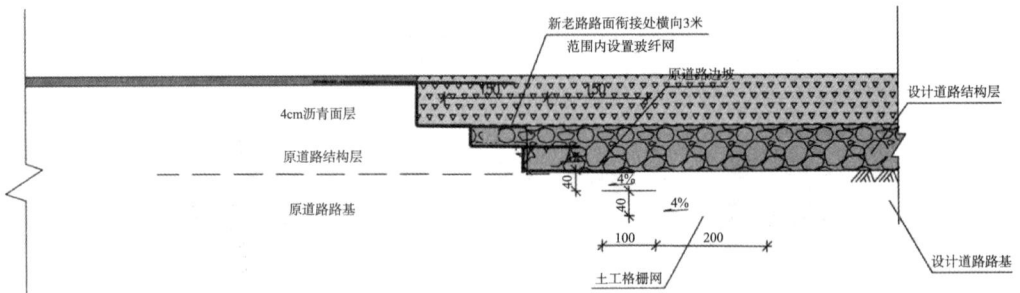

图3-43 新老路基、路面衔接设计图

（四）新老路基衔接处

开挖时若发现浅层生活垃圾（厚度不超过2.5 m），须将道路范围内垃圾全部挖除，将开挖面压实，采用设计填料分层回填压实至路床顶面。

（五）土工材料的施工要求

土工格栅应在陡坡路堤或纵横填挖交界区域填土前铺设。铺设时，应在路堤两侧每边各留不小于2 m的锚固长度，土工格栅沿路堤横向铺设，衔接部的土工格栅按路基纵向铺设。土工格栅受力方向搭接长度不小于30 cm，非受力方向搭接长度不小于10 cm。土工格栅应用U形钉固定，间距2 m，按正三角形布置。

其施工要求有如下几个方面。

（1）铺设土工格栅的土层表面应平整，表面严禁有碎石、块石等坚硬凸出物；距土工格栅8 cm以内的路基填料，其最大粒径不得大于6 cm。

（2）土工格栅的搭接应牢固，在受力方向联结处的强度不得低于材料设计抗拉强度，且其叠和搭接长度不应小于15 cm。

（3）为保持土工格栅的整体性，施工过程中土工格栅的连接采用绑扎锚固法。

（4）铺设土工格栅时，应保持其连续性，不要出现扭曲、褶皱、重叠的状况，特别要避免尽量拉伸。

（5）土工格栅铺筑后应及时填土（暴露时间不应超过48 h），格栅上的第一层填土应采用轻型推土机或前置式装载机逐段推进。一切车辆、施工机械只允许沿路基的轴线方向行驶，禁止直接在格栅上行驶。

（6）土工材料的质量应符合《城镇道路工程施工与质量验收规范》（CJJ 1—2008）中的相关规定要求。

土工格栅技术指标表，如表3-15所示。

表3-15　土工格栅技术指标表

项目＼材料	土工格栅
最大负荷延伸率（%）	≤3
抗拉强度（kN/m）	≥60
2%应变时抗拉强度（kN/m）	≥50
焊点剥离力（N）	≥30

七、路基边坡设计

该项目两侧将进行开发，结合近期道路景观需求，为节约造价，该工程一般填方路段采取放坡处理。为方便道路两侧后续地块开发，根据道路纵断设计情况，道路与两侧高差采用填方1∶1.5，挖方1∶1的自然放坡处理。

第四章

《《《 关键性技术应用

第一节　总体方案关键技术应用

一、平面设计

（一）设计原则

根据路线走向和实测地形、地物（房屋）、水文等资料，平面设计应遵循以下原则。

（1）设计道路中心线根据规划线位、并按照城市道路设计标准进行拟合，并充分考虑与现状道路及各规划路交叉口的交通衔接。

（2）道路平面布置满足道路交通功能需求，不突破规划红线。

（3）道路平面线形应与地形、地质、水文等相结合，并符合技术指标。

（4）尽量避开在建工程、减少居民住房的拆迁。

（5）平面线形注意与纵断面线形的组合要求以及与线形的协调。

（二）平面线形标准

平面定线结合道路规划红线、道路线形技术标准，综合考虑道路沿线既有建筑的控制、地块开发要求，以减少征地拆迁、减小与沿线地区发展矛盾为基本原则，推荐合理的线路走向和平面线形。平面线形小偏角处应满足规定的平曲线长度要求，缓和曲线长度除满足最小长度取值外，还应满足超高渐变所需的长度要求。另外，考虑线形美观，缓和曲线参数尽可能保持在 R/9-R 的范围内。

平面线形应注意与纵断面线形的组合要求和线形的协调。本标段根据相关规范对平面设计参数进行评价。本工程设计车速 50 km/h。

(三) 平面设计

1. 瑞昌路至金沙二支路段

根据总体设计,该段南起瑞昌路,北至规划金沙二支路,沿线与现状瑞昌路、规划万安二路、规划兴隆一路、现状瑞安路、规划金沙二支路相交,长 1 488.281 m,道路红线宽 33.5 m。

唐河路(瑞昌路—金沙二支路)线位整体走向与《青岛市市北区滨海新区北片区控制性详细规划》(2018 年 8 月)基本一致。为减少征拆面积,在规划线位基础上进行优化,整体线位紧贴西侧规划铁路用地,沿胶济铁路东侧自南向北分别与现状瑞安路、规划万安二路等道路相交。

该段道路共设置三处平曲线,最小圆曲线半径为 1 000 m,最小圆曲线长 213 m。线形满足 60 km/h 的设计车速要求。

2. 镇平路至太原路段

根据总体设计,该段南起镇平路,北至太原路,沿线跨越水清沟河、李村河、下穿跨海大桥连接线同步上跨长治路、四流中支路并相交,长 1 888.669 m,道路红线宽 40 m。

根据《公路铁路并行段设计技术规范》(JT/T 1116—2017),该路段与铁路并行段间距最小为 15 m。规划线位距铁路最小间距为 3 m,不满足规范要求。规划线位线型指标较差,需拆除现状热力管线及铁路管理用房,且不满足 60 km/h 的设计车速,需对规划线位进行优化调整。

道路线位在规划线位的基础上进行优化,线位在水清沟河位置向东偏移,避开水清沟河河口,并采用分幅形式跨越水清沟河及李村河,然后下穿跨海大桥连接线同步上跨长治路,在四流中支路交叉口处合为一幅路。

本次唐河路—安顺路南起市北区镇平路,北至李沧区太原路,道路全长 1 888.669 m,道路线位在《青岛市市北区滨海新区北片区控制性详细规划》(青政字〔2018〕48 号文)、《青岛北站及周边片区控制性详细规划》的基础上,结合现状桥墩及水清沟河河口的位置向东偏移。

道路沿线自南向北跨越水清沟河、李村河,下穿跨海大桥连接线同步上跨长治路,下穿太原路高架与太原路地面路相接。道路全线共设置跨李村河桥梁一座,具体桥梁形式见桥梁部分说明。

该段道路共设置八处平曲线,最小圆曲线半径为 500 m(两端设缓和曲线),最小缓和曲线长度为 50 m,最小圆曲线长度为 87 m。线形满足 60 km/h 的设计车速要求。

3. 衡阳路至仙山路段

该段道路南起衡阳路，与唐河路—安顺路（金水路—衡阳路）相接，北至仙山路，道路全长 4 949.1 m，道路红线宽度 41.5 m，绿线宽度 61.5 m。

道路线位与《青岛市李沧区娄山河北片区控制性详细规划》（过程稿）、《青岛市李沧区娄山河南片区控制性详细规划》（青政字〔2018〕72 号文）保持一致。

沿线自南向北首先分东、西两幅，采用桥梁形式下穿胶济铁路货线、青连铁路线、青荣城际线，然后东、西两幅汇合，再次下穿青连铁路线，上跨石化专用铁路支线，下穿青荣青连联络线。

道路跨越现状娄山河及娄山后河、宋戈庄河、洪沟河位置处需设置四处桥梁，桥梁具体形式详见桥梁工程部分。

道路下穿胶济、青连、青荣铁路段时受现状铁路桥墩及承台限制，平面设计中最小圆曲线半径为 200 m，最小缓和曲线长度为 45 m，最小平曲线长度为 188 m，道路线形满足 50 km/h 设计车速的要求；其余路段平面设计的最小圆曲线半径为 400 m，最小缓和曲线长度为 50 m，反向圆曲线间直线长度最小为 196 m，最小平曲线长度为 194.5 m，各项指标均能满足 60 km/h 设计车速的要求。

表 4-1 与唐河路—安顺路（瑞昌路—仙山路）相交道路汇总表

相交道路	规划等级	规划红线（m）	有无现状	是否实现规划
万安二路	支路	12	无	无
兴隆一路	支路	16	无	无
瑞安路	支路	14	有	无
19 号路	支路	14	无	无
17 号路	支路	14	无	无
16 号路	支路	14	无	无
金沙二支路	支路	14	无	无
镇平路	次干路	24	有	否
规划路	支路	12	无	否
跨海大桥连接线	快速路	31.5	有	是
长治路	支路	15	有	否
四流中支路	支路	24	有	否

续表

相交道路	规划等级	规划红线（m）	有无现状	是否实现规划
太原路	主干路	40	有	是
衡阳路	次干路	20	有	无
规划十五号线	次干路	24	无	无
规划三号线	次干路	22	无	无
规划十二号线	主干路	34	无	无
规划六号线	次干路	26	无	无
遵义路	主干路	40	有	无
印江路	支路	16	有	无
横九路	次干路	34	无	无
横七路	支路	16	无	无
横六路	支路	16	无	无
创业路	次干路	26	无	无
横四路	支路	16	无	无
瑞金路	主干路	40	有	无
横三路	支路	18	无	无
横二路	次干路	26	无	无
兴海路	主干路	50	无	无
仙山路	主干路	40	有	无

二、纵断面设计

（一）设计原则

（1）纵断面设计要满足道路交通要求、排水要求和防洪排涝要求。

（2）保证车辆行驶安全、舒适。

（3）在考虑了防洪要求、道路纵坡要求、污水、雨水排放等要求的基础上，使各项标高相互协调，并充分考虑沿线相交道路规划等级和下穿铁路等净空要求、交叉口标高及两侧街坊标高。

（4）已建道路段或建成区，纵断面设计应尽量拟合既有纵断面线形。

（5）纵断设计不仅要满足道路设计规范，同时要兼顾桥梁和地道结构在纵断面设计上的特殊要求。

（6）满足地下管线覆土要求。

（二）纵断面设计控制因素

（1）道路净空（包括预留的各等级道路、各类铁路）与景观要求。

（2）交叉口相交道路路面高程。

（3）纵断面最小坡长及竖曲线最小半径标准。

（4）沿线既有建筑和街坊地坪标高。

（5）道路土路基干湿状态要求。

（6）与两端已建工程设计标高和设计纵坡接顺。

（7）铁路、空铁净空限制。

（三）纵断面线型标准

遵循总体设计确定的纵断面设计原则以及充分考虑竖向控制因素，依照《城市道路工程设计规范》的要求，该项目道路纵断面设计的控制标准，如表4-2所示。

表4-2　道路纵断面设计的控制标准

类别	城市主干路	
计算行车速度（km/h）	50	60
最大纵坡推荐值（%）	5.5	5
最大纵坡限制值（%）	6	6
纵坡最小坡长（m）	130	150
凸形竖曲线 极限最小半径（m） 一般最小半径（m）	900 1 350	1 200 1 800
凹形竖曲线 极限最小半径（m） 一般最小半径（m）	700 1 050	1 100 1 500
竖曲线最小长度（m）	40	50

1. 瑞昌路至金沙二支路段

瑞昌路至金沙二支路段纵断面共设置5处变坡点，最大纵坡2.6%，最小纵坡0.2%；最小坡长208 m；最小竖曲线半径2 600 m，最小竖曲线长度为75 m。纵断面线形满足设计车速60 km/h的纵断面设计要求。

2. 镇平路至太原路段

镇平路至太原路段纵断面共设置8处变坡点，最大纵坡2.7%，最小纵坡0.2%；最小坡长293 m；最小凹形竖曲线半径3 000 m，最小凸形竖曲线半径4 000 m。纵断面线形满足设计车速60 km/h的纵断面设计要求。

3. 衡阳路至仙山路段

该段道路除下穿胶济、青连、青荣铁路段外，纵断面共设置17处变坡点，最大纵坡4%，最小纵坡0.2%，最小坡长150 m，最小凸形竖曲线半径1 280 m，最小凹形竖曲线半径3 000 m，最小竖曲线长度78 m。纵断面线形满足设计车速60 km/h的纵断面设计要求。

其下穿胶济、青连、青荣铁路段，纵断面共设置3处变坡点，最大纵坡4%，最小纵坡0.3%；最小坡长138 m；最小凸形竖曲线半径1 500 m，最小凹形竖曲线半径1 000 m，最小竖曲线长度70 m。纵断面线形满足设计车速50 km/h的纵断面设计要求。

三、横断面设计

断面布置不仅要符合规划，满足区域交通需求，保证车辆安全行驶以及行人、非机动车安全通行，而且还要考虑道路沿线地块的用地性质，充分考虑道路的景观要求，使其与周边地区开发环境相融合。

（一）区域交通特点

根据综合交通规划，建成后本道路存在大型公交车通行且为李沧区西部重要的货运通道。该道路已被规划为主干路，道路线形指标好，车辆行驶速度较高。

（二）道路横断面

根据《青岛市中心城区道路网规划》（青政字〔2018〕69号），安顺路南接市北区唐河路，北至城阳区，已被规划为一条通达市北区、贯穿李沧区、衔接城阳区的南北向主干路，规划为客货共用通道。

该道路周边区域将打造为胶州湾东岸新旧动能转换的重要区域，形成以创新创业、综合服务、生态居住为特色的花园式产城融合区，区域对景观要求较高；同时，考虑到设置中央分隔带可减少对向车流的相互干扰，该工程中道路断面形式与已建成的唐河路—安顺路（金水路—衡阳路）断面保持一致，采用两块板、设中央分隔带的断面形式。

1. 瑞昌路至金沙二支路段

根据交通分析结果，结合唐河路（瑞昌路—镇平路段）打通工程车道数方案咨询会专家组的意见，该段道路近期按照双向6车道实施，同时预留远期双向8车道拓宽条件。单向车行道划分为 0.5 m（路缘带）+2 m×3.5 m（混行车道）+3.25 m（小车道）+0.5 m（路缘带）=11.25 m。该段道路标准横断面为 3.75 m（人行道）+11.25 m（车行道）+3.5 m（中央分隔带）+11.25 m（车行道）+3.75 m（人行道）=33.5 m。（图4-1）

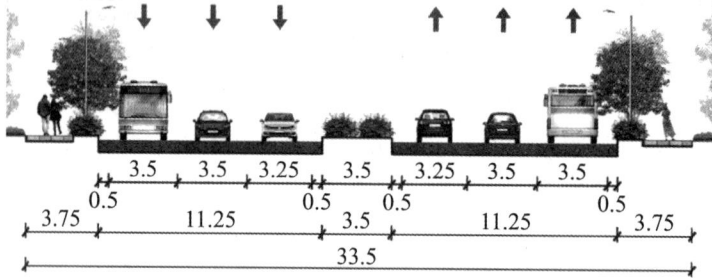

图4-1　瑞昌路—金沙二支路段标准横断面图

2. 镇平路至太原路段

根据交通组成及设计车速，该段道路单向车行道划分为 0.5 m（路缘带）+2×3.5 m（混行车道）+2 m×3.25 m（小车道）+0.5 m（路缘带）=14.5 m。标准横断面为 3.75 m（人行道）+14.5 m（车行道）+3.5 m（中央分隔带）+14.5 m（车行道）+3.75 m（人行道）+10 m（绿化带）=50 m。（图4-2）

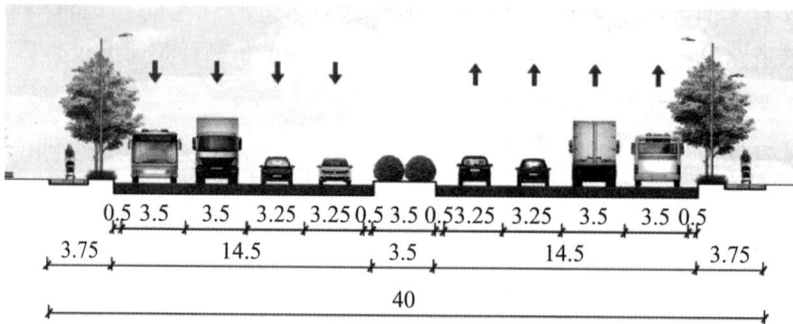

图4-2　镇平路—太原路段标准横断面

3. 衡阳路至仙山路段

根据交通组成及设计车速，该段道路考虑设四条混行道，单向车行道划分为 0.5 m（路缘带）+4 m×3.5 m（混行车道）+0.5 m（路缘带）=15 m。道路标准横断面为 4 m（人行道）+15 m（车行道）+3.5 m（中央分隔带）+15 m（车行道）+4 m（人行道）=41.5 m。该道路断面与唐河路—安顺路（金水路—衡阳路）道路断面完全一致。（图4-3，图4-4）

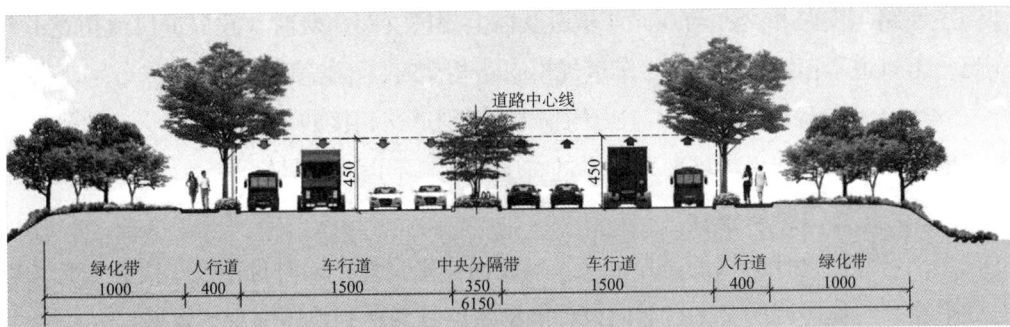

图4-3 安顺路标准横断面图

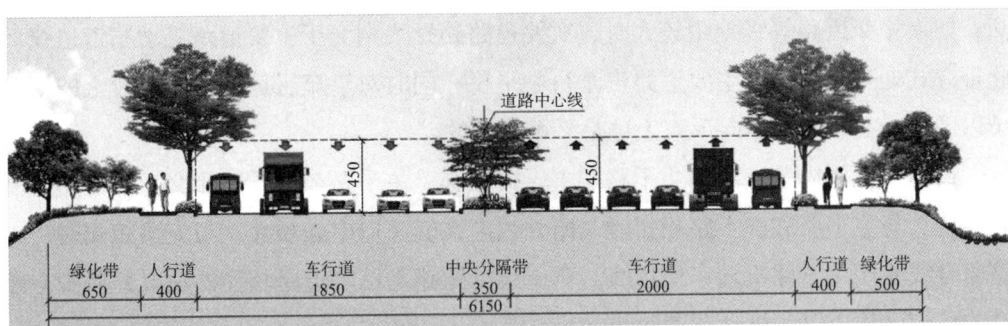

图4-4 安顺路路口展宽横断面图

四、平面交叉口设计

（一）设计原则

（1）依据相交道路的等级、断面形式、交通流量需求，结合区域路网交通组织分析，合理确定各节点的交叉口类型；同时，依据交叉口类型，合理制订各种类型交叉口渠化设计、交通组织方案。交叉口转弯半径：与主次干路相交，15～20 m；与支路相交：10～15 m（斜交另行考虑）。

（2）交叉口的设计速度应视车流行驶方向而定，直行车在进口道部分的设计速度宜取路段设计速度的0.7倍，左右转车辆的设计速度宜取路段设计速度的0.5倍。

（3）合理渠化设计、增加交叉口的进口车道数：根据交叉口交通流量流向的需要，尽可能地扩宽交叉口进口道，设置专门的左、右转车道。

主干路与主干路相交：进口道拓宽2～3个车道，出口道扩宽1个车道，结合设置公交车站，展宽段长度≥90 m，渐变段长度≥40 m。

主干路与次干路相交：进口道拓宽1～2个车道，出口道扩宽1个车道，结合设置公交车站，展宽段长度≥70 m，渐变段长度≥35 m。

主干路与支路相交：与双向4车道及以上规模支路相交时，建议进口道拓宽1个车道，出口道不拓宽；与双向2车道规模支路相交时，不拓宽。

（4）交通信号灯的设置：与次干路以上级别道路相接的交叉口设置交通信号灯，与一般支路相交的交叉口推荐采用右进右出形式，不设置信号灯。

（二）交叉口竖向设计

交叉口竖向设计的目的是保证交叉口路面排水良好，同时也使汽车能够在交叉口行驶平稳，匀称协调的交叉口竖向设计能使道路景观达到整体美观的效果。

1.路脊线相交处理方式

根据规定，原则上两条道路的道路等级相同或相邻时，路脊线应在交叉口中心相交；如果相交道路等级差距较大时，次要道路路脊线则交于主要道路机动车道边线。此种方式处理能够保证主要道路汽车行驶平稳，同时对于车行道宽度相差较大的情况予以区别，在交叉口竖向形态上也是平衡匀称的。

该工程范围内节点均为主干路与主干路相交、主干路与次干路相交、主干路与支路相交。与主干路和次干路相交时，路脊线应在交叉口中心相交；与支路相交时，支路路脊线交于主干路机动车道边线。对于设计道路与已建道路相交的情况，原则上路脊线接到已建路的机动车道边线。

2.交叉口排水横坡

为使交叉口排水通畅，交叉口范围内排水横坡不小于1%。一般在路缘石切点附近交叉口横坡与路段横坡接顺。采取此种处理方式，使得两条道路汽车行驶的平稳性可以相互兼顾，交叉路口竖向形态也比较平衡匀称。

（三）交叉口设计

该工程范围内共包含30个交叉口，考虑该工程作为组团间联系的主要通道，主要功能为分流环湾路过境交通，服务中长距离到发交通。为更好地发挥未来服务功能，对区域规划道路交通体系进行分析，结合被交道路交通功能，确定被交路口位置及规划方案。（表4-3）

表4-3　与唐河路—安顺路（瑞昌路—仙山路）相交道路汇总表

相交道路	规划等级	规划红线（m）	交叉形式	交叉口控制方案
万安二路	支路	12	T	右进右出
兴隆一路	支路	16	T	右进右出
瑞安路	支路	14	T	信号灯控制

续表

相交道路	规划等级	规划红线（m）	交叉形式	交叉口控制方案
19号路	支路	14	T	右进右出
17号路	支路	14	T	右进右出
16号路	支路	14	T	右进右出
金沙二支路	支路	14	T	右进右出
镇平路	次干路	24	十	信号灯控制
规划路	支路	12	T	右进右出
跨海大桥连接线	快速路	31.5	分离式	是
长治路	支路	15	分离式	分离式
四流中支路	支路	24	有	信号灯控制
太原路（地面路）	主干路	40	T	信号灯控制
衡阳路	次干路	20	十	信号灯控制
规划十五号线	次干路	24	十	右进右出
规划三号线	次干路	22	十	信号灯控制
规划十二号线	主干路	34	十	信号灯控制
规划六号线	次干路	26	十	右进右出
遵义路	主干路	40	十	信号灯控制
印江路	支路	16	分离式	分离式
横九路	次干路	34	T	建议取消
横七路	支路	16	T	右进右出
横六路	支路	16	T	右进右出
创业路	次干路	26	T	信号灯控制
横四路	支路	16	T	右进右出
瑞金路	主干路	40	十	信号灯控制
横三路	支路	18	T	右进右出
横二路	次干路	26	T	信号灯控制
兴海路	主干路	50	十	信号灯控制
仙山路	主干路	40	十	信号灯控制

（四）掉头车道设计

对于路段掉头车道的设置，可以提前将掉头车辆从交叉口处调整至路段处，减少绕行距离，同时可增强路口处左转车道的运行效率，提高路口的通行能力。

第二节　路面结构关键技术应用

一、设计原则

（1）在满足交通量和使用要求的前提下，按照青岛市筑路材料供应情况，遵循因地制宜、合理选材、方便施工、利于养护、节约投资的原则，进行路面设计方案的技术经济比较，选择技术先进、经济合理、安全可靠，有利于机械化、工厂化施工的路面结构方案，使路面设计在使用年限内满足本路段的交通承载力、耐久性、舒适性和安全性的要求，达到确保工程质量、降低工程造价的目的。

（2）路面设计依据交通量、道路等级、交通组成等基础资料，考虑沿线气候、水文、地质及筑路材料分布情况，本着因地制宜、合理选材、方便施工、利于养护的原则，结合路基工程进行综合设计。

（3）以"技术创新、环保、持续发展"为设计理念，合理利用施现状路面结构，在方便施工的同时，降低工程造价和避免废弃工程。

（4）结合青岛市的实际条件，积极推广成熟的科研成果，对行之有效的新材料、新工艺、新技术，在路面设计方案中积极、慎重地加以运用。

二、设计年限

根据青岛市的经济、交通发展情况及工程在道路网中的地位，考虑环境和投资条件等综合因素，确定该项目的设计年限如下。

（1）交通量达到饱和状态时的设计年限：20年。

（2）路面结构达到临界状态的设计年限：15年。

三、设计参数

（1）气候：青岛市属暖温带沿海季风区，受海洋影响，空气湿润、气候温和，雨量较多，四季分明，具有春迟、夏凉、秋爽、冬长的气候特征。青岛市平均年降水量为 714 mm，年最大降水量为 1 225.2 mm（1975 年），最小降水量 347.4 mm。由于受地形、地貌的影响，降水量地区分布很不均匀，平均年降水量等值线走向呈SW—NE向，年最大降水量与最小降水量比值在3～5，73%的降水集中在6—9月。按日降水量 ≥0.1 mm/d 计算，年平均降雨日为 82 天，最多 116 天，最少 56 天。年平均暴雨日，即日降水量 ≥50 mm，为 2.9 天，最多为 7 天。年最大降雪量为 270 mm。

（2）土基回弹模量：不小于 40 MPa，城市主干路。

（3）路面设计计算轴载：BZZ—100 标准轴载。

（4）设计方法：采用容许回弹弯沉、弯拉应力和剪应力三项指标设计。

四、路面结构类型选择

在城市道路路面结构的设计中，主要有两种类型：沥青混凝土路面和水泥混凝土路面。

（一）沥青混凝土路面

沥青混凝土路面具有噪声低、震动小、无反光等优点，汽车行驶在沥青混凝土路面上有较好的舒适感、安全感。沥青混凝土路面在整个施工过程中，其材料及材料配合、机械作业、质量检验均易于科学管理和控制，从而能保证沥青混凝土路面施工达到较高的质量标准和外观要求。沥青混凝土路面铺筑速度快，相对水泥混凝土路面开放交通早，可以提前发挥路面的使用功能。同时，路面的维修、养护更为方便、快捷。

由于路面结构的需要，沥青混凝土路面结构厚度一般较水泥混凝土路面厚。采用高质量的重交通道路石油沥青或改性沥青使得沥青混凝土路面初期成本较高，且由于沥青混凝土路面使用年限较水泥混凝土路面短，其后期养护、维修费用较大。

（二）水泥混凝土路面

水泥混凝土路面具有刚度大、稳定性好、使用寿命长，对路基适应能力强等优点。其初期投资成本较沥青混凝土路面低，后期养护、维修费用亦相对较小。

但水泥混凝土路面在阳光下反光严重，影响司机视力，加快司机疲劳，降低了行车安全性。同时，水泥混凝土路面存在大量结构缝，易引起跳车，行车不舒适，对周围环境产生较大噪声。

水泥混凝土路面养护、维修一般采用小机具人工作业方式，作业时间长，较大的维护作业甚至需要中断部分交通。

（三）比选

两种路面结构各有优缺点，比选情况见表4-4。从表中可看出，水泥混凝土路面具有使用年限长、养护费用少的特点，沥青混凝土路面的优点是抗高温、抗老化、耐久性强、防噪声性能好、行驶舒适、路面反光弱，行车视觉良好、施工较快且养护方便。

表4-4　路面结构比选表

路面类型	造价	路面结构设计年限	优点	缺点
沥青混凝土路面	高	15年	平整度高，接缝少，行车舒适，路面色泽柔和。施工及养护方便，路面碾压成型后即可开放交通	需要经常养护，维修费用高，使用寿命短
水泥混凝土路面	低	30年	使用寿命长，前期养护维护费用低；施工质量容易控制，材料来源广泛	路面浇筑后需经过一段养护后方可开放交通；因各种接缝较多，行车舒适性较差；一旦损坏修复困难

综上所述，考虑到本工程中道路不仅应安全、高效、快捷，还应具有美观、舒适的使用条件，而水泥混凝土路面在使用性能上具有明显的局限性，故全线采用沥青混凝土路面。

五、路面结构材料选择

（一）上面层的选择

沥青混凝土路面的上面层直接承受着各种车辆荷载和各种环境因素的作用，因此沥青混凝土路面的上面层应具有足够的高温稳定性、良好的耐久性、较高的水稳定性、足够的抗滑性和良好的防渗水能力。根据沥青混合料的结构特点，上面层可以选用的类型有沥青玛蹄脂碎石混合料SMA-13、橡胶沥青混凝土ARAC-13、SBS改性沥青混凝土AC-13。

表4-5　车行道路面结构比选表

材料	沥青玛蹄脂碎石混合料SMA-13	橡胶沥青混凝土ARAC-13	SBS改性沥青混凝土AC-13
形成	由沥青、纤维稳定剂、矿粉和少量的细集料组成的沥青玛蹄脂填充间断级配的粗集料骨架间隙而组成的沥青混合料	以废轮胎胶粉作为改性剂加入沥青中并辅以其他化学助剂，通过物理和化学反应对沥青进行改性，最终形成性能稳定的新型铺路材料	掺加SBS改性剂，使沥青及沥青混合料的性能得以改善而制成的沥青混合料

续表

材料	沥青玛蹄脂碎石混合料SMA-13	橡胶沥青混凝土ARAC-13	SBS改性沥青混凝土AC-13
特点	抗变形能力强，耐久性能较好，抗高温，低温稳定性好，具有良好的水稳定性、表面功能好（抗滑、车辙小、平整度高、噪声小、能见度好），综合经济效益和环境效益好	抗变形能力强，耐久性能较好，耐高温，低温稳定性好，防水雾、防眩目、寿命长。后期景观效果好，能长时间保持黑色	耐久性和高温、低温稳定性较好，同时水稳定性、抗车辙性能等均有提高，应用普遍
比较	（1）胶粉改性沥青和SMA对相应的材料要求高； （2）橡胶沥青对施工工艺（备料、混合、运输、摊铺、碾压等）要求最高，SMA次之； （3）橡胶沥青造价最高，SMA次之，SBS改性沥青造价最低； （4）橡胶沥青后期景观效果好，能长时间保持黑色		

通过比选，考虑到唐河路—安顺路的定位及后期景观需求，结合道路的功能定位，瑞昌路至金沙二支路段、镇平路至太原路段、衡阳路至仙山路段上面层均采用沥青玛蹄脂碎石混合料SMA-13。

（二）中下面层的选择

沥青路面的中下面层沥青混合料应具有较高的抗车辙能力和耐久性。通过实践经验发现，许多沥青路面的损坏首先是由中下面层的损坏开始的。这主要是因为我国道路的中下层厚度一般都比较薄，但采用的公称最大集料粒径往往偏大，厚度与粒径不匹配造成了施工时混合料离析严重，不仅达不到增强抗车辙能力的目的，还造成沥青层透水，导致局部早期的损坏。为了避免以上情况的继续出现，《公路沥青路面施工技术规范》（JTG F40—2004）对沥青面层的集料公称粒径与厚度的关系进行了规定，要求对热拌热铺密集配沥青混合料，沥青层一层的压实厚度不宜小于集料公称粒径的2.5～3倍。根据这个原则，中、下面层集料公称最大粒径采用20 mm，厚度一般采用6 cm。

根据对各种混合料的对比，由于下面层要求沥青混合料具有较高的抗变形能力，本工程中、下面层采用AC，经济性高。

（三）基层材料比选

根据沿线路面材料调查，可作为路面结构基层的材料有二灰碎石、水泥稳定碎石，路面基层材料的比选如表4-6所示。

表4-6　基层材料比选表

基层材料	优点	缺点
二灰碎石	充分利用了工业废渣；工程造价便宜；强度高；板块性好	需要在碾压时保持适度的水分和提供一定的温度的养护条件；强度的充分形成需要较长时间
水泥稳定碎石	易就地取材；养护条件简单；能较早地充分利用其强度；施工方便	板块性差；渗水性强

综上所述，二灰碎石用量具有强度高、施工方便等优点，且养护简单、使用较广泛，故该工程新建道路基层材料推荐采用二灰碎石。

六、结构组合设计

为了提供和保证良好的行驶条件，保证路面的强度及稳定性和耐久性，减少交通噪声对环境的影响程度，机动车道均推荐采用柔性路面结构。该工程结合各路段功能定位进行路面结构设计，以满足不同服务类型的使用需求。各段道路路面结构设计如下。

唐河路—安顺路主要功能为分流环湾路过境交通，服务中长距离到发交通，兼顾沿线内部主要交通联系及出行，是市北区、李沧区西部客货运通道，服务对象包括客运及货运车辆。

因此，其路面结构的设计有如下内容。

4 cm细粒式沥青玛蹄脂碎石（SMA-13）（SBS改性）；

黏层沥青油0.5 L/m^2；

6 cm中粒式沥青混凝土（AC-20）（SBS改性）；

黏层沥青油0.5 L/m^2；

8 cm粗粒式沥青混凝土（AC-25）；

1 cm SBS改性沥青下封层；

透层沥青油1.0 L/m^2；

18 cm二灰碎石；

18 cm二灰碎石；

18 cm二灰碎石。

为保证路面的使用效果，该工程表面层粗集料采用玄武岩；为降低工程造价，中、下面层粗集料采用石灰岩。

第三节　桥梁结构关键技术应用

一、工程概况

该桥梁工程共涉及 1 处下穿铁路节点、6 座跨河桥涵及双流高架接安顺路匝道节点、1 处上跨石化专线节点，其中，6 座跨河桥分别为跨水清沟河桥、李村河桥、娄山河桥、娄山后河桥、刘家宋哥庄河涵洞、洪沟河桥。

受胶济货线预留涵洞及下穿青连铁路净空影响，本段均采用桩板式桥梁结构，与跨娄山河采用桥梁顺接。安顺路在桩号 K6+900 处跨越娄山河，河道与道路轴线正交，桥位处河道宽度为 58 m。现状两侧河道护岸为直立式浆砌石结构。桥梁中心桩号处流水底标高为 1.55 m，50 年一遇水位为 3.74 m。护岸顶高程为 4.67 m。

安顺路于道路中心线桩号 K2+420 处采用桥梁跨越水清沟河，桥梁中心线与河道中心线夹角约为 45°，桥梁跨径布置为 3 m×20 m=60 m，设计采用预应力混凝土简支空心板结构。

安顺路于道路中心线桩号 K2+620 处采用桥梁跨越李村河，桥梁中心线与河道中心线近似垂直。桥梁东西分幅设置，东半幅桥梁长度为 314 m，西半幅桥梁长度为 308 m。桥梁跨径布置与下游铁路桥对孔布设，跨径选用 30 m、33 m、25 m，设计采用预制预应力混凝土简支小箱梁+桥面铺装连续型式。

安顺路在 K7+250 处跨越娄山后河。河道与道路均位于圆曲线上，河道与道路轴线夹角为 65.7°，桥位处河道宽度 70 m。桥梁中心桩号处流水底标高为 1.47 m，50 年一遇水位 3.64 m。设计护岸顶高程为 4.64 m。

安顺路在 K7+760 处设桥跨越中石化铁路专用线及印江路，中石化铁路专用线预留净空高度为 5.5 m，印江路预留净空为 4.5 m。石化铁路专用线道路轴线夹角为 87.2°，印江路与道路轴线夹角为 120.6°。

安顺路在娄山物流园处跨越刘家宋哥庄河，桥梁中心与河道夹角为 50°。现状刘家宋哥庄桥建于 2004 年，按城—A 级车辆荷载设计，全宽 24.5 m，跨径布置为 3 m×8 m。其上部结构为预制空心板，下部结构为重力式墩台和扩大基础。根据防洪排涝设计，刘家宋哥庄河在安顺路以东段为暗河，以西为明河，规划宽度 10 m，50 年一遇水位为 4.64 m，现状桥梁不满足防洪排涝要求，设计考虑对现状桥梁拆除翻建。

安顺路跨越洪沟河现状桥梁为 3 m × 10 m 钢筋混凝土板桥，桥梁宽度 24 m。规划河道主槽宽度 16 m，根据防洪排涝设计，现状桥梁标高不能满足规划河道行洪要求，该工程考虑对现状桥梁整体翻建。

现状双流高架桥于安顺路西侧设置一对平行匝道与规划安顺路实现交通连接。平行匝道与现状高架桥连接展宽段对现状双流高架南北两幅分别进行拼宽处理。

二、设计原则

（1）贯彻适用、安全、经济、美观的建设方针。

（2）桥梁总体设计以交通功能与水利要求为重，并充分考虑投资控制、施工技术等因素，同时与周边环境相协调。

（3）桥梁所采用的结构、材料，应根据环境条件充分考虑结构的合理性及材料的耐久性，并注重防腐设计，提高结构的耐久性。

（4）在满足使用功能要求的前提下，选择造型简洁美观、施工安全方便、经济性好的桥型方案。

三、跨李村河桥

安顺路在跨越李村河处采用桥梁跨越河道，李村河河道中心线与道路中心线夹角约为 81°。桥梁西侧紧邻既有胶济铁路旧线，桥边线距铁路中心线最小距离约 25 m。桥梁南端位于水清沟河汇入李村河处，现状李村河河道宽度约 230 m，两侧河道护岸部分为斜坡式入水，护岸顶高程为 3～4 m，河道存在部分淤积，现状水清沟河河道宽度约 40 m。桥梁中心桩号处规划河底标高为 0.55 m，百年一遇水位为 3.95 m，现状桥位处存在一处热力管道桥。

（一）桥型方案比选

按照受力体系分类，桥梁有梁、索、拱三大基本体系，其中梁桥以受弯为主，索桥以受拉为主，拱桥以受压为主。另外，由上述三大基本体系的相互组合，派生出了一些在受力上也具有组合特征的桥梁组合体系。其中，梁桥体系技术成熟、外观简洁、施工快捷，在工程中应用较为广泛；拉索体系桥梁主要包括斜拉桥、悬索桥等，跨度适应范围多数集中在 200 m 到 1 200 m 间的大跨结构；拱桥体系结构体形柔和，造型美观，需要大型水面或深谷山涧等周围环境的配合，才能更好地凸显其结构特点。

该工程结合周边环境情况对系杆拱桥、异型塔斜拉桥、预制小箱梁桥三个方案进行了综合比选。

方案一　系杆拱桥

上部结构均采用自平衡无推力系杆拱。横向设置三榀主拱圈，高度为 16.2 m。拱圈采用哑铃型钢管混凝土结构。

图 4-5　系杆拱桥效果图

方案二　异型塔斜拉桥

该方案以"海之贝"为桥梁设计主题，主桥采用异型独塔斜拉桥方案，主桥跨径布置为 2 跨 110 m。桥塔采用钢结构，主梁采用钢混组合结构，基础为承台、群桩基础。引桥采用 35 m 跨预制小箱梁结构。

图 4-6　异型塔斜拉桥效果图

方案三　预制预应力小箱梁桥

该方案采用预制预应力混凝土小箱梁结构，下部采用倒"T"形隐形盖梁，桥梁上部设置景观装饰结构，以增强桥梁整体景观效果。桥梁跨径与西侧铁路桥对孔敷设，跨径采用32 m标准跨径，以满足河道行洪要求。

图4-7　预应力混凝土小箱梁示意向图

方案比选：该项目桥梁临近既有铁路桥，桥梁孔径需与铁路桥对孔布置，确保河道行洪及整体美观，且桥梁与既有铁路桥距离较近，为确保施工及运营期铁路安全，桥梁不宜采用高度较高的索塔、拱等桥梁形式。因此，该项目按照实用、安全、经济、美观、耐久的设计思路，选择方案三——预制预应力小箱梁桥为推荐方案。

（二）方案设计

李村河大桥中心桩号位于K2+620处，东半幅桥梁长度为314 m、西半幅桥梁长度为308 m。桥梁跨径布置与下游铁路桥对孔布设，跨径选用30 m、33 m两种。跨越长治路桥孔采用25 m小跨径降低梁板高度，以减小道路纵坡。桥梁东西分幅设置，每幅桥共分为四联。（表4-7）

表4-7　桥梁跨径布置表

桥跨序号	西半幅跨径布置（m）	东半幅跨径布置（m）
跨李村河桥第1联	33+33+33	33+33+33
跨李村河桥第2联	33+33+33	33+33+33
跨李村河桥第3联	30+30	33+33
跨李村河桥第4联	25+25	25+25

桥梁横断面布置型式共分为两段。其中，跨河段桥梁单幅横断面布置为 0.5 m（防撞体）+3.25 m（人行道）+14.5 m（车行道）+0.5 m（防撞体）=18.75 m，跨长治路段横断面布置为 0.5 m（防撞体）+14.5 m（车行道）+0.5 m（防撞体）=15.5 m。

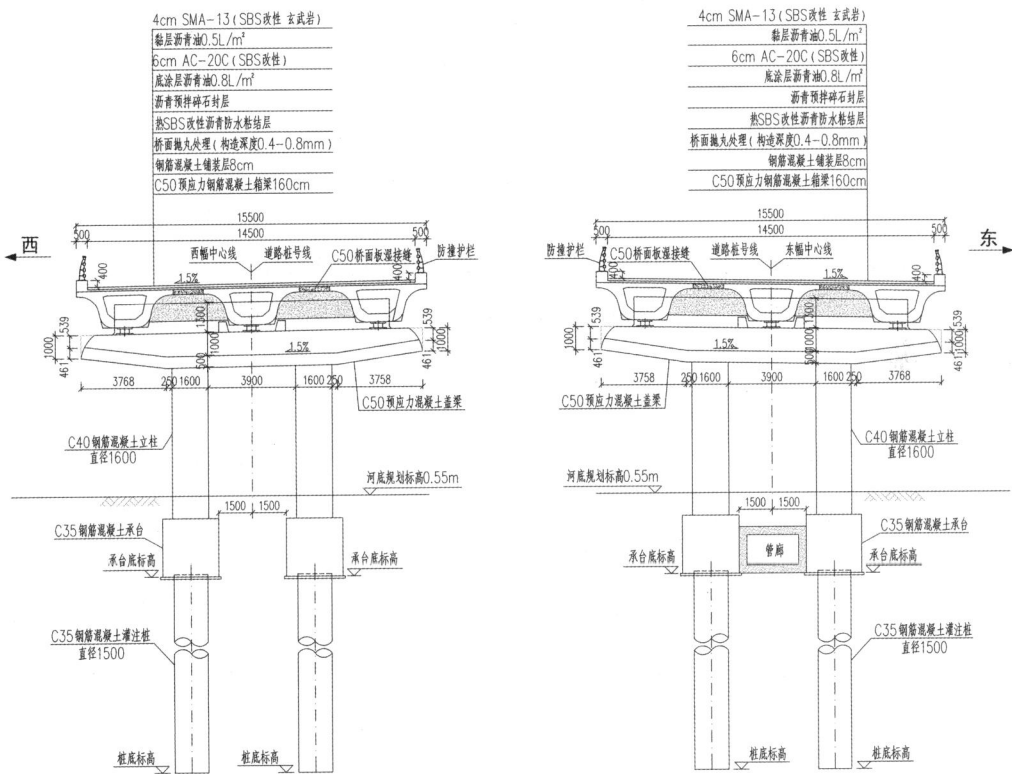

图4-8 标准横断面图

（三）上部结构设计

0#～8# 跨采用预制预应力大箱梁结构，其中 0#～7# 桥跨每幅上部共设 4 片梁，梁高 1.6 m，箱梁宽度 4.275 m，湿接缝宽度 0.55 m；7#～8# 桥跨每幅上部共设 3 片梁，梁高 1.6 m，箱梁宽度 4.275 m，湿接缝宽度 1.065 m；为减少倒"T"形盖梁顶部伸缩缝数量，小箱梁在倒"T"形盖梁顶部范围设置 50 cm 厚悬臂板。箱梁横断面构造如图4-9所示。

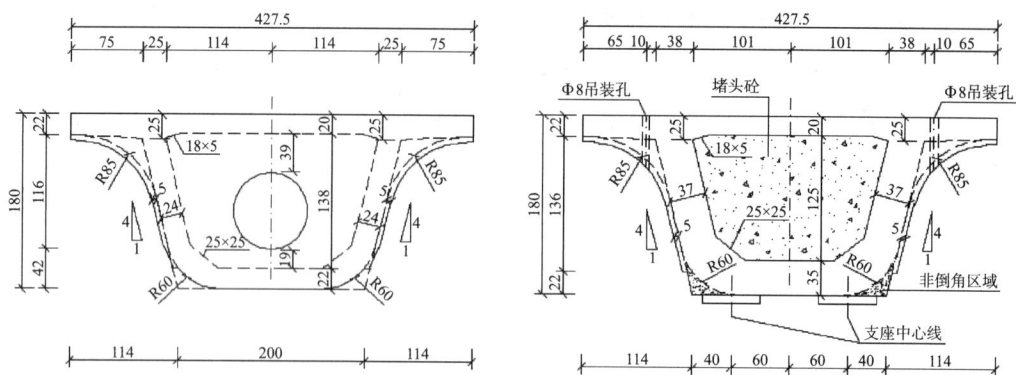

图 4-9　预制预应力大箱梁构造图

8#～10#跨采用预制预应力小箱梁结构，每幅上部共设 5 片梁，梁高 1.4 m，边梁宽度 2.85 m，中梁宽度 2.4 m，湿接缝宽度 0.65 m。小箱梁横断面构造图如图 4-10 所示。

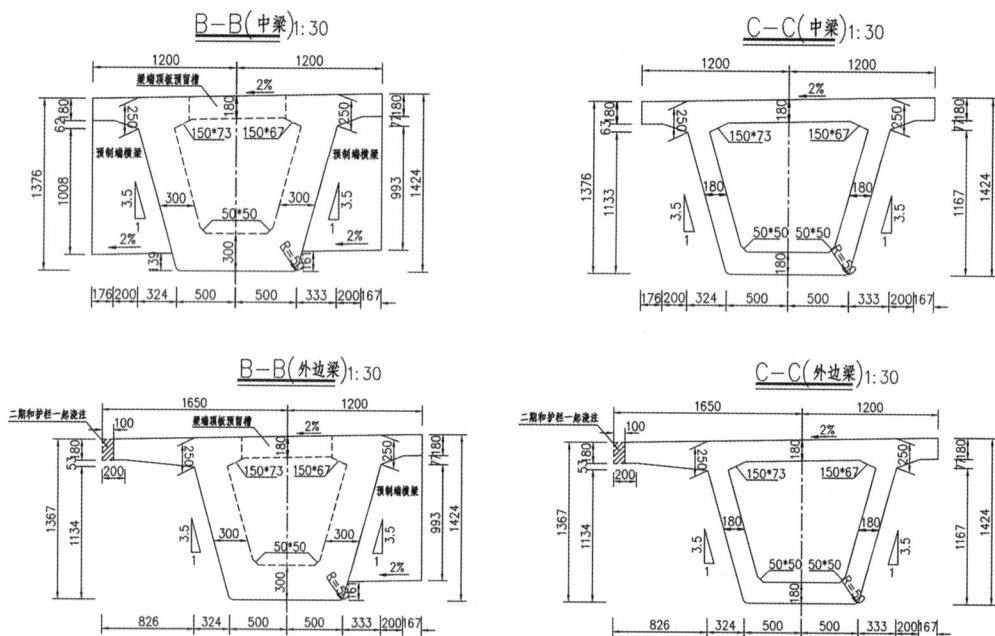

图 4-10　预制预应力小箱梁构造图

（四）盖梁结构设计

传统的盖梁结构体量较大，桥梁整体景观效果较差，本工程设计采用倒"T"形隐形盖梁型式，最大限度地减少结构外露高度，增强桥梁整体景观效果。

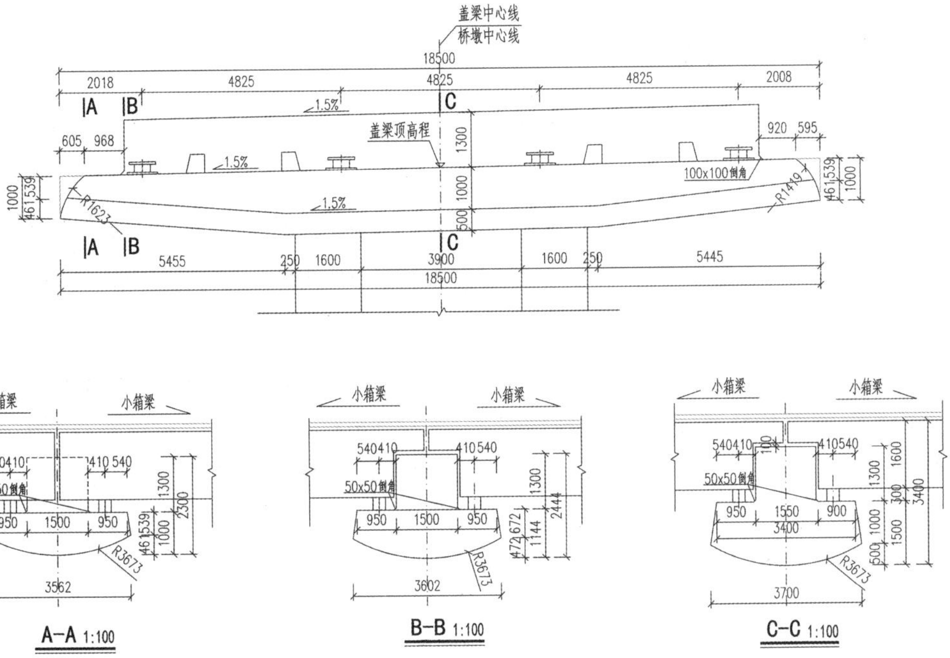

图4-11 倒"T"形隐形盖梁构造图

（五）下部墩柱设计

常见的桥墩型式按其构造可分为重力式桥墩、柱式桥墩和薄壁墩。重力式桥墩靠自身恒载（包括桥跨结构恒载）来平衡外力（偏心力矩）和保证桥墩的稳定（抗倾覆稳定和抗滑稳定）。因此，其圬工体积较大，阻水面积增大，抗冲击力较差，不宜用在流速大并挟有大量泥沙的河流。其墩身多做成实体式的，不配钢筋，多用块石或片石混凝土砌筑。

柱式桥墩的结构特点是由分离的两根或多根立柱或桩柱组成，它的外形美观，圬工体积少，对水流阻力较小，是目前广泛采用的桥墩形式。当墩身高度较高时，可设置横系梁加强柱身横向联系，增加刚度。当其上为装配式结构时，可采用带盖梁单排桩柱式桥墩。

钢筋混凝土薄壁墩是在墩位上有一个或两个相互平行的墩壁与主梁铰接或固结的桥墩，又可分为单肢薄壁墩和双肢薄壁墩两种形式。前者墩身重量较轻，可节约圬工材料，适用于地质条件较差时的简支梁桥上；后者则适用于墩梁固结的连续刚构桥上。

综上所述，为保证河道行洪、防治风暴潮影响，同时注重景观效果，该工程宜采用圆柱式桥墩，桥台采用扶壁式桥台。

四、跨水清沟河桥

安顺路于道路中心线桩号 K2+420 处采用桥梁跨越水清沟河，桥梁中心线与河道中心线夹角约为45°，桥梁跨径布置为3跨20 m。

桥梁横断面布置为0.5 m（护栏）+3.25 m（人行道）+14.5 m（车行道）+3.5 m（中分带）+14.5 m（车行道）+3.25 m（人行道）+0.5 m（防撞护栏）=40 m，东西分两幅设置。

上部结构为后张法预应力混凝土简支空心板，板厚0.95 m。桥台采用扶壁式桥台，基础采用1 m钻孔灌注桩；桥墩采用直径1.2 m柱式桥墩，上设钢筋混凝土盖梁，基础采用1.5 m钻孔灌注桩。墩柱轴线与道路中心线夹角成45度，顺河道水流方向布设。经水力计算论证，可满足水清沟河行洪需求，该工程仅对现状河道岸线进行施工期间破坏恢复及局部护岸顺接。

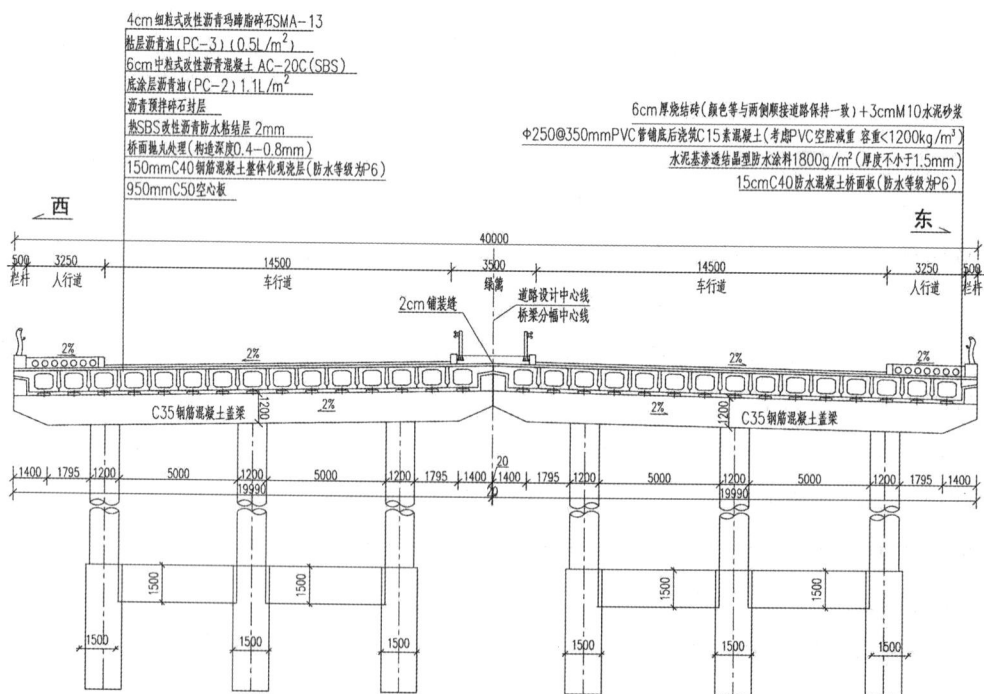

图4-12 桥梁横断面图

五、下穿胶济青连青荣铁路及娄山河节点

根据总体线位，本节点安顺路连续下穿胶济货运线、青连铁路、青荣铁路、胶济客专四条铁路线营运线，同时跨越娄山河，其中胶济线已预留下穿涵洞，安顺路顺接现状涵洞。

受胶济货线预留涵洞及下穿青连铁路净空影响，本段均采用桩板式桥梁结构，与跨娄山河采用桥梁顺接。

结合胶济铁路货线涵洞及青连铁路、青荣铁路桥墩布置，该节点分为东西两幅设置，从安顺路下穿出胶济铁路既有涵洞起算，东半幅全长 229.916 m，其中桩板式桥梁长 125.916 m，跨娄山河桥长 104 m；西半幅全长 228 m，桩板式桥梁长 124 m，跨娄山河桥长 104 m。

单幅桩板式桥梁结构断面布置为 0.5 m（防撞墙）+14.5 m（单向四车道）+0.5 m（防撞墙）=15.5 m，桩板式桥梁按 20 米一节分段，节与节之间留 2 沉降缝，桩板式桥梁底板厚 1 米，侧墙厚 0.5 m，考虑本段地下水位比较高，桩板式桥梁埋深最大可达 4.5 m，为满足抗浮需要，设计抗浮桩。

跨娄山河桥西半幅桥梁受青荣铁路桥墩影响，车行道与人行道分离设置。车行道桥宽度 15.5 m，人行桥宽度 5 m，均采用预制空心板结构。桥梁跨径布置为 5 跨 20 m。

东半幅采用预制空心板结构，其中车行道宽度 15.5 m，人行道桥宽 5 m，桥梁跨径布置为 5 跨 20 m。

桥梁下部结构采用圆柱墩，桥台采用桩帽式桥台，基础均采用桩基础。

为保证车辆行驶安全，桥梁两侧设置 HA 级钢防撞护栏。防撞护栏距路面高度 1.3 m，钢件外露面涂防锈漆，外观颜色建议采用乳白色。

工程范围地下水位较高，桩板式桥梁基坑开挖采用防护兼止水作用的 AB 桩，桩径 0.8 m，桩间距 0.6 m，当工程桩距离防护桩净距不满足相关要求时，防护桩采用钢板桩。

六、跨娄山后河桥

安顺路在 K7+250 处跨越娄山后河，河道与道路均位于圆曲线上，河道与道路轴线夹角为 65.7°，桥位处河道宽度 70 m。桥梁中心桩号处流水底标高为 1.47 m，50 年一遇水位为 3.64 m。设计护岸顶高程为 4.64 m。

该设计采用四跨空心板桥，跨径布置为 4 跨 20 m。墩柱轴线与道路中心线夹角为 60°～71°，顺水流方向布设。

桥梁横断面布置为0.5 m（防撞体）+4 m（人行道）+15 m（车行道）+3.5 m（花箱）+15 m（车行道）+4 m（人行道）+0.5 m（防撞体）=42.5 m。桥梁分为2幅，两幅之间设置2 cm的变形缝。

其上部结构为后张法预应力混凝土简支空心板，板厚0.95 m。桥台采用扶壁式桥台，基础采用1 m钻孔灌注桩；桥墩采用直径1.2 m柱式桥墩，上设钢筋混凝土盖梁，基础采用1.5 m钻孔灌注桩。墩柱轴线与道路中心线夹角为60°～71°，顺河道水流方向布设。

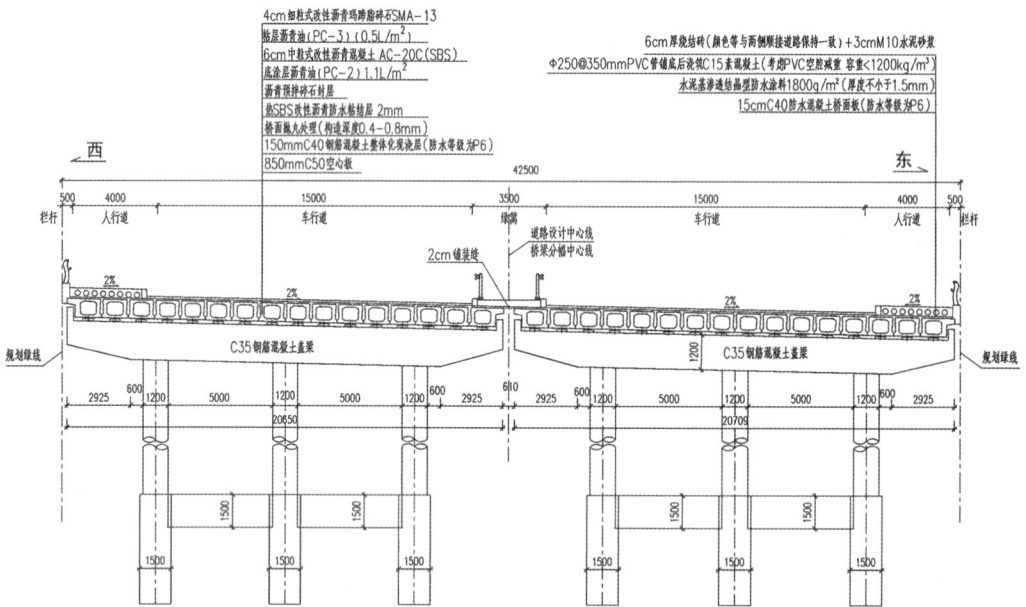

图4-13 安顺路跨娄山后河桥横断面图

七、跨中石化铁路专用线桥

安顺路在K7+760处设桥跨越中石化铁路专用线及印江路，中石化铁路专用线预留净空高度为5.5 m，印江路预留净空4.5 m。中石化铁路专用线道路轴线夹角为87.2°，印江路与道路轴线夹角为120.6°。

桥梁标准横断面布置为2.8 m（人行道）+0.6 m（HA级防撞护栏）14.25 m（车行道）+0.5 m（防撞墩）+14.25 m（车行道）+0.6 m（HA级防撞护栏）+2.80 m（人行道）=35.8 m，分为两幅。

方案比选：

方案一 预制小箱梁桥方案

主线桥梁上部结构采用预制小箱梁桥，下部采用钢筋混凝土柱式盖梁结构、钻孔灌注桩基础。

优势：工程造价低（6 500元/m²）。

不足：远期中石化专线废除该工程进行拆除改造，成本较高，周期长，社会影响较大。

方案二 型钢拼焊钢桥方案

主线桥梁上部结构采用型钢拼焊，下部采用钢管柱、钻孔灌注桩基础。

优势：施工速度快，远期可快速拆除，社会影响较小。

不足：工程造价较高（9 000元/m²）。

综合考虑周边环境及石化专线规划情况，本节点桥梁采取方案一——预制小箱梁桥+钢箱梁方案。

桥梁左半幅布置为5×20 m（小箱梁）+12 m（现浇箱梁）+（25+28+25）m（连续钢箱梁）+7×20 m（小箱梁）。

桥梁右半幅布置为5×20 m（小箱梁）+（25+28+25）m（连续钢箱梁）+7×20 m（小箱梁）。

第一跨以及第二跨部分段位置道路变宽范围内，桥梁为43.42～37.3 m，湿接缝调整宽度为98.8～146.5 cm。

20 m预制预应力混凝土小箱梁：梁高1.3 m，标准段单幅单跨采用4片中梁、2片边梁，湿接缝宽0.988 m。

12 m预制钢筋混凝土小箱梁：梁高1.3 m，标准段单幅单跨采用4片中梁、2片边梁。

（25+28+25）m连续钢箱梁：单幅采用3箱室，梁高1.3 m。

跨中石化专用线桥梁与青连铁路立交关系，如图4-14所示。

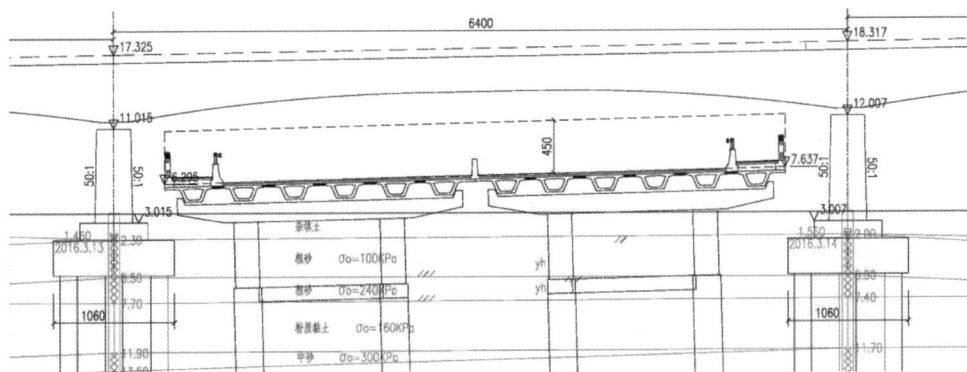

图4-14 跨中石化专用线桥梁与青连铁路立交关系

小箱梁采用预制架设，钢箱梁采用工厂加工，现场安装，桩基采用钻孔灌注桩，桥墩采用模筑法施工。

八、跨刘家宋哥庄河桥

安顺路在娄山物流园处跨越刘家宋哥庄河。其桥梁中心与河道夹角为50°。现状刘家宋哥庄桥建于2004年，按城—A级车辆荷载设计。其全宽24.5 m，跨径布置为3跨8 m，上部结构为预制空心板，下部结构为重力式墩台和扩大基础。

根据防洪排涝设计，刘家宋哥庄河在安顺路以东段为暗河，以西为明河，规划宽度10 m，50年一遇水位4.64 m，现状桥梁不能满足防洪排涝要求，考虑进行拆除翻建。

其设计采用三孔5×2.5 m涵洞，桥面总宽42.5 m，布置为0.5 m（防护栏杆）+4 m（人行道）+15 m（车行道）+3.5 m（中分带）+15 m（车行道）+4 m（人行道）+0.5 m（防护栏杆）=42.5 m。

涵洞顶、底板及侧墙厚度均为0.4 m，中墙厚度0.35 m。顶底板与侧墙相接处设置40 cm×20 cm倒角。混凝土强度等级为C35。涵洞底部设置10 cm厚C20素混凝土垫层。

九、跨洪沟河桥

现状洪沟河桥全宽24.5 m，跨径布置为3×10 m。其上部结构为现浇钢筋混凝土板，下部结构为重力式墩台和扩大基础。现状桥梁中心线与规划安顺路中心线不重合，桥梁全宽位于规划安顺路东半幅，现状桥面标高约8.7 m。

规划安顺路与规划洪沟河道夹角为57°，安顺路跨洪沟河桥位处规划主槽宽度16 m，规划河底高程7.05 m，规划20年一遇洪水位为8.36 m，50年一遇洪水位为8.67 m。现状桥梁标高不能满足规划河道行洪要求，该工程考虑对现状桥梁整体翻建。

根据道路总体线位，该桥梁与现状铁路并行，桥梁东侧边线与现状铁路涵洞距离约12 m，根据《公路铁路并行路段设计技术规范》（JT/T 1116—2017）的规定，后建项目涵洞孔径不应小于既有项目的涵洞孔径。现状铁路涵洞净宽为2×12 m，该设计采用2跨13 m空心板桥，与铁路涵洞对孔布设。

其桥梁总宽47.75 m，分为两幅设置，桥面布置为0.5 m（防护栏杆）+4 m（人行道）+18.5 m（车行道）+3.5 m（中分带）+16.75 m（车行道）+4 m（人行道）+0.5 m（防护栏杆）=47.75 m。

其上部结构为后张法预应力混凝土简支空心板，板厚0.7 m。桥台采用扶壁式桥台，基础采用1 m钻孔灌注桩；桥墩采用直径1.2 m柱式桥墩，上设钢筋混凝土盖梁，基础采用 1.5 m 钻孔灌注桩。墩柱轴线与道路中心线夹角成 60 度，顺河道水流方向布设。

十、双流高架接安顺路匝道桥

根据总体方案，在双流高架与安顺路路口设置一对上下桥匝道，通过安顺路分流环湾大道的大货交通量。

双流高架上跨规划安顺路处为第五联与第六联交界处，现状桥梁跨径布置为 4×25 m+3×30 m，分幅布置，单幅桥宽 11.75 m，分隔带 1.0 m，断面总宽为 24.5 m，桥面布置为 0.5 m（防撞墙）+10.75 m（机动车道）+0.5 m（防撞墙）+1.0 m（分隔带）+0.5 m（防撞墙）+10.75 m（机动车道）+0.5 m（防撞墙）=24.5 m。上部结构采用预应力砼连续带孔板梁，下部结构采用矩形双柱墩，基础为承台+钻孔灌注桩基础。

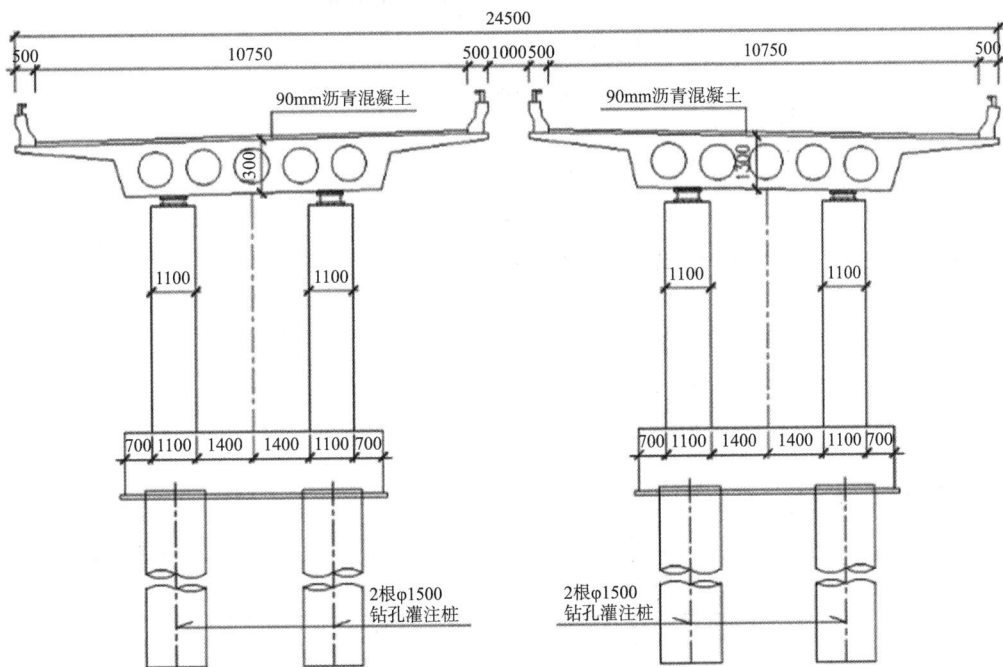

图 4-15 双流高架跨安顺路段横断面图

根据总体方案，现状双流高架桥于安顺路西侧设置一对平行匝道与规划安顺路实现交通连接。平行匝道与现状高架桥连接展宽段需对现状双流高架南北两幅分别进行拼宽处理。

（一）现状高架桥梁拼宽段方案设计

为减少拼宽桥对老桥纵向伸缩的影响，拼宽桥跨径布置及伸缩缝设置与既有老桥对齐布置，跨径布置为 20+25+25=70 m。对既有老桥桥面功能进行改造，拆除老桥防撞墙，机动车道在原 10.75 m 的基础上拓宽。考虑到原老桥无铺装层，无法通过新老桥铺装层实现桥面连续，需对老桥挑臂进行局部破除，将露出的老桥挑臂钢筋与拼宽桥梁铺装层用钢筋连接，形成连续桥面。防撞墙（占用既有挑臂宽度 0.5 m）拆除过程对老桥挑臂端部有一定破坏，综合上述原则，破除老桥既有挑臂端部长度为 0.5 m。

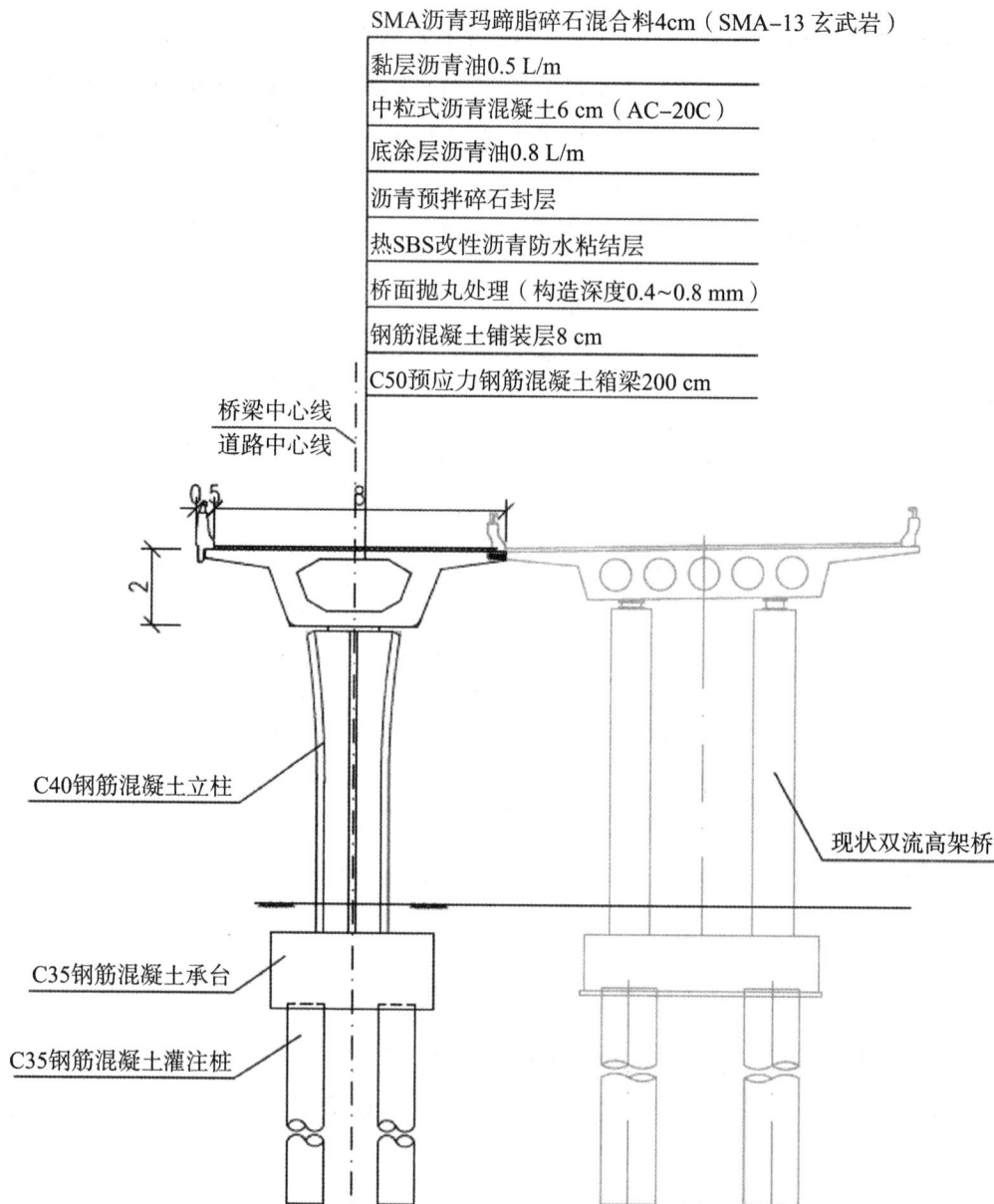

图 4-16　桥梁拼宽段横断面图

（二）现状引道拼宽段方案设计

接地匝道部分拼宽段位于现状双流高架引道段，需对引道进行两侧拼宽。该工程对现状引道挡墙进行保留，在两侧设置钢筋混凝土悬臂式挡土墙，墙后与现状挡墙之间采用毛石混凝土（毛石：砼=6：4）回填。对引道挡墙顶现状护栏及路基范围内墙身进行拆除，统一铺设路面结构。

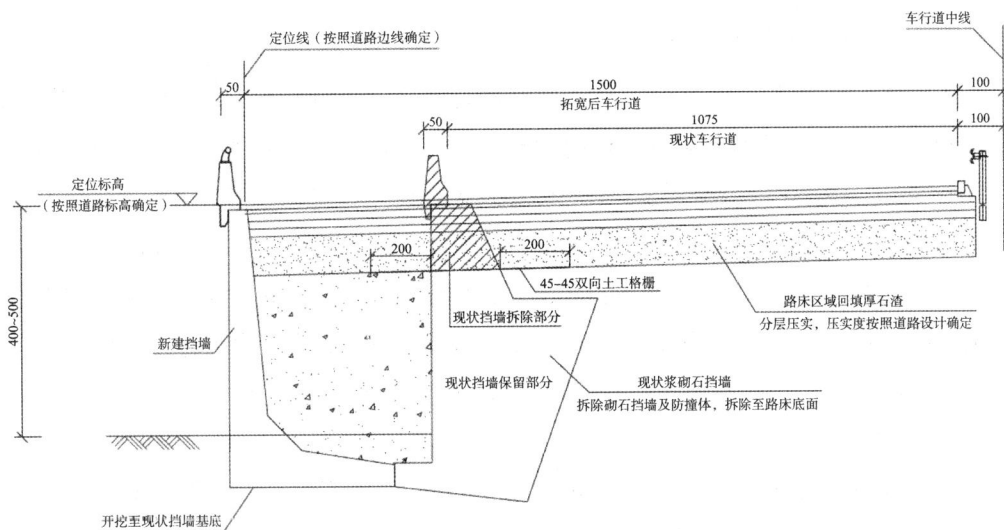

图4-17 引道拼宽段横断面图

（三）匝道新建段方案设计

上、下行匝道新建段每侧各设置两联3跨30m桥梁。新建匝道采用单箱单室的预应力钢筋混凝土连续箱梁，箱梁采用1.5m悬臂箱型断面，宽度为8.0m。桥面横坡采用保持断面高度不变调整顶、底板坡度而形成，在梁底支承处设有楔角，以保证支承面的水平，标准段箱梁高度2.0m。箱梁外腹板采用斜腹板，倾斜度为2.5：1，以符合建筑美学效果。桥梁下部结构采用四边形钢筋混凝土墩柱，基础采用承台下设钻孔灌注桩基础。

十一、附属工程

（一）桥头搭板

桥梁与引道之间由于刚度变化大，若不采取措施，会引起局部路面沉陷，影响正常行车，同时由于冲击力大，易造成桥梁损害。

该桥梁工程方案设计，桥头搭板采用厚25cm，长800cm的现浇钢筋混凝土板。

（二）桥面防水

根据现行规范要求，桥梁必须设防水层。其目的一是防止水渗透到混凝土中，造成钢筋锈蚀，影响结构的寿命；二是渗露出的水分污染桥体，影响景观。桥面防水采用热 SBS 改性沥青防水黏结层，防水层设于钢筋混凝土桥面板与沥青混凝土铺装之间。

（三）桥梁防护体系

桥梁防护体系包括桥梁两侧防撞体和中央隔离体两种。

防撞体：外侧自混凝土顶面起，以与垂线成 10°的角度放坡 85 cm 后，收进 7.5 cm，竖向为 5 cm，其下部 44.5 cm 为直线，低部斜面面上 11 cm 直接遮盖悬臂底面，起到截水和装饰的作用，避免了箱梁上二次浇混凝土形成的缝隙；内侧考虑防护安全和防撞问题，充分吸收撞击能量，混凝土顶面高出路面 85 cm，底宽 50 cm，顶宽 25 cm。混凝土采用 C30 混凝土，混凝土顶设钢管，钢管直径 11 cm，采用 2 cm 厚的爪型钢板支撑，间距 2 m，防撞体总高度 115 cm。防撞体顶部钢管均须除锈、防腐。

中央隔离体：采用 C30 钢筋混凝土，底宽 50 cm，顶宽 25 cm，高度 80 cm。

（四）桥梁涂装

主梁及墩柱外表面进行防腐防水涂装，具体为一道环氧渗透性封闭底漆 20～50 μm＋一道环氧树脂屏蔽漆 50 μm＋一道丙烯酸聚氨酯面漆 70 μm，干膜总厚度 140 μm。为保证桥梁表面平整，涂装前需满刮环氧腻子补平层 1～2 道。待腻子彻底干燥后，才能涂刷面层涂料。桥梁涂装的同时应考虑桥梁外观效果，颜色的选取应充分考虑与周边环境的融合。

十二、主要材料

（一）混凝土

桥梁结构预应力钢筋混凝土箱梁采用 C50 混凝土，普通钢筋混凝土结构采用 C40 混凝土，下部结构采用 C35 钢筋混凝土；挡墙及过路涵洞结构，采用 C35 钢筋混凝土。

C50 混凝土：f_{ck}=32.4 MPa，f_{tk}=2.65 MPa，f_{cd}=22.4 MPa，f_{td}=1.83 MPa，E_c=3.45×10⁴ MPa；

C40 混凝土：f_{ck}=26.8 MPa，f_{tk}=2.40 MPa，f_{cd}=18.4 MPa，f_{td}=1.65 MPa，E_c=3.25×10⁴ MPa；

C35 混凝土：f_{ck}=23.4 MPa，f_{tk}=2.20 MPa，f_{cd}=16.1 MPa，f_{td}=1.52 MPa，E_c=3.15×10⁴ MPa；

（二）预应力钢绞线

预应力钢绞线采用公称直径为 15.20 mm、抗拉强度为 1 860 MPa 的七根钢丝捻制的标准型钢绞线。标记为 $1 \times 7-15.20-1860-GB/T5224$，$f_{pk}$=1 860 MPa，$E_p$=1.95 × 10^5 MPa，1 000 h 应力松弛率 ≤2.5%，其他技术指标应满足《预应力混凝土用钢绞线》（GB/T 5224—2023）的相关要求。预应力波纹管采用高密度聚乙烯（HDPE）圆形塑料波纹管，使用原始粒状原料加工，不得使用再生料。

（三）普通钢筋

除特殊说明外，直径 ≥10 mm 的钢筋采用 HRB400 级钢筋，其余采用 HPB300 级钢筋。

HRB400 级钢筋：f_{sk}=400 MPa，E_s=2.0 × 10^5 MPa。

HPB300 级钢筋：f_{sk}=300 MPa，E_s=2.1 × 10^5 MPa。

第四节　管线综合关键技术应用

一、概述

管线综合规划对城市建设具有重要意义。科学合理的规划以及建设好各类市政专业管线，是维持城市功能正常运转和促进城市可持续发展的关键。市政专业管线主要包括电力、通信（有线电视）、燃气、热力、给水、雨水、污水、再生水等管线，它是城市基础设施的一部分。规划、处理好各管线之间及其各项工程之间的关系，不仅可以充分利用城市空间，为规划、管理和工程施工提供依据，而且在工程实施中可避免各种管线在平面及竖向位置上的冲突，从而保证各项工程的顺利进行。

该项目管线工程主要内容是根据道路总体方案，进行各专业管线的规划布置，完善区域市政配套管线建设，对道路范围内无法保留、利用的现状管线进行迁改，保证整个项目的顺利实施。唐河路（瑞昌路—金沙二支路）道路范围内规划敷设电力、通信、热力、燃气、给水、再生水、雨水、污水、成品油 9 种管线；安顺路（镇平路—太原路）道路范围内规划敷设电力、通信、热力、燃气、给水、再生水、雨水、污水、海水淡化 9 种管线；安顺路（衡阳路—仙山路）道路范围内规划敷设电力、通信、热力、燃气、给水、再生水、雨水、污水、海水淡化及海水 10 种管线。

二、管线布置原则

（1）近期与远期相结合，根据远期规划，合理确定近期实施方案。

（2）开发与利用相结合，尽量保留现状管线，以节省投资。

（3）整体与局部相结合，同时做好与相交道路现状管线的衔接。

（4）优先考虑重要管线的敷设路由。

（5）管线布置力求简捷、顺直，避免转折。

三、管线规划管径

（一）规划傍海东路至金沙二支路段

根据区域控规、管线现状、各管线产权的单位意见，结合金沙二支路—镇坪路段已实施管道规格，安顺路（瑞昌路—金沙二支路）管线规划管径初步确定，如表4-8所示。

表4-8　安顺路（瑞昌路—金沙二支路）管线规划容量一览表

管线种类	管道容量
电力	2.3 m×2.0 m
通信	12孔
热力	DN400-DN700
燃气	DN300
给水	DN400、DN800
雨水	DN400～DN1500
污水	DN300～DN500
再生水	DN300
成品油管道	DN273+DN219×2

（二）镇平路至太原路段

根据管线现状、各管线产权单位的意见，结合金沙二支路—镇坪路段及金水路以北段已实施管道规格，安顺路（镇平路—太原路）管线规划管径初步确定如表4-9所示。

表4-9 安顺路（镇平路—太原路）管线规划容量一览表

管线种类	管道容量
电力	2.3 m×2.0 m
通信	12孔
热力	DN800－DN1 200
燃气	DN300
给水	DN400、DN1 000
雨水	DN400～4 m×1.8 m
污水	DN300～DN1 000
再生水	DN400
海淡	DN800

（三）衡阳路至仙山路段

根据管线现状、各管线产权单位的意见，综合考虑安顺路（衡阳路—仙山路）周边地块需求以及周边区域规划容量需要，该工程各管线规划管径初步确定，如表4-10所示。

表4-10 安顺路（衡阳路—仙山路）管线规划容量一览表

道路	管线种类								
	电力	通信	热力	燃气	给水	雨水	污水	再生水	海水淡化
衡阳路—遵义路	110 kV，3回 10 kV，24回	12孔	DN1200	DN300	DN300、DN1000	DN400～DN1200	DN400～DN600	DN300	DN800
遵义路—仙山路	110 kV，2回 10 kV，24回 110 kV，4回 220 kV，4回	12孔	DN800	DN300	DN300、DN1000	DN400～2×3.5 m×1.8 m	DN300～DN1000	DN300	DN1000

四、管线入廊选择

（一）入廊种类分析

根据《青岛市地下综合管廊规划建设管理办法》的规定，加强管廊规划建设管控，已规划建设管廊的区域，具备入廊条件的管线，原则上必须入廊。

根据《青岛市地下综合管廊专项规划（2016—2030年）》（青政办发〔2016〕11号），安顺路（汾阳路—仙山路段）规划入廊管线主要有热力、给水输水、给水配水、电力、通信、燃气、再生水。但燃气管道具有易燃易爆特性，燃气舱的运行维护尚在探索中且安全风险较大。为降低安全风险，本次工程燃气管线不入廊，采用直埋的方式敷设。

综合以上考虑，根据管廊专项规划，该工程将热力、给水、通信、电力、再生水等管道入廊敷设，中压燃气、污水、海水淡化管道采用直埋方式敷设。

（二）各市政专业管线入廊的适宜性分析

1.电力、通信管线

电力电缆、通信电（光）缆管线易弯曲，在综合管廊内铺设时，设置的自由度和弹性较大，不易受空间的限制，所以国内外已建和在建的综合管廊中，基本纳入电力电缆和通信电（光）缆。

目前，城市电网电压等级分为4～5级，常用的电压等级为220 kV、110 kV、35 kV、10 kV及380/220 V。电力电缆进入综合管廊的主要风险在于其可能发生火灾，由于电力线路过载引起电缆温升超限，可通过采用阻燃或不燃电缆降低灾害的发生。对于干线管廊容纳电力电缆的舱室及电缆数量6根及以上的舱室设置自动灭火系统、火灾监控系统，以加强防范。

通信管线方面，由于通信运营商（如电信、联通、移动、铁通等）众多，业内竞争激烈，通信管线的建设已成为争夺通信市场的最基本手段，大量的通信管线不断重复建设，耗费了大量的城市地下资源的同时，也给城市管理带来困难。建设综合管廊，租售给各运营商使用，可实现共建共享，节省地下空间资源，因此通信线缆入管廊是必要的。

电力、通信线缆具有在综合管廊内可以灵活布置、不易受管廊纵横断面变化限制的优点。而传统的直埋敷设方式易受维修及扩容的影响，挖掘道路的频率较高。根据对国内管线事故的调查研究，电力、通信线缆是最容易受到外界破坏的城市管线，在信息时代这两种管线的破坏所引起的损失也越来越大。

该工程在综合管廊规划设计中，纳入电力、通信管线。

2.给水、再生水管道

给水、再生水管线属于压力管道，布置较为灵活，无需考虑管廊纵坡变化的影响，且与其他专业管线相互干扰较小，所以国内外已建和在建的综合管廊中，基本纳入给水及再生水管线。

给水及再生水管线纳入综合管廊的主要风险在于如发生爆管突发事件，抢修困难，对于同舱管线不良影响较大。目前，可通过提高管材、管件、阀门、接口等方面的质量，加强日常压力监测、巡检，提前预防、发现隐患，避免爆管的产生。与传统的直埋敷设方式相比，管线置于管廊内可以明显克服管道的跑、冒、滴、漏等问题，避免外界因素引起的管道爆裂，也为管道扩容提供了方便。

该工程在综合管廊规划设计中，纳入给水、再生水管道。

3. 热力管道

热力管道压力一般较大，管材通常为钢管外套保温层，虽然外套保温层有隔水的作用，能够对热力管道进行保护，但实践证明，埋在地下的热力管道还是受到不同程度的腐蚀。青岛市范围内由于海水的入侵，对热力管道的腐蚀尤其严重。衡阳路至遵义路，场区地下水对混凝土结构在有干湿交替作用时为强腐蚀性，无干湿交替作用时为中腐蚀性，按地层渗透性水对混凝土结构具有中腐蚀性；对钢筋混凝土结构中的钢筋在干湿交替环境下具有强腐蚀性，对钢筋混凝土结构中的钢筋在长期浸水环境下的腐蚀性需要专门研究。场地土对混凝土结构具有弱腐蚀性，按地层渗透性对混凝土结构具有微腐蚀性，对钢筋混凝土结构中钢筋具有强腐蚀性。由此可见，场地环境较差，腐蚀性强，对重要输配热管线应增加保护。

热力管道纳入综合管廊，可以阻隔腐蚀，有效地延长使用年限。

热力管道维修比较频繁，纳入管廊可避免管道维修引起的交通堵塞。另外，热力管道由于热负荷的增加，相比其他管线扩容更换管道的频率更高，所以热力管线一般也纳入综合管廊中。

根据《李沧中西部区域供热专项规划（2017—2030年）》，从沧海新城热力公司向西南方向敷设供热管道至安顺路后，沿安顺路向南敷设 DN1200 供热管道至后海热电，与南部后海热电厂现状管网相接，替代后海热电所提供的供热负荷。根据专项规划，此段热力规划于综合管廊内。

因此，本次热力入廊敷设。

4. 燃气管道

由于燃气管线具有易燃易爆特性，其是否纳入管廊在国际上曾有争议。我国目前尚无燃气管线入廊运行的案例，主要是对燃气管线进入综合管廊有安全方面的担忧，担心燃气管道发生泄漏事故带来的影响。

根据《城市综合管廊工程技术规范》（GB 50838—2015）相关技术要求，燃气管道应在独立舱室内敷设。燃气入廊投资较直埋大，约是直埋的 26 倍，且燃气入廊运营检修工作量大、抢修困难、运行成本高。在抢修方面，抢修作业危险性较大，在有限空间内焊接天然气管道更危险；同时，抢修经验匮乏，应急预案的制定、应急演练的实施、人员培训等方面尚不成熟，仍需在实践中探索和完善。在运营方面，检修次数、检修人员、检修工具等都要增多，直接增加了运营成本以及人员检修的危险系数。

综上所述，本次燃气管道不入廊。

5. 雨水、污水管道

雨污水管线为重力流管道，雨污水管线入廊应与综合管廊其他舱室高程相协调。目前，国内除重庆市、厦门市有充分利用地势条件将局部雨污水管线纳入管廊外，其他城市很少有雨污水管线入廊的实例。

由于污水管道所收集的污水会产生硫化氢、甲烷等有毒、易燃、易爆的气体，管道接口、支管交汇、检查井处均存在管道内气体泄漏的可能。雨水虽然不会产生上述气体，但初期雨水污染物含量高，无法保证雨水管道或渠道不产生上述气体。此外，雨污水管道再生水流含有大量固体悬浮物，易沉积淤塞，必须对管渠系统进行定期的检查和清通养护。

安顺路（衡阳路—仙山路）地势平坦，道路纵坡小，下游现状雨水管线埋深较浅。考虑到安顺路排水管道入廊受地形、现状排水管渠高程影响较大，若排水进管廊，利用管廊本体无法排入下游现状雨污水管线，因此，安顺路重力流的雨污水入廊不具备条件。

（三）地下综合管廊适宜纳入的管线种类

考虑到安顺路雨污水管道入廊受地形、现状雨水管渠高程影响较大、若雨污水进管廊，利用管廊本体无法排入下游现状雨污水管线，因此雨污水不纳入综合管廊内。考虑到安全性、经济合理性、运营维护难度等因素，燃气、海水淡化管线也可以采用直埋方案。同时，结合建设单位意见，本次考虑入廊的管线包括电力、通信、热力、给水、再生水5类管线。

五、入廊管线断面确定

（一）管廊横断面确定

根据《青岛地下综合管廊专项规划》，安顺路（汾阳路至仙山路段）为青岛市东岸城区北部"口"字形管廊的一边，规划管廊断面如图4-18所示。

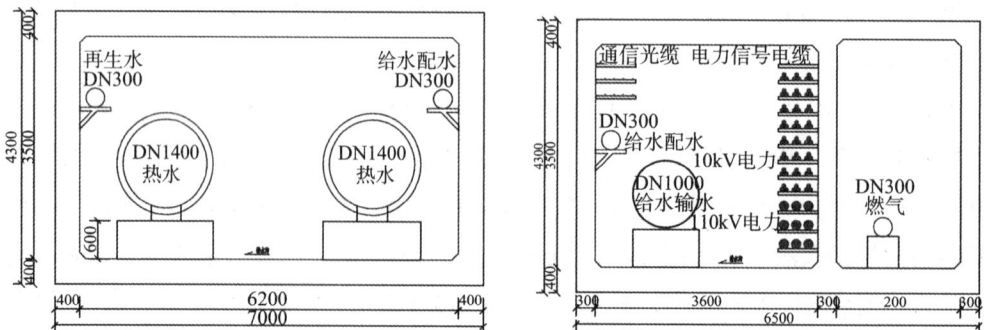

图4-18 青岛市管廊规划—安顺路管廊横断面

目前，汾阳路至衡阳路段管廊已建成，热力、给水、通信、电力、再生水、燃气、污水等管道纳入管廊敷设，管廊断面如图4-19所示。

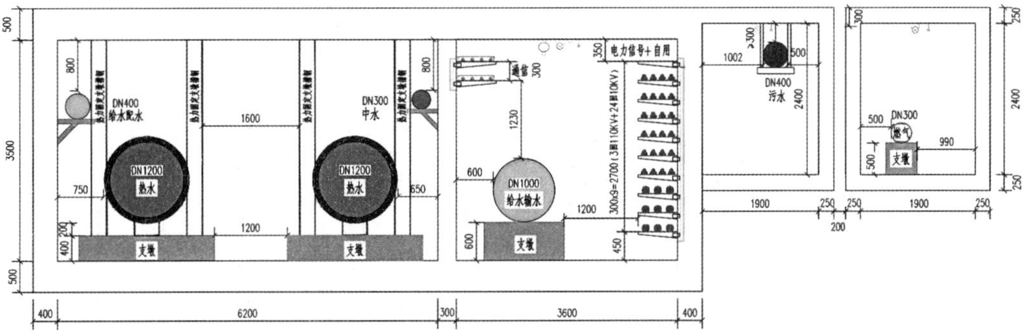

图4-19 汾阳路—衡阳路段安顺路管廊横断面

本次镇平路—金水路、衡阳路—仙山路段，其管线容量与汾阳路—衡阳路段工程热力、给水、通信、电力、再生水等入廊管线在管廊内的排布形式基本沿用汾阳路至衡阳路已建成段管廊断面形式。（图4-20）

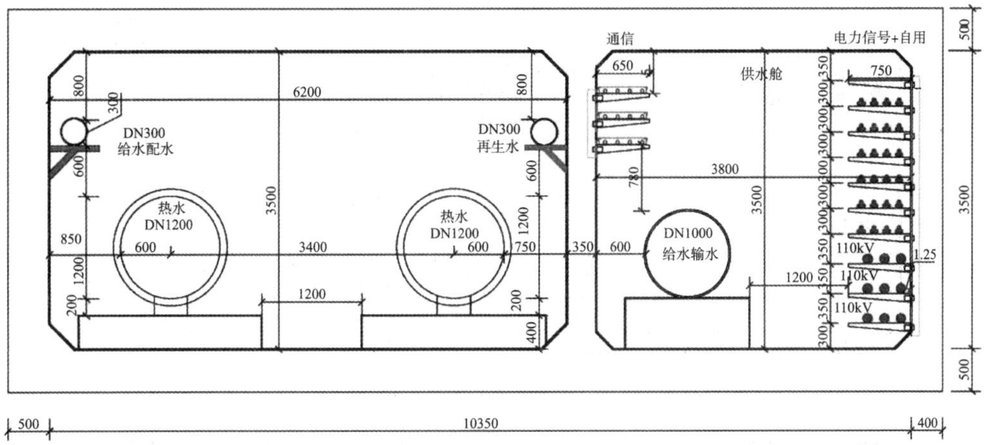

图4-20 镇平路—金水路、衡阳路—仙山路段管廊横断面

根据已实施唐河路一期（开封路—镇平路段）管廊，本次中车北至金水路段管线种类及容量基本与其一致，因此沿用唐河路一期管廊形式，确定本次设计断面。（图4-21，图4-22）。

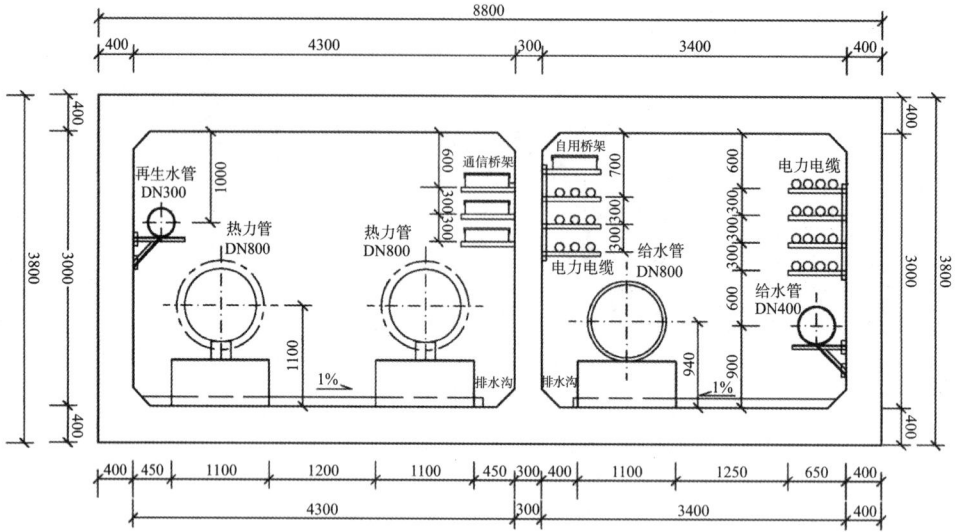

图4-21　唐河路一期（开封路—镇平路段）管廊横断面

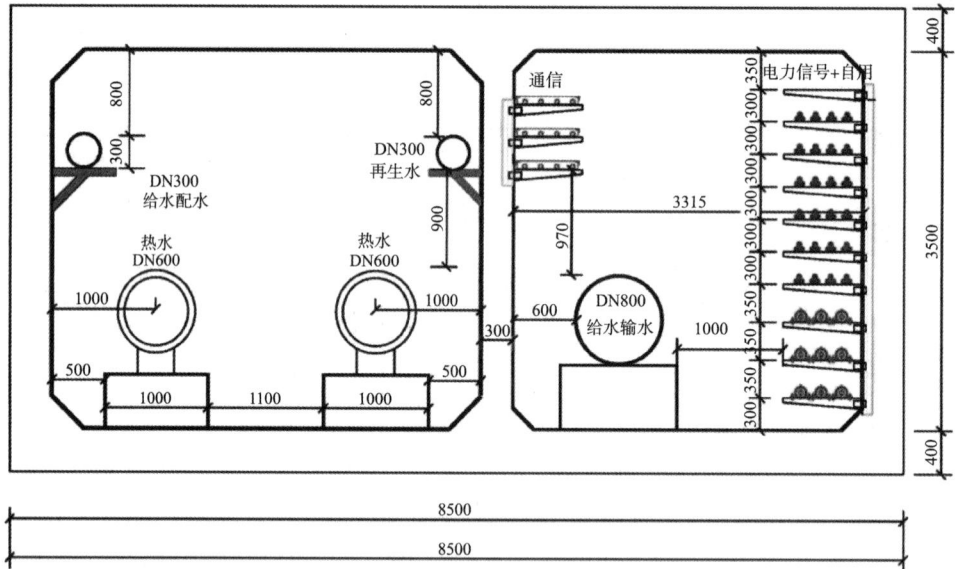

图4-22　瑞昌路—金沙二支路管廊横断面

（二）管廊过娄山河、娄山后河形式

穿越河道铁路等复杂节点宜选用综合管廊形式，但该工程连续密集穿越胶济、青荣、青连铁路，桥墩间距较窄，因此需对直埋和顶管方案进行分析。

电力、通信、给水、再生水采用综合管廊形式，可以上下层叠，较直埋形式更节省空间。该工程已将穿越铁路、娄山河、娄山后河段的电力、通信、给水、再生水入廊敷设。

海水淡化管道、供热管道管径皆为 1 200 mm，仅可水平平行放置于管廊内，导致管廊外尺寸宽度达到 11.15 m。胶济客运专线、青荣城际铁路过娄山河段桥墩间距最宽处仅 17.6 m，因管廊与铁路斜交，管廊结构距离桥台净距不足 3 m，不满足《公路与市政工程下穿高速铁路技术规程》（TB 10182—2017）规定的不小于 3 m 的要求，管廊施工时无法保证铁路安全，故管廊在穿越铁路、娄山河、娄山后河段采用直埋方式通过。

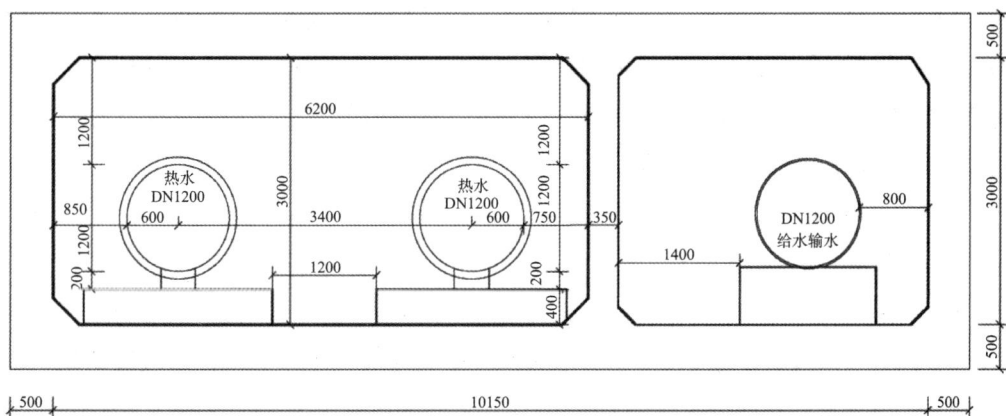

图 4-23　热力海淡过河管廊横断面

因此，海水淡化管道、供热管道穿越铁路、娄山河、娄山后河段采用顶管方式穿越；电力、通信、给水、再生水管道采用综合管廊形式。

六、直埋与综合管廊比选

经全线研究，根据实施的可行性，确定两种方案，即全线采用综合管廊方案，衡阳路至仙山路采用综合管廊+其余路段直埋方案。

（一）管廊规划

根据《青岛地下综合管廊专项规划》，结合用地性质、地下空间利用、地区人口密度、区域建筑密度、路网密度、交通拥堵情况、地铁建设情况、地下空间开发情况、商业综合体建设、规划管线种类、重要程度、管径容量、敷设空间等 15 项主要评估因子，计算出综合管廊建设适宜性等级划分。其中，安顺路（汾阳路至仙山路段）

所在区域——李沧北部商贸区评分为 8.1，属于优先建设区。根据用地性质、地下空间利用及相关工程（地铁、地下空间、综合体）建设条件、道路等级、现状管线情况（是否需要翻建）、规划管线种类及性质，对区域道路进行评价。安顺路（汾阳路至仙山路段）得分较高。经综合评分，安顺路（汾阳路至仙山路段）应建设地下综合管廊。

根据《青岛地下综合管廊专项规划》，安顺路（汾阳路至仙山路段）为青岛市东岸城区北部"口"字形管廊的一边，其余段无管廊规划。

根据专项规划，全线部分路段已按照管廊实施，具体建设情况如下：汾阳路—衡阳路段，已根据规划完成综合管廊建设；金水路—汾阳路段，采用管线直埋+电力管廊；金沙二支路—开封路段，管线直埋+电力管廊；开封路—镇平路段，综合管廊。

根据《青岛市地下综合管廊规划建设管理办法》规定，加强管廊规划建设管控，已规划建设管廊的区域，具备入廊条件的管线，原则上必须入廊。根据衡阳路—仙山路已批的管线综合规划，此段采用综合管廊形式，其余路段均不在专项规划内。但开封路—镇平路段已完成综合管廊建设，如全线建成综合管廊并贯通，能使管廊专项规划及建成段发挥更好的使用功能。

（二）管廊建设条件分析

1. 瑞昌路—金沙二支路段

瑞昌路至中车大门以南，西侧无铁路围墙，现状西侧人行道侵入铁路用地，长约170 m，最宽 4 m，东侧为中车，拆迁难度大，近期中车门卫室至瑞昌路段维持现状，

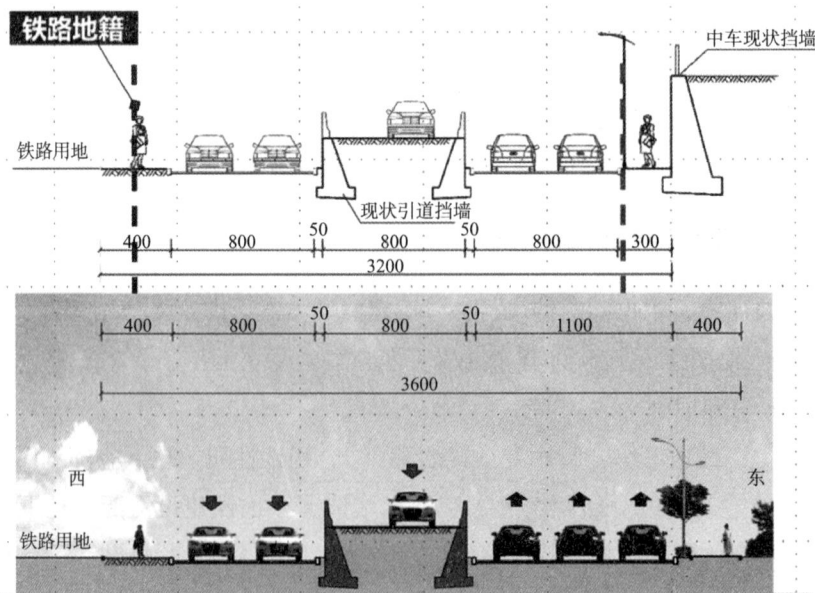

图 4-24　瑞昌路—中车南道路近远期横断面

远期向两侧拓宽。近期无绿化带，无法设置风口，吊装口设置困难，不具备实施条件
远期可实施综合管廊。

因此，近期中车以南段仍采用直埋方案。（图4-25）

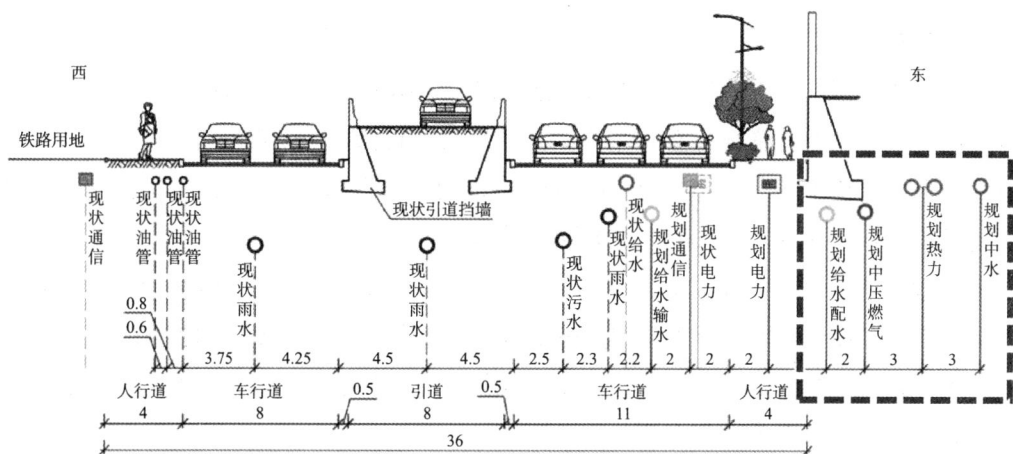

图4-25　瑞昌路—中车南道路直埋管线近远期横断面

中车北西侧绿化带靠近铁路挡墙，且现状油管距离绿化带太近，东侧绿化带靠近
东侧挡墙，因此综合管廊可以布置于道路中分带下，中央隔离带3.5 m，通风口宽度
约2 m×4 m，高度约1.5 m，150～200 m一处，严重影响道路美观。因此，瑞昌路至
金沙二支路采用直埋方案。（图4-26）

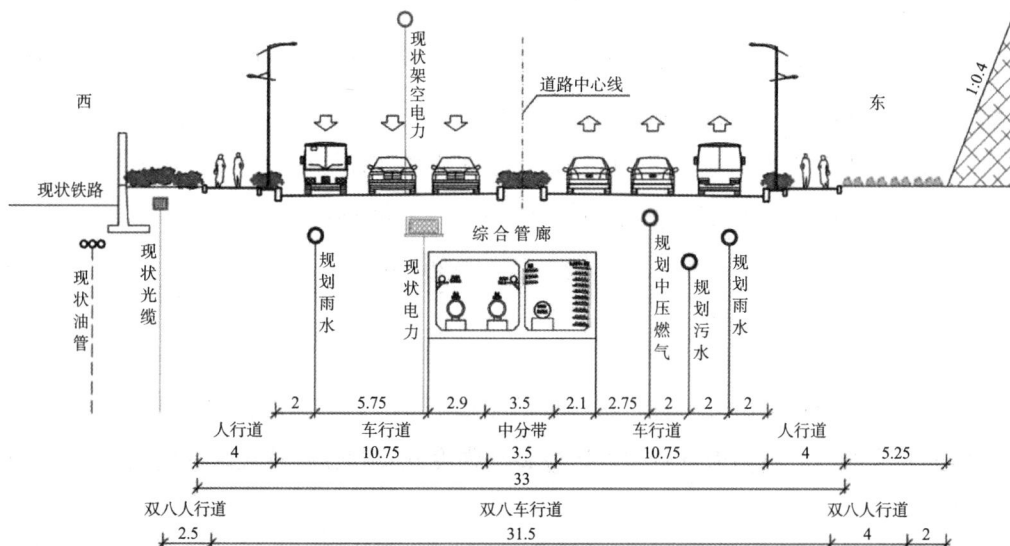

图4-26　中车南—金沙二支路管廊管线横断面

2. 镇平路—太原路段

该段跨越李村河下游，宽度约300 m，实施难度较大。

其穿越距离约300 m，防火分区不得超过200 m，河中设置通风、逃生通道，需要进行特殊设计以满足通风消防。

3. 衡阳路—仙山路段

沿线用地以工业用地为主，现状用地也以工业用地为主，管廊具备建设的地下空间，同时，市政配套需要大容量管线供给，因此适宜建设综合管廊。

目前，沿线拆迁已启动，其中衡阳路至遵义路已基本拆迁完毕，现状管线情况随着拆迁可进行迁移或入廊建设，管廊具有可实施性。

本段靠近太原路给水泵站、沧海新城热电以及瑞金路站、安顺路站、虎山路站等大规模电站，综合管廊对干管起到保护作用，能够提高干管线路的稳定性和可靠性。

另外，沿线跨越铁路及河道均可以找到实施空间。因此，本段实施管廊条件较好。

（三）管廊与直埋投资分析

方案一：全线采用管廊，根据不同的管线容量，采用三种标准断面。本次新建管线工程建安费为12.8亿元。

方案二：衡阳路至仙山路根据青岛市专项规划仍采用管廊形式，剩余路段采用直埋+电力管廊方案。本次新建管线工程建安费为9.6亿元。

（四）使用维护

根据《城市综合管廊工程技术规范》（GB 50838—2015）的规定，当遇到下列情况时，宜采用综合管廊。

（1）交通运输繁忙或地下管线较多的城市主干道以及配合轨道交通、地下道路、城市地下综合体等建设工程地段。

（2）城市核心区、中央商务区、地下空间高强度成片集中开发区、重要广场、主要道路的交叉口、道路与铁路或河流的交叉处、过江隧道等。

（3）道路宽度难以满足直埋敷设多种管线的路段。

（4）重要的公共空间。

（5）不宜开挖路面的路段。

根据《城市地下综合管廊工程规划编制指引》（建城〔2015〕70号），敷设两类及以上管线的区域可划为管廊建设区域，高强度开发和管线密集地区应划为管廊建设区域。

（1）城市中心区、商业中心、城市地下空间高强度成片集中开发区、重要广场以及高铁、机场、港口等重大基础设施所在区域。

（2）交通流量大、地下管线密集的城市主要道路以及景观道路。

（3）配合轨道交通、地下道路、城市地下综合体等建设工程地段和其他不宜开挖路面的路段。

安顺路南接市北区唐河路，北至城阳区，已被规划为一条贯穿李沧区、通达市北、城阳区的南北向主干路。安顺路交通运输繁忙，管廊方案与直埋相比，可减少对道路的开挖，减少管线对道路结构的影响。因此，其管廊方案优势明显。

安顺路为输水、输热、输电主干线，输水管为 DN800～DN1000，供热管为 DN600～DN1200，电力为链接各区的主通道，规划有 10～110 kV 电力。整条道路敷设管线贯通市北、李沧、城阳 3 个区，安全性要求高，重要性不言而喻。管廊可提高管线运行的安全性，提高管线使用寿命，维护更方便，从市政配套管线角度考虑，管廊较为适宜。

（五）比选结论

表4-11　两种方案的比选

比选	规划	实施难度	投资	维护使用
方案一	超出规划范围	技术、施工、协调难度大	管线工程建安费约为12.8亿元	管廊建成后方便管线维护，管道安全性高
方案二	与规划相符	难度较小，具有可实施性	管线工程建安费为9.6亿元，较方案一节省3.2亿元	使用维护不便，管道维修需破除路面，安全性低

通过对规划、实施难度、投资、维护使用等方面进行分析，建议采用方案二，衡阳路—仙山路段采用综合管廊。

瑞金路—金沙二支路段及镇平路—太原路段，实施难度大，投资大。金沙二支路—开封路段及金水路—汾阳路段，已实施管线直埋方案，即使瑞金路—金沙二支路段及镇平路—太原路段采用综合管廊，管廊仍无法贯通，且超出管廊规划范围，因此这两段采用直埋方案。

七、管线布置方案

根据规范要求及近远期发展的需要，根据各专业管线规划及《青岛市地下综合管廊专项规划》（2016—2030年），按照道路推荐方案，进行各专业管线的规划设计。

（一）傍海东路至金沙二支路段

其规格主要根据已批复的金沙二支路—镇平路段管线容量，参考《铁路青岛北站工程市政管网详细规划说明书》（上报稿）中的相关规划。

电力：规划 2.3 m × 2.0 m（净尺寸）宽电缆沟，局部 24 孔电力排管。

热力：规划 DN400-DN700 高温水管道。

燃气：规划 DN300 中压燃气管道。

通信：规划 12 孔通信管道。

给水：规划 DN800 给水输水、DN400 给水配水管道。

再生水：规划 DN300 再生水管道。

油管：维持现状 DN273+DN219 × 2 成品油管，新建钢筋混凝土盖板涵对油管进行保护。

排水：规划区实施雨污分流制，区域内现状有多处铁路涵洞，现状兴隆路有DN800 现状雨水管道、DN400 现状污水管道，唐河路雨水排放体系主要通过以上现状管涵及过铁管涵就近排出。污水沿安顺路污水系统排入李村河南侧截污干管，接入李村河污水处理厂。根据雨污水系统规划结合道路坡向，分别敷设 DN400～DN1500 雨水管渠及 DN300～DN500 污水管道。

管线采用直埋方式，如图 4-27 所示。

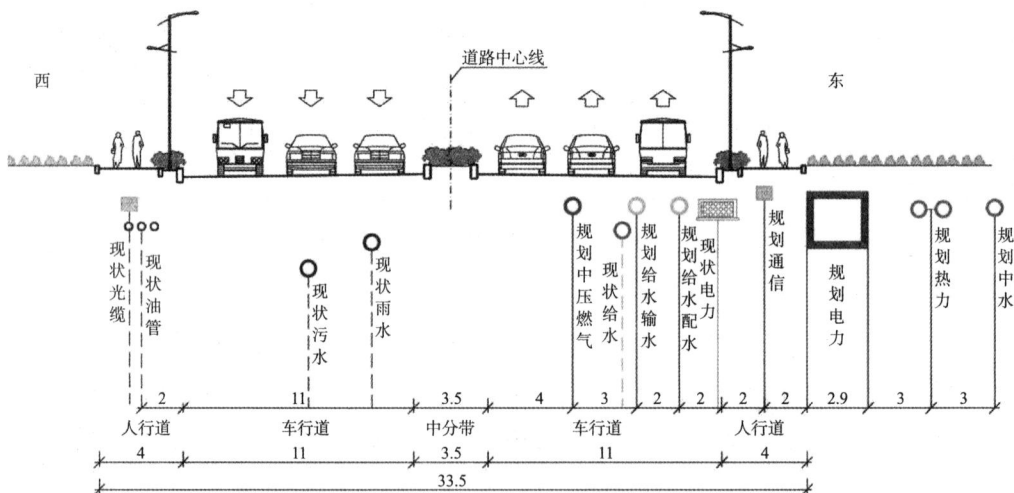

图 4-27　标准管线横断面

（二）镇平路至太原路段

其规格主要根据已批复的金沙二支路—镇平路段管线容量，参考《铁路青岛北站工程市政管网详细规划说明书》（上报稿）中的相关规划。

电力：规划 2.3 m × 2.0 m（净尺寸）宽电缆沟。

热力：DN800～DN1200 高温水管道。

燃气：规划 DN300 中压燃气管道。

通信：新设12孔通信管道。

给水：沿安顺路敷设DN400、DN1000给水管道。

再生水：规划DN400再生水管道位置。

排水：规划区实施雨污分流制，区域内现状有多处铁路涵洞及李村河，唐河路雨水排放体系主要通过以上涵洞及河道就近排除。污水沿安顺路污水系统排入李村河南侧截污干管接入李村河污水处理厂。根据雨污水系统规划结合道路坡向，分别敷设DN400～$B \times H$=4000×1800雨水管渠和DN400～DN1000污水管道。

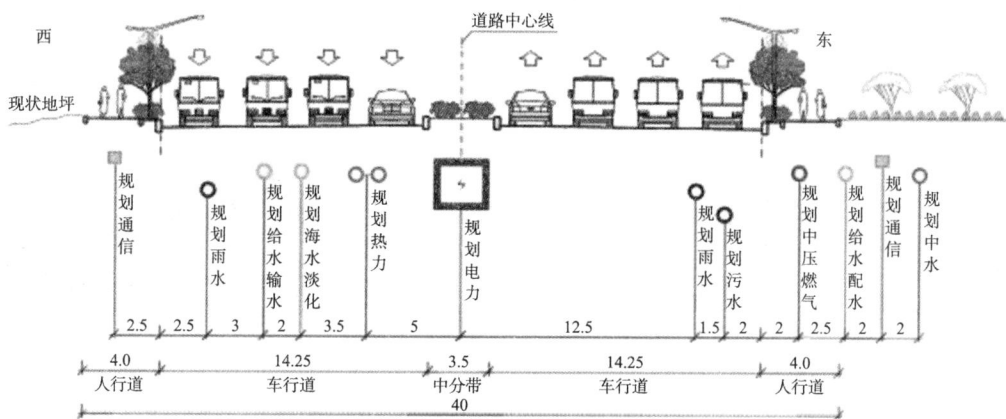

图4-28　标准管线横断面

（三）衡阳路至仙山路段

根据已批管线综合规划，采用综合管廊方案。

电力：规划2.3 m×2.0 m（净尺寸）宽电缆沟。

热力：DN800～DN1200高温水管道。

燃气：规划DN300中压燃气管道。

通信：新设12孔通信管道。

给水：沿安顺路敷设DN300、DN400、DN1000给水管道。

再生水：规划DN300、DN400再生水管道位置。

排水工程：根据道路坡向，雨水系统以现状过路盖板涵、胶济铁路货线（应急线）、娄山河娄山后河河道为低点，汇集雨水后向西经环湾路现状过路桥涵汇入胶州湾。根据道路坡向，污水系统以现状衡阳路污水管、娄山后河现状污水管为排放出路，向西进入环湾路现状污水管，最终排入娄山河污水处理厂。根据雨污水系统规划结合道路坡向，分别敷设DN400～$B \times H$=2×3500×1500雨水管渠和DN400～DN1000污水管道。

1. 衡阳路—胶济铁路段

除海水淡化厂、青岛碱业的现状及规划海水引水管及其专用电缆、雨污水管道、中压燃气管道未入廊外，其他全部入廊。在安顺路道路西侧的绿化带、人行道下敷设双舱综合管廊，分别为水舱、给水线缆综合舱。

该段道路下方现状电力管道走向不规则，影响其他管线的敷设，需对其进行永久迁移。现状DN159供热蒸汽管道影响其他管线的敷设，且蒸汽管道供热为淘汰供热方式，该工程对其进行临时迁移，待安顺路高温水管道敷设后，将其废除。

各专业管线的规划标准横断面布置，如图4-29所示。

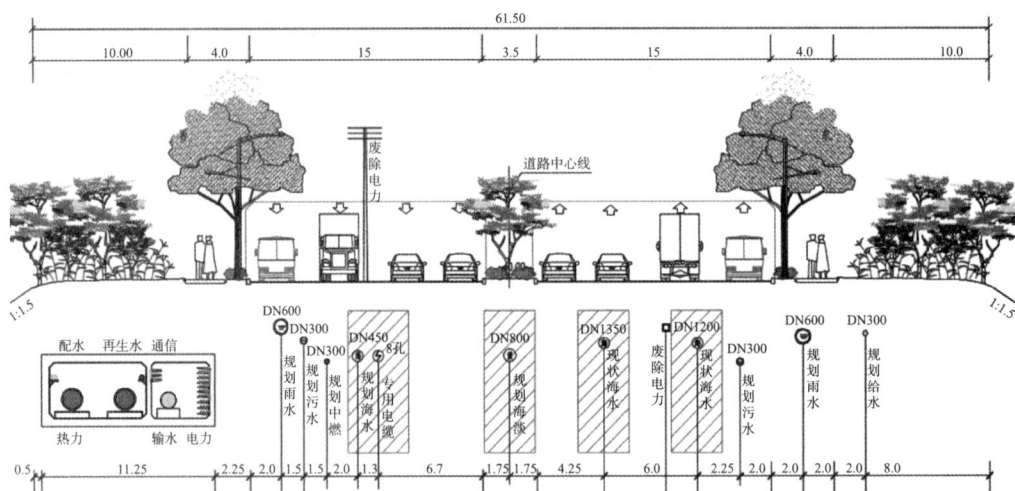

图4-29　安顺路（衡阳路—胶济铁路）管线标准横断面

2. 胶济铁路段—娄山河段

该段安顺路连续穿越四处铁路（一处涵洞、三处高架桥），一处河道。该工程在道路东侧敷设DN1200热力管道、DN1200海水淡化管道及$B \times H$=4000×1800的雨水暗渠，其中穿越娄山河段拟采用顶管方式施工，顶进管道管径DN1600，其余段采用防护+明挖法施工；在道路西侧采用综合管廊形式敷设电力、通信、DN1000给水管道、再生水管道，其中穿越娄山河段拟采用顶管法施工，其余段均采用防护+明挖法施工；在道路工程施工前需将拟建道路下方的现状DN1600浓盐管、DN400海水淡化管和青岛碱业的3条DN325排渣管进行迁移，迁移管道需预埋套管，套管施工均采用防护+明挖法施工。除入廊管道外，穿越铁路段管道均需设置套管保护涵。

（1）管线下穿胶济货线涵洞。

管线及管廊从既有胶济货线涵洞两个边孔穿过，其中，在东侧边孔敷设2条

DN1600套管，用于敷设DN1200供热管道；东侧约50 m另一铁路涵洞敷设DN1600套管，用于敷设DN1200海淡管道。在道路西侧边孔敷设综合管廊（外尺寸$B \times H$=6 800×3 400），用于敷设电力、通信、DN1000给水管道、再生水管道。

（2）西侧管廊下穿娄山河及胶济客运专线、青荣城际、青连铁路。

其道路西侧电力、通信、DN1000给水管道、DN300再生水、DN300配水形式下穿娄山河及胶济客运专线、青荣城际、青连铁路，采用防护+明挖法施工，明挖段采用直径80 cm间距60 cm的AB桩进行支护。

（3）东侧热力、再生水管道下穿胶济客运专线、青荣城际、青连铁路及娄山河。

该工程在道路东侧敷设供热、再生水管道套管，用于热力、再生水管道穿越胶济客运专线、青荣城际、青连铁路及娄山河。其中，DN1200热力管道采用DN1600钢筋混凝土套管，DN1200海淡管道采用DN1600钢筋混凝土套管。穿越娄山河段套管拟采用顶管方式施工，其余段采用防护+明挖法施工，防护桩采用止水兼防护作用的直径80 cm间距60 cm的AB桩进行支护。

3. 娄山河—娄山后河段

其道路西侧电力、通信、DN1000给水管道、DN300再生水采用综合管廊形式，道路东侧DN1200热力、DN1200海淡采用直埋方式，此处为两河之间的农林用地，无污水及配水需求。其管线形式与穿越娄山河、娄山后河的各种管线种类及规格形式一致。（图4-30）

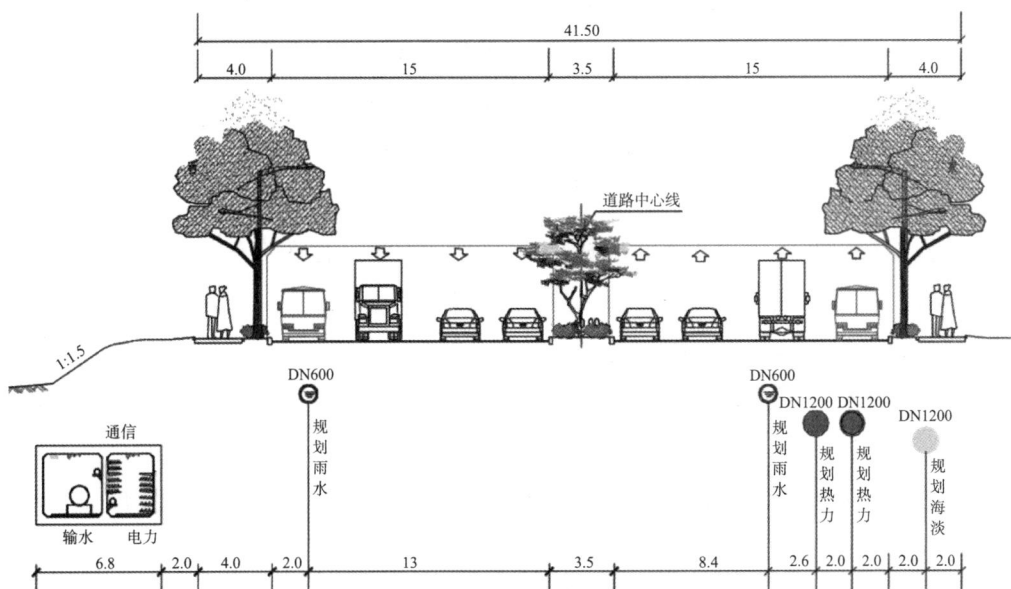

图4-30　安顺路（娄山河—娄山后河）管线横断图

4. 娄山后河—遵义路段

其采用单侧双舱管廊，为热水综合舱（内尺寸 $B \times H$=6 200×3 500）、给水线缆综合舱（内尺寸 $B \times H$=3 800×3 500）。为解决遵义路路面积水，在道路两侧加设植草沟。（图4-31）

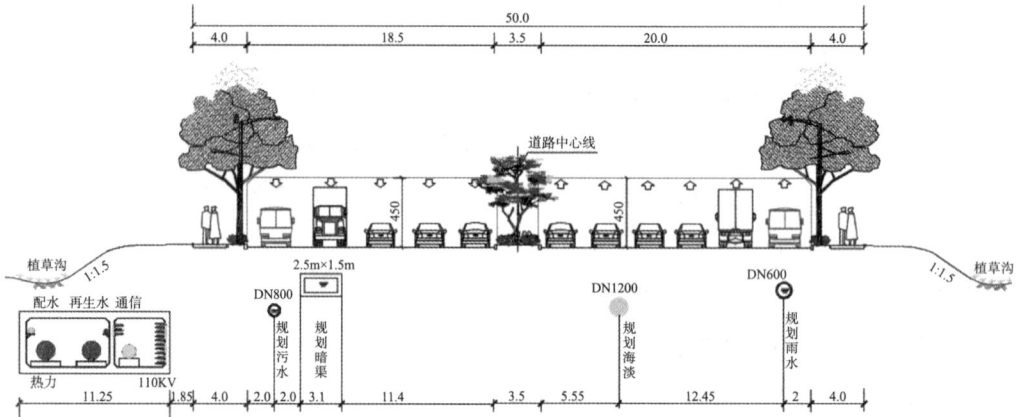

图4-31　安顺路（娄山后河—遵义路）管线横断图

5. 遵义路—中石化平交铁路—先期实施段

该工程在道路东侧敷设DN1200海水淡化管道和单综合管廊（内尺寸=3 800×3 500）以及高压电力舱，用于敷设110 kV电力、通信、DN1000给水管道；在道路西侧敷设单舱综合管廊（外尺寸 $B \times H$=4 400×3 500）、中压燃气管道、雨水管道、污水管道，其中综合管廊用于敷设DN800热力管道、DN400给水配水管道、DN300再生水管道。

本段综合管廊及管道平面图如图4-4-17所示，中石化铁路专用线段的综合管廊及污水管、雨水管及燃气管的套管从中石化铁路专用线两侧各40 m范围内采用顶推法施工，顶推施工前采用"D"形便梁对铁路线进行架空防护，中石化铁路专用线以外段均采用防护+明挖法施工。

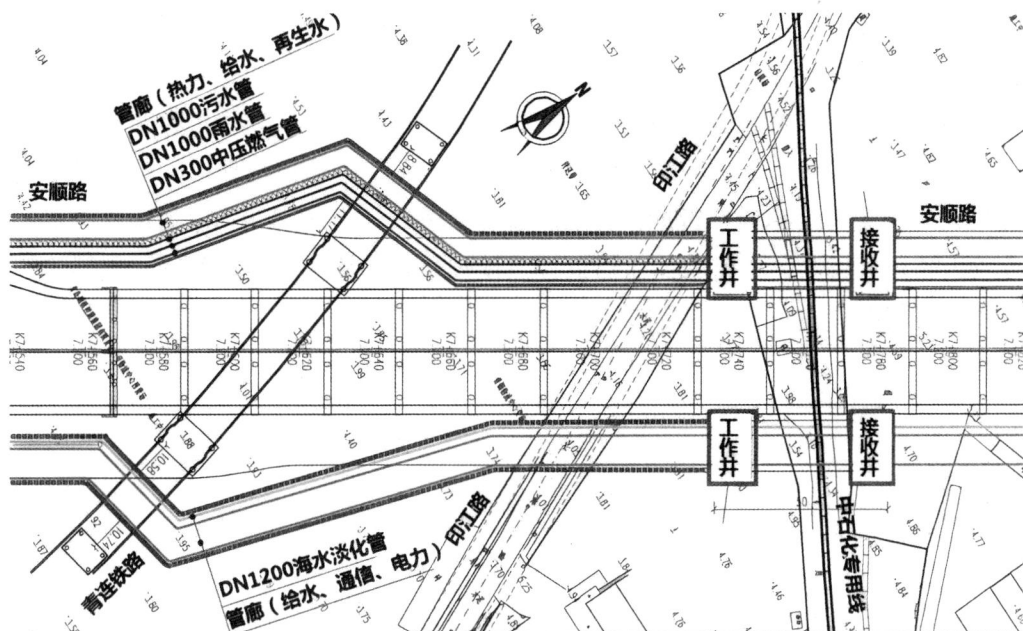

图4-32 管廊、管线下穿青连铁路及中石化铁路专用线管线平面图

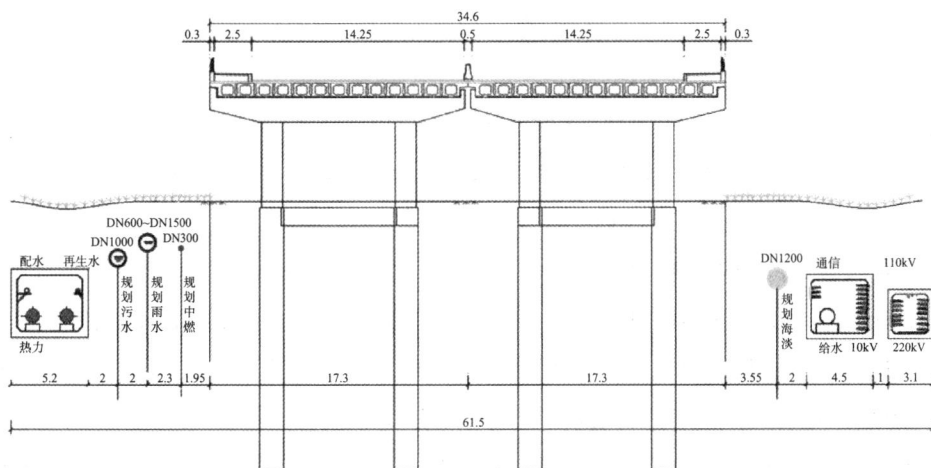

图4-33 管廊、管线下穿青连铁路及中石化铁路专用线管线横断面

6. 先期实施段—娄山物流园段

因娄山物流园短期内无拆迁计划，道路西侧规划绿化带暂无实施条件，娄山物流园段刘家宋戈庄河受用地限制，无法按照规划河道位置建设，该工程将安顺路拟建综合管廊设置于车行道中间，雨水（含雨水暗渠）、污水、燃气、海水淡化等管道不入廊敷设，主要敷设于道路西侧。娄山物流园东侧的现状排水沟位于拟建道路的人行道下，需对其进行翻建。该工程结合实施条件，将该处现状 5 m 宽排水沟翻建为 5 m 宽雨水箱涵，近期作为临时排水通道转输上游现状排水沟雨水，远期待娄山物流园拆除、刘家宋戈庄河道按照规划位置实施后，翻建的雨水箱涵将用于收集路面雨水。

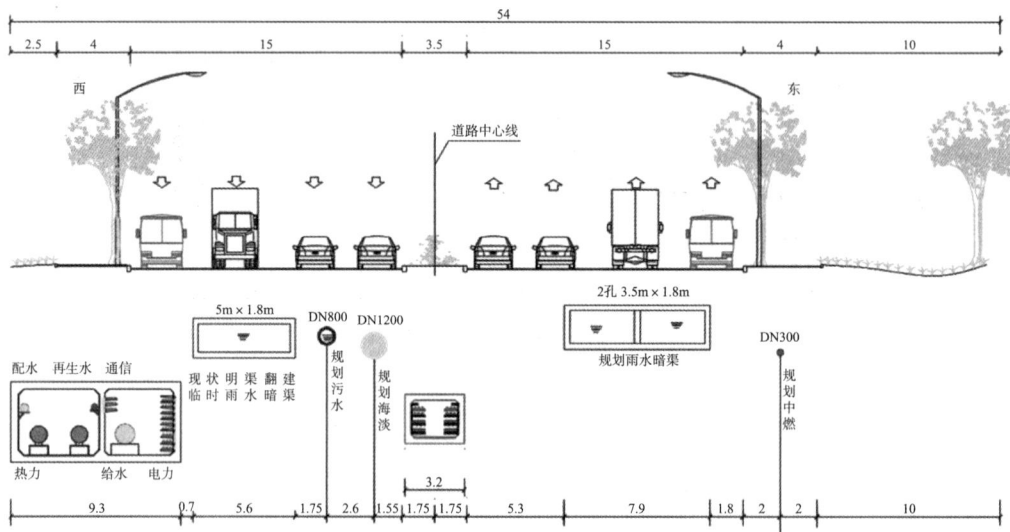

图 4-34　安顺路（先期实施段—娄山物流园段）管线横断图

7. 娄山物流园—瑞金路段

因安顺路东侧为铁路区域，且为减少对铁路的影响，该段工程将安顺路拟建综合管廊设置于道路西侧的绿化带、人行道下，雨水（含雨水暗渠）、污水、燃气、海水淡化等管道不入廊敷设，主要敷设于道路西侧。

该段道路部分路段线位与现状安顺路重合，管廊施工时需对现状 DN1000、DN300 给水管道、雨水暗渠、通信管道、电力管道进行临时迁移，待管廊建成后将临时迁移管道入廊敷设。

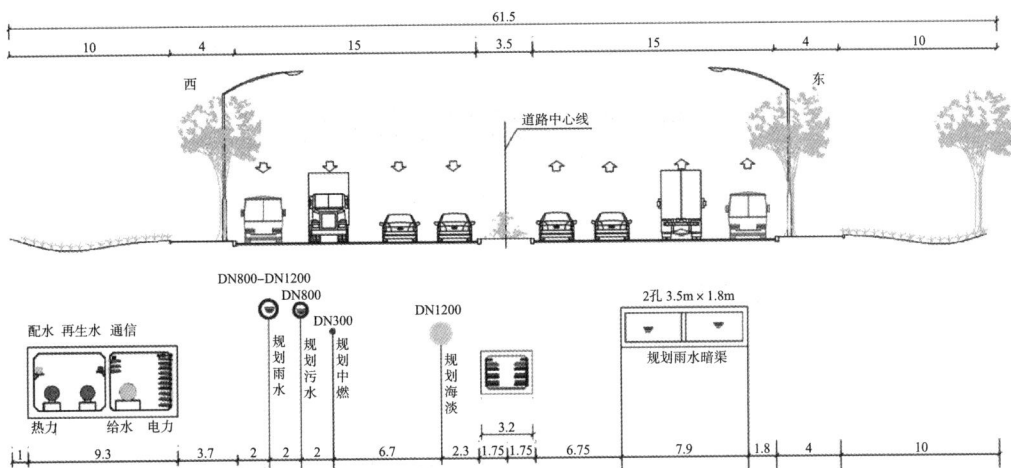

图 4-35 安顺路（娄山物流园—瑞金路）管线横断图

8. 瑞金路—仙山路段

因安顺路东侧为铁路区域，且为减少对铁路的影响，该段工程将安顺路拟建综合管廊设置于道路西侧的绿化带、人行道下，雨水（含雨水暗渠）、污水、燃气、淡化海水等管道不入廊敷设，主要敷设于道路西侧。管廊、管线过洪沟河及双流高架处需避让桥墩。

该段道路部分路段线位与现状安顺路重合，管廊施工时需对现状 DN1000 给水管道、雨水管道、通信管道、电力管道进行临时迁移，待管廊建成后将临时迁移管道入廊敷设。

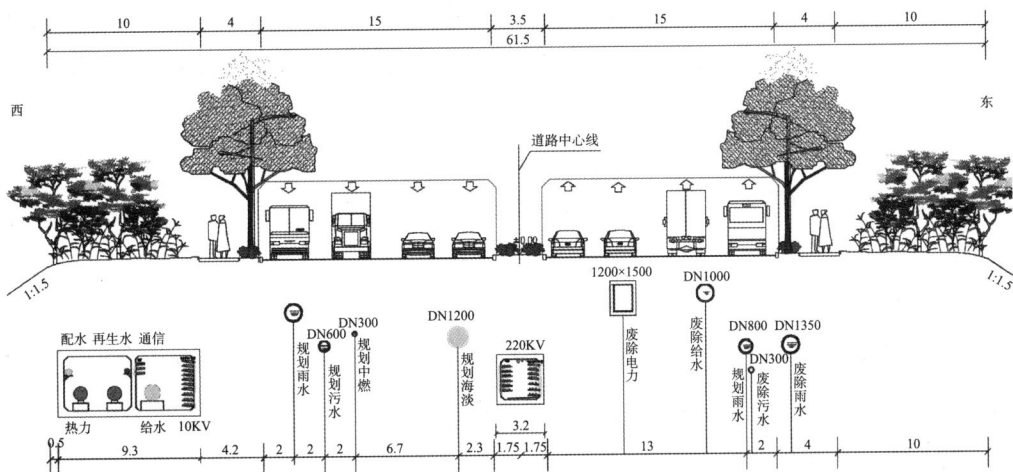

图 4-36 安顺路（瑞金路—仙山路）管线横断图

第五节　综合管廊关键技术应用

一、设计原则与总体思路

（一）设计原则

1.安全性原则

地下综合管廊的建设不仅要保障专业管线的运行安全，还要避免因电力漏电、给水爆管等引发的次生灾害。

2.经济性原则

地下综合管廊的建设要遵循经济性原则，合理分析建设范围，合理选择入廊管线种类，合理控制综合管廊断面尺寸和埋深，合理确定施工方案，经过多方案比选，选择最优实施方案，避免投资浪费。

3.近远期结合原则

一方面，本次新建管廊要根据远期各专业管线规划容量确定；另一方面，本次新建管廊近期要考虑与周边现状道路及地块的衔接，同时为远期与周边规划管廊的衔接预留条件。

4.适度超前原则

地下综合管廊建设要结合城市总体规划及分区规划，采取现状与规划相结合的方法，尽可能采用新理念、新工艺、新材料，既考虑近期发展需求，又为远期城市发展预留一定空间。

5.施工方便性原则

尽可能采用降低施工难度、加快施工进度的设计，合理组织施工及施工期间的交通组织。

6.创新性原则

采用的新技术、新工艺和新材料，既要经济合理，安全可靠，又要适合该工程建设特点。

（二）总体设计思路

1.平面设计思路

（1）综合管廊平面位置应根据道路横断面、地下管线和地下空间利用情况等确定。综合管廊宜设置在道路绿化带、人行道或非机动车道下。

（2）综合管廊平面中心线宜与道路中心线平行。

（3）综合管廊最小转弯半径应满足综合管廊内各种管线的转弯半径要求。

（4）结合周边地块及道路的规划情况，将综合管廊的位置靠近主要用户的道路一侧，便于廊内专业管线的出线，并为相交道路预留设置综合管廊及各专业管线衔接的条件。

（5）合理确定综合管廊与其他专业管线之间的关系，预留足够的空间，便于管廊附属设施及重要节点的设置。

2. 纵断面设计思路

（1）综合管廊的覆土深度应根据地下设施竖向规划、行车荷载、绿化种植及设计冻深等因素综合确定。

（2）综合管廊的底板宜设置排水明沟，并应通过排水明沟将综合管廊内积水汇入集水坑，排水明沟的坡度不应小于0.2%。

（3）综合管廊内纵向坡度超过10%时，应在人员通道部位设防滑地坪或台阶，在电力方面需考虑电缆支架的固定，同时在结构方面需进行防滑处理。

3. 横断面设计思路

（1）综合管廊的断面形式及尺寸应根据施工方法及容纳的管线种类、数量、分支等综合确定；尽量压缩管廊净高度，以减小工程的整体埋深，同时便于管廊附属构筑物的设置及其他管线支管的敷设。

（2）为集约化利用管廊空间，常规多层布设，一般将大管径管道置于底层，线缆置于顶层，其余管道置于中间层，便于管道的安装、更换。

（3）综合管廊内管线之间的距离、管线与管廊内壁、顶板及底板之间的距离以及管廊内人行通道宽度必须满足相关规范的规定，同时应方便安装和检修。

（三）地下综合管廊适宜纳入的管线种类

考虑到安顺路雨污水管道入廊受地形、现状雨水管渠高程影响较大、若雨污水管道进管廊，利用管廊本体无法排入下游现状雨污水管线，因此，雨污水管线不纳入综合管廊内。考虑安全性、经济合理性、运营维护难度等因素，燃气、海水淡化管道也采用直埋方案。同时，结合建设单位意见，本次考虑入廊的管线包括电力、通信、热力、给水、再生水5类管线。

根据与建设单位、各专业管线单位沟通确认的意见，本次安顺路主线管廊标准段入廊管线规则容量，如表4-12所示。

表4-12 安顺路（衡阳路—仙山路）入廊管线规划容量表

管线名称	容量	备注
电力	全线设置综合舱：敷设3回110 kV，24回路10 kV	综合舱：110 kV 3层支架，10 kV 6层支架，预留1层支架，电力通信线缆1层支架
	遵义路—仙山路段设置高压电缆舱：4回路220 kV，4回路110 kV	高压电缆舱：110 kV 4层支架，220 kV 4层支架，电力通信线缆1层支架，其余预留
通信	12孔	3层支架
热力	DN800/DN1200	2根
给水	DN1000、DN400/DN300	全线敷设1根DN1000给水输水管道，双侧配水时道路两侧各设置1根DN300给水管道，单侧配水时设置1根DN400给水管道
再生水	DN300	1根

二、管廊工艺设计

（一）综合管廊横断面设计

本次安顺路（衡阳路—仙山路）综合管廊工程按照管廊的性质及作用，分为主线管廊及路交口预留管廊。综合管廊内各种专业管线种类及数量均按照青岛市综合管廊专业规划、相关专业管线规划、建设单位意见及专业管线单位意见确定。

本次设计综合管廊主线管廊内各专业管线种类及容量如下：电力电缆10 kV 24回、110 kV 3回，通信线缆12孔，2根DN1200/DN800热水管道，1根DN1000给水输水管道，1根DN300给水配水管道，1根DN300再生水管道；除此之外，遵义路—仙山路还规划有高压电110 kV 4回、220 kV 4回，此部分高压电缆单独位于高压电缆舱，由电力部门实施，不在该工程范围。

电力电缆采用支架形式布置在墙壁上，支架采用角钢。给水线缆综合舱，分9层布置+1层电力信号电缆，10 kV低压电力6层、110 kV高压电力电缆3层支架；高压电缆舱（遵义路—仙山路，不在本工程范围内），110 kV高压电力电缆4层支架，220 kV高压电力电缆4层支架，其余为预留。另外，支架水平间距为1.0 m，10 kV低压电力层间距为0.3 m，110 kV、220 kV高压电力层间距为0.35 m。

通信电缆采用支架形式布置在墙壁上，支架采用角钢，通信电缆设不锈钢电缆桥架3层，支架水平间距为1.0 m、通信支架层间距为0.3 m。

DN800～DN1200热力管道敷设于支墩上，支墩采用混凝土支墩，采用槽钢固定。

DN1000给水管道设于支墩上，支墩采用混凝土支墩，采用槽钢固定。

DN300给水管道设于侧墙支架上，支架采用不锈钢固定，支架水平间距3.0 m。

DN300再生水管道设于侧墙支架上，支架采用不锈钢固定，支架水平间距3.0 m。

衡阳路至娄山后河北岸：该路段管廊延续南段已实施管廊形式，设置单侧双舱综合管廊，规格为 $B×H=$（6.2 m+3.8 m）×3.5 m（内尺寸）。管廊过规划六号线附近胶济货线预留涵洞，受涵洞高度及宽度制约，热力管线出仓改为直埋，管廊规格调整为 $B×H=$（4.2 m+2.5 m）×2.6 m（内尺寸）。管廊过娄山河采用盾构形式，根据盾构机械对应的标准断面，将该段管廊断面调整为 $B×H=$（3.2 m+2.5 m）×3.3 m（内尺寸），直埋热力加设套管顶管过河；管线穿越娄山后河段沿用过娄山河段管廊断面及热力敷设形式。

娄山后河北岸—遵义路：直埋热力入廊，恢复至标准断面。管廊规格为 $B×H=$（6.2 m+3.8 m）×3.5 m（内尺寸）。

遵义路至先期实施段：受青连铁路桥墩影响，该段管廊改为双侧。西侧规格为 $B×H=$4.4 m×3.5 m（内尺寸）（单舱），东侧规格为 $B×H=$3.8 m×3.5 m（内尺寸）（单舱）。

先期实施段至仙山路段：道路与铁路并行，东侧几乎没有市政管线需求，而且为了避免管廊施工对铁路的影响，全线采用单侧管廊形式，敷设于道路西侧的绿化带和人行道下。其规格为 $B×H=$（4.4 m+3.8 m）×3.5 m（内尺寸）。

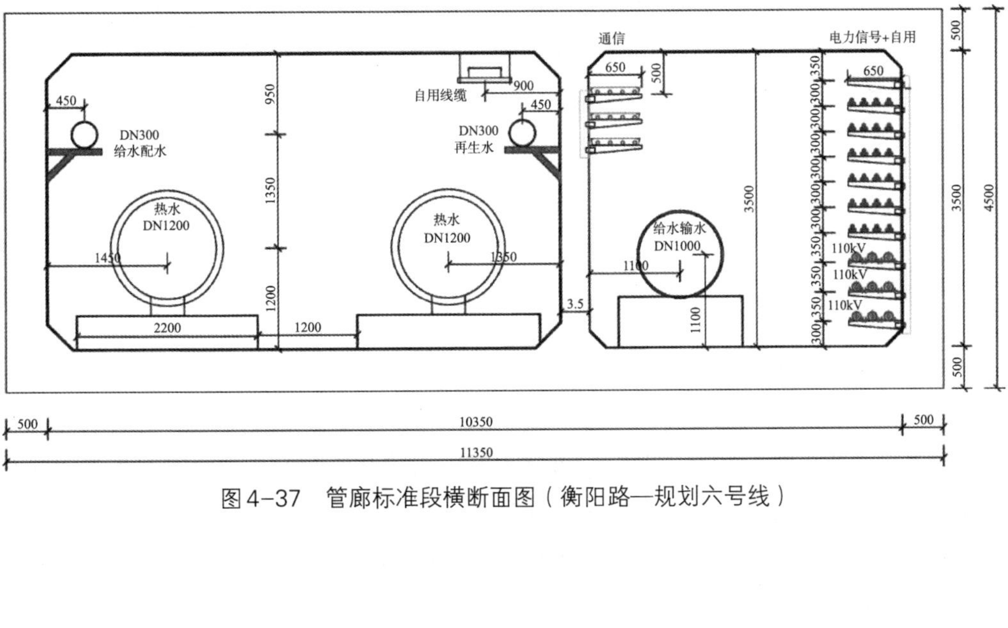

图4-37　管廊标准段横断面图（衡阳路—规划六号线）

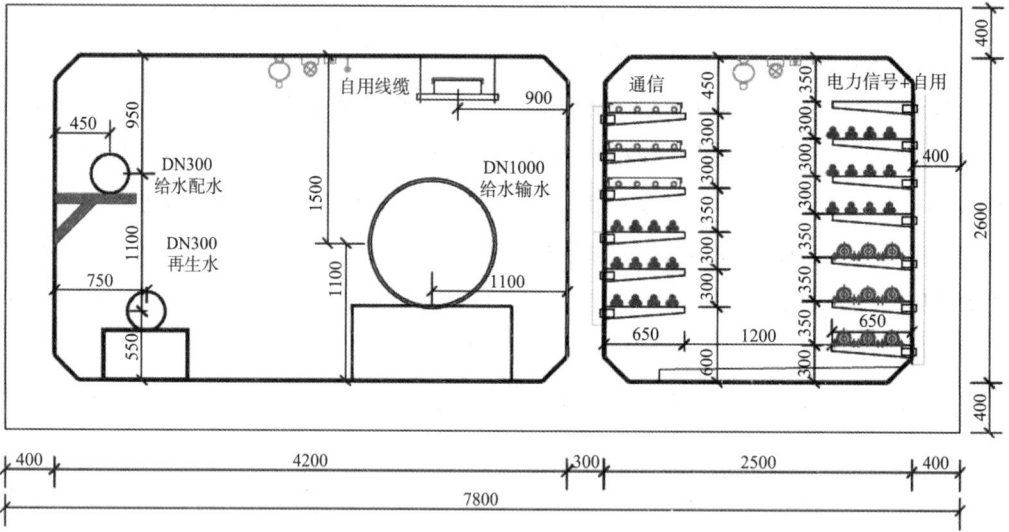

图 4-38　主线管廊标准段横断面图（规划六号线附近穿越胶济货线段）

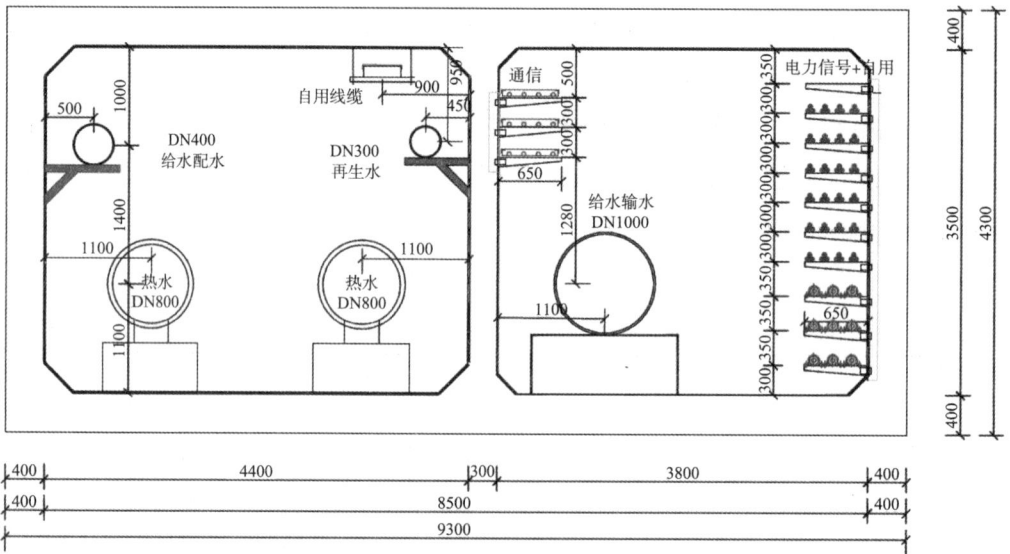

图 4-39　主线管廊标准段横断面图（先期实施段—仙山路）

（二）管廊平面位置设计

根据安顺路道路规划、周边地块规划及各专业管线规划情况，按照综合管廊的设置原则及相关要求，安顺路主线综合管廊主要沿安顺路两侧绿化带敷设，东西两侧车行道同时布置雨水管线，车行道布置污水管线。

主线管廊平面南起衡阳路，北至仙山路。安顺路主线综合管廊主要位于道路西侧人行道、绿化带内。安顺路（衡阳路—规划六号线）综合管廊热、水舱及电、信、给舱共同定位线距离道路中心线 23.55 m，线形与道路平面线形（绿化带边线）基本一致；安顺路（规划六号线—遵义路）穿越铁路河道，位置根据墩柱及河道位置确定，偏离道路主线；安顺路（衡阳路—规划六号线）综合管廊热、水舱定位线距离道路中心线 25.45 m，电、信、给舱定位线距离道路中心线 25.85 m，除穿越青连铁路外，线形与道路平面线形（绿化带边线）基本一致；安顺路（衡阳路—规划六号线）综合管廊热、水舱及电、信、给舱共同定位线距离道路中心线 24.95 m，线形与道路平面线形（绿化带边线）基本一致。全线管廊总体布置方案如下。

衡阳路至胶济铁路采用单侧双舱管廊，用于敷设电力、通信、给水、再生水、热力等管道。穿越胶济铁路、青荣铁路、青连铁路及娄山河，热力、淡化海水管道加设套管，给水、电力、通信、再生水管道设置为双舱管廊方案，采用顶管及盾构形式穿越此处节点。

在娄山后河节点仍采用热力、海水淡化加设套管，以及给水、电力、通信双舱管廊方案，采用直埋形式过河。娄山后河至青连铁路先期实施段采用双侧单舱管廊。220 kV 高压电电力隧道仅规划位置，由电力部分负责实施，不在该工程投资范围内。

表4-13　安顺路（衡阳路—仙山路）管廊形式及入廊管线规格表

桩号	道路长度（m）	节点	管线敷设形式	入廊管线规格
K5+640～K6+660	1 020	衡阳路—节点1	单侧管廊（两舱）	DN1200 热力，DN300 再生水，DN300 给水配水，电力电缆 10 kV 24 回、110 kV 3 回，通信线缆 12 孔，DN1000 给水输水管道
K6+660～K6+780	120	节点1—娄山河	单侧管廊（两舱）	电力电缆 10 kV 24 回、110 kV 3 回，通信线缆 12 孔，DN1000 给水输水管道，DN300 再生水
K6+780～K7+340	560	娄山河—娄山后河	单侧管廊（两舱）	电力电缆 10 kV 24 回、110 kV 3 回，通信线缆 12 孔，DN1000 给水输水管道，DN300 再生水，DN300 给水配水
K7+340～K7+430	90	娄山后河	单侧管廊（两舱）	DN1200 热力，DN300 再生水，DN300 给水配水，电力电缆 10 kV 24 回、110 kV 3 回，通信线缆 12 孔，DN1000 给水输水管道
K7+430～K8+000	570	遵义路—节点2	双侧管廊（两舱）	DN800 热力，DN300 再生水，DN400 给水配水，电力电缆 10 kV 24 回、110 kV 3 回，通信线缆 12 孔，DN1000 给水输水管道
K8+000～K8+320	320	节点3	直埋	已施工

续表

桩号	道路长度（m）	节点	管线敷设形式	入廊管线规格
K8+320～K10+600	2 280	节点3—节点4—仙山路	单侧管廊（两舱）	DN800热力，DN300再生水，DN400给水配水，电力电缆10 kV 24回、110 kV 3回，通信线缆12孔，DN1000给水输水管道

同时，考虑到管廊沿线两侧地块开发对市政管线的需求，为工程沿线两侧地块预留支管。按照相关道路规划，沿线交叉路口需预留过路支线管廊，实现两者管线的衔接。

另外，在主线、支线管廊的端头设置出线端墙，实现专业管线出线，满足地块需求及与周边道路管线的衔接。

（三）管廊纵断面设计

综合管廊纵坡与道路纵坡基本一致，受下游汾阳路、衡阳路现状污水管道标高影响，设计综合管廊标准段的覆土深度为3.0 m左右，综合管廊最大覆土约7.12 m。热、水舱及电、信、给舱最小纵坡0.12%，最大纵坡5.27%。综合管廊与重力流管线交叉时采取下卧处理，保证重力流管线的敷设要求。穿越娄山河、娄山后河时，管廊下卧，坡度小于6%，管廊位于河道冲刷深度以下，距离河底约1.5 m，并避开桥梁基础。

（四）管线敷设

综合管廊内敷设管线包括电力（10 kV、110 kV）、通信、热力、给水、再生水。综合管廊内的管线布置通过预埋件、支架和支墩布置。压力管道进出综合管廊时，应在综合管廊外部设置阀门。压力管道在管道转弯及三通处加设混凝土支墩。各专业管线在进出管廊外部时，应按要求设置预留检查井，便于后期使用。

1. 电力电缆

电力电缆应采用阻燃电缆或不燃电缆。电力电缆设置电气火灾监控系统。在电缆接头处应设置自动灭火装置。

2. 通信线缆

通信线缆应采用阻燃线缆。通信线缆敷设安装应按桥架形式设计，并应符合国家现行标准《综合布线系统工程设计规范》（GB 50311—2016）和《光缆进线室设计规定》（YD/T 5151—2007）的有关规定。

3. 热力管道

热力管道选用钢管，采取焊接的型式。管道支墩、支座等应经过计算确定，并应符合《城镇供热管网设计规范》（CJJ 34—2010）的相关要求。

4. 给水、再生水管道

给水管道采用球墨铸铁管，法兰连接；再生水管道采用内外涂塑复合钢管，焊接。管道支撑的形式、间距、固定方式应通过计算确定，并应符合现行国家标准《给水排水工程管道结构设计规范》（GB 50332—2022）的有关规定。

（五）防火分区

综合管廊电力舱、燃气舱均按不超过200 m设置一个防火分区，防火分区之间采用耐火极限不低于3.0 h的不燃性墙体进行防火分隔，墙上设有甲级防火安全门。管线穿越防火隔断部位时应采用阻火包等防火封堵措施进行严密封堵，专业管道实施前套管内应填充防火材料。

（六）节点设计

1. 通风口设计

本次设计管廊直埋段采用机械进风与机械排风相结合的通风方式，顶管段考虑到埋设深，故地面风口采用双舱合并的形式；正常通风换气次数不小于4次/h，事故通风换气次数不小于6次/h。进风口采用70°电动（兼手动）排烟防火阀；排风口采用280°电动（兼手动）排烟防火阀。综合管廊进、排风口的净尺寸应满足通风设备进出的最小尺寸要求。考虑到地面美观，并行舱共用出地面排风口，综合管廊采用机械进风口、机械排风口尺寸分别为B×L=1.25 m×1.25 m，$B \times H$=（4.4 m+3.8 m）×3.5 m（内尺寸）。本工程投料口采用地下式，并在投料口附近埋设永久性标志牌，写明投料口位置、尺寸等信息。

2. 吊装口设计

吊装口的尺寸应满足管线、设备、人员进出的最小允许限界要求。综合管廊吊装口的最大间距不宜超过400 m，本次吊装口与逃生口合建，每个防火分区设置一处。结合各专业管线管径，各个舱室吊装口尺寸为B×L=7.0 m×2.0 m。

3. 逃生口设计

在每个防火分区布置至少1处逃生口（与吊装口合建），设爬梯供人员进出。本次在综合管廊主线每个防火分区端头设置逃生口，逃生口间距不大于200 m，逃生口净尺寸为1 m×1 m。逃生口井盖应采用在内部使用时易于人力开启，且在外部使用时非专业人员难以开启的安全液压式井盖。

4. 人员出入口

在规划六号线及瑞金路北侧分别设置人员出入口，楼梯宽度1.1 m，楼梯两侧设置栏杆，栏杆高度为1.1 m。

5. IO 站

并行双舱每个防火分区共用一处 IO 站，IO 站尺寸为 2.5 m × 8.4 m/2.5 m × 7.3 m。单舱每个防火分区设置一处 IO 站，IO 站尺寸为 3.5 m × 6 m。本次设计共设置 33 座 IO 站，IO 站与机械排风口合建。

6. 监控中心

该工程在安顺路规划三号线路口东侧、烟墩山南侧设置一处监控中心，已完成建设。已建成监控中心的监控范围包括本次设计管廊范围。该工程管廊被先期实施段阻断，分成南、北两部分，监控线缆在先期实施段需直埋敷设。

（七）有害气体检测

由于综合管廊内各种管线较多，可能出现缺氧及产生甲烷、硫化氢等有害气体，因此需在管廊内设置有害气体监测装置。该工程的每个防火分区采用一套氧气、温度、湿度、二氧化碳监测仪，监测信号通过自动监测系统传至控制中心，对管廊内进行 24 h 监测。管廊内有害气体设备的安装和调试由设备厂家进行设计。管廊后期运营管理时应配备一套移动便携式有害气体检测装置，以便运营管理人员使用。

三、排水设计

综合管廊内采用潜水泵排水。综合管廊沿线设置排水边沟并需在低点或防火分区前相对低点设置集水坑，集水坑内设置潜水泵，管沟内排水由潜水泵提升后就近接入市政排水系统。潜水泵采用双泵固定自耦式安装，流量为 30 m³/h，扬程为 15 m。潜水泵、出水管及其穿墙套管等设备安装及预埋件设置以各专业管线设备安装工程图纸为准。

四、通风系统设计

（一）通风方式

综合管廊每个防火分区均采用机械进风、机械排风的通风方式，且分别布置进风口和排风口，保证综合管廊内部空气质量要求及温度要求。综合管廊内机械通风风机选用耐高温的双速轴流风机，燃气管廊舱内选用防爆型风机。

（二）设计参数

综合管廊每个防火分区平时排风按 3 次/h 计算，事故通风按 6 次/h 计算。燃气舱管廊内正常通风换气次数不小于 6 次/h，事故通风换气次数不小于 12 次/h。

IO 站内采用自然进风、机械排风的通风方式，换气次数不小于 6 次/h。通风口处的出风速度不宜超过 5 m/s。

（三）通风控制要求

正常工况：当某一区间温度达到40℃时，对该防火分区进行机械通风，直至舱室温度≤30℃时，风机停止运转。当人员进行入廊巡视或维修时，应开启整段防火分区所有的机械通风设备进行强制通风，并保证在20 min内舱室温度低于36℃、室内二氧化碳浓度低于0.1%以及管廊内空气含氧量大于19%，同时需保持通风系统处于常开状态。

事故工况：当综合管廊内部发生火灾时，进、排风口处的防火阀均自动关闭，待管廊内部火熄灭后，进、排风口打开，开启进风、排风（烟）机，对管廊内部进行强制通风。燃气舱室内天然气等气体浓度大于其爆炸下限浓度值10%（体积分数）时，应启动事故段分区及其相邻分区的事故通风设备。

五、管廊电气设计

（一）设计范围及内容

与上级供电部门（电业局）设计分界：以本次设计的管廊组合式箱变10 kV电源进线电缆头为界，综合管廊自用负荷一侧的电气设计。综合管廊内第三方专业管线设备的电气设计不在本次设计范围内，本次设计只为其预留电源回路。

综合管廊电气设计包括供配电系统、电气控制系统、电气照明系统、接地和避雷系统等。

（二）设计采用的主要规范

（1）《城市综合管廊工程技术规范》（GB 50838—2015）。

（2）《供配电系统设计规范》（GB 50052—2009）。

（3）《低压配电设计规范》（GB 50054—2011）。

（4）《20 kV及以下变电所设计规范》（GB 50053—2013）。

（5）《爆炸危险环境电力装置设计规范》（GB 50058—2014）。

（6）《建筑物防雷设计规范》（GB 50057—2010）。

（7）《通用用电设备配电设计规范》（GB 50055—2011）。

（8）《电力工程电缆设计标准》（GB 50217—2016）。

（9）《交流电气装置的接地设计规范》（GB/T 50065—2011）。

（10）《建筑电气工程施工质量验收规范》（GB 50303—2011）。

（11）《电气装置安装工程低压电器施工及验收规范》（GB 50254—2014）。

（12）《电气装置安装工程电缆线路施工及验收规范》（GB 50168—2006）。

（三）负荷分类

根据综合管廊运行的安全要求和负荷性质，管廊供电整体按照二级负荷考虑，采用两路电源进线，其中任意一路电源进线均能满足供电范围内全部二级负荷的用电需求，各类负荷分级，如表4-14所示。

表4-14　用电负荷级别

序号	用电负荷名称	负荷级别
1	排水泵	三级
2	一般风机	三级
3	电液逃生井盖	二级
4	一般照明	三级
5	应急照明	二级
6	检修插座箱	三级
7	监控与报警设备	二级
8	其他管道紧急切断阀	二级

（四）供配电方案

1. 用电设备电压等级

变压器受电电压：AC 10 kV。

低压动力电压：AC 380 V/220 V。

控制回路电压：AC 220 V、DC24 V。

电气照明电压：AC 220 V。

电源频率：（50±0.5）Hz。

功率因数：0.9～0.95。

2. 组合式箱式变

该工程设置4台组合式箱式变，设置在管廊附近的绿化带内，每台组合式箱式变内设有2台160 kVA变压器。变压器由两路10 kV外接电源供电，两路10 kV外接电源就近引入。任一路10kV电源、变压器故障或检修停运时，另一路10 kV电源、变压器能保证全部二级负荷的正常运行。变压器采用单母线分段，设置低压联络，联络及两台变压器进线的断路器三者之间设置电气与机械互锁，不允许3台断路器同时闭合。

（五）电能质量

1.继电保护与计量

10 kV进线处采用电流速断、过流保护。变压器采用电流速断、过电流、温度保护。变压器低压侧总开关具有瞬时、短延时及长延时三段保护。

电能计量方式采用高压集中计量，在每台箱变高压侧设置总计量装置，且能远传数据至控制室。设备管理监控系统同样能对管廊内的风机、潜水泵等动力设备采取单独计量监测。

2.功率因数补偿

箱变内设置集中补偿装置，补偿后的功率因数应满足供电部门要求。

（六）设备控制

1.通风系统控制

通风控制系统满足平时、巡检与事故通风的切换要求。

（1）平时：各电动风阀处于常开状态，非燃气舱当温度超过40℃时，开启风机运行。

（2）巡检时：提前0.5 h开启所需巡检区段的通风系统，当管廊内二氧化碳浓度低于0.1%，工作人员方可进入。

（3）事故通风：当一防火单元发生火灾时，着火单元及与其相邻防火单元的所有风机、电动风阀关闭，为窒息灭火提供条件；当收到火灾熄灭信号后，打开相应单元内的通风电动风阀，风机高速运行，排除余热、烟气与气体灭火气体。

2.排水泵的控制

舱内排水泵在机旁设置现场控制箱。

机旁手动：由操作人员在现场控制水泵的启停。

机旁自动：根据水位检测，由水泵控制器或继电器回路自动控制泵的启停。

集中自动：根据水位测量结果，结合管廊内部专业管道异常监测数据，由ACU系统自动控制水泵运行。

水泵由水位控制，高水位启泵，低水位停泵，溢流水位及泵故障时报警，报警信号送ACU系统在监控中心进行显示和报警。

（七）照明

（1）综合管廊标准段内平均光照度不低于15 lx，照明功率密度不大于2 W/m²；I/O站内平均光照度不低于200 lx，照明功率密度不大于7 W/m²；通风口、投料口、人孔等操作处平均光照度不低于100 lx，照明功率密度不大于4 W/m²；管廊内应急照明的光照度不应低于5 lx，I/O站内备用照明光照度不低于正常光照度。

（2）综合管廊内普通照明采用直管型LED灯具，应急照明采用A型消防应急照明灯具，灯具防护等级不低于IP65。

（3）综合管廊内普通照明采用220 V、18 W直管型LED灯具，吸顶安装，灯具安装间距5 m（避开超细干粉自动灭火装置）。在I/O站内设置LED灯。灯具防护等级不低于IP65，防触电保护等级为Ⅰ类，并妥善接PE线，灯具效率不低于75%。当灯具安装高度低于2.2 m时，灯具应采取防止触电的安全措施。综合管廊内应急照明采用DC36 V、6 W、A型消防应急照明灯具，吸顶安装，灯具安装间距10 m（避开超细干粉自动灭火装置）。A型消防应急灯具通过无极性二总线（即供电+通信合用二总线）接入本区域应急照明集中电源，穿金属管敷设保护。灯具采用非持续型工作模式，用于疏散照明，平时不点亮，不兼做日常照明。

（4）应急照明控制器。① 控制器采用工控机，散热良好，便于长时间稳定工作，安装在消控室/监控中心。② 控制器具有人机界面，方便有效管理。软件自主研发安全可靠，方便调试和维护。通信接口丰富，方便用户与监控设备及FAS系统进行接口连接。③ 控制器24 h不间断对系统设备及灯具进行巡检。当系统内任一设备发生故障时，控制器发出声光报警信号，排障后报警自动消除。④ 系统具备月检、季检功能，能自动由主电工作状态转入应急工作状态，然后自动恢复到主电工作状态。

（5）A型应急照明集中电源。① 输入电源AC220V/50Hz，输出电压DC36V，切换时间≤0.25 s，采用分区域应急供电。② 具有可靠的输出过载保护、短路保护、电池过充电保护、电池过放电保护等保护功能。③ 每台电源均具有独立的地址编码，可与控制器主机进行通信。装置采用模块化设计，易于更换维护，保证系统连续工作。④ 回路配电通信模块具有数据采集及运算功能，能巡检所带灯具的工作状态，并与控制器主机形成多级CPU工作模式，提高系统巡检速度和命令响应速度。⑤ 应急时间不小于60 min；防护等级不低于IP65；尺寸W400 × H650 × D150，壁挂安装。

（6）照明控制。管廊内一般照明的开关，既能在人员出入口和两端防火门处用按钮手动操作，也能由环境与设备监控系统进行远程操作，应急疏散照明回路预留火灾自动报警系统的控制接口，当火灾发生时，可由火灾自动报警系统强制打开应急照明。

（八）主要电气设备技术要求

设备选择原则：技术先进，安全可靠，节能环保，价格合理。

管廊内的控制箱、操作箱、检修箱等采用安全型固定盘箱，并采取防水、防潮措施，IP防护等级不低于IP65。

（九）电缆选择及敷设

电力电缆采用阻燃电缆或不燃电缆。

舱室自用低压电缆敷设采用轻质、高强度、无孔、托盘式电缆桥架，并在配管出桥架处做防火封堵。

消防供电线路采用耐火铜芯电线电缆，沿管廊内部顶层自用桥架敷设，出电缆桥架穿钢管敷设。暗敷时，沿管廊墙壁、顶板敷设，保护层厚度不小于 30 mm；明敷时，穿线钢管涂防火涂料。

（十）接地

该工程接地系统型式采用 TN–S 系统。管廊内电气工作接地、保护接地、监控与报警系统弱电接地共用接地系统，综合接地电阻不大于 1 Ω，利用管沟外壁预留接地板增设人工接地体。

主接地网利用管廊结构的主钢筋作为自然接地极，用于接地的主钢筋满足以下条件：① 用于接地的主钢筋采用焊接连接，保证电气通路。钢筋连接段长度不小于 6 倍主钢筋直径，双面焊接。钢筋交叉连接处采用直径不小于 10 mm 的圆钢或钢筋搭接，搭接段长度不小于其中较大截面钢筋直径的 6 倍，双面焊接。② 纵向钢筋接地干线设于板壁交叉处，每处选取两根直径不小于 16 mm 的通长主钢筋。横向钢筋接地均压带纵向每隔 5 m 设置，变形缝两侧增设。

管廊内所有用电设备的不带电的金属外壳、电缆桥架、支架、风机外壳及基础、金属管线、预埋管件等均与接地干线可靠连接，连接方式采用焊接，所有焊接处均做防腐处理。

六、管廊监控工程

控制系统按组网梯次可分为控制中心—I/O 站—现场设备。

控制中心是管廊工程集监控检测与设备设施控制为一体的重要组成部分，一座控制中心可兼控多条综合管廊，该管廊工程不设控制中心，与其他管廊共用控制中心。

I/O 站可分为数据采集（I/O）站和同时具有自动控制能力的 ACU 站，是综合管廊工程内监控与执行的重要部分，服务于控制中心。负责每个防火分区内的检测仪表和设备进行数据采集与接收分变电所和控制中心的指令，对管廊内设备进行控制。双舱段每两个防火分区设置 1 个 I/O 站，单舱段每个防火分区设置 1 个 I/O 站。

综合管廊内敷设有给水管、电力电缆、通讯电缆等，为了方便综合管廊的日常管理，增强综合管廊的安全性和防范能力，以每个防火分区作为一个监控与报警区段配置管廊监控与报警系统。

综合管廊监控系统主要设计范围：环境与设备监控系统，安防系统，通信系统。

（一）概述

在综合管廊内部，设置管廊环境检测仪表、视频监测设备、管廊管道介质测控仪表等，通过物联网技术和通信网络，将数据汇总至管廊信息管理平台。建设统一的管理信息系统，集成相关数据，实现对地下管廊的属性信息和状态信息运行透彻的感知和度量，并可进行报警和预警。管廊数据可通过信息平台，与智慧城市数据共享，成为城市综合管理的一部分。

近年来，我国许多城市都开始建设城市地下综合管廊，国家也发布了综合管廊的技术规范。作为智慧城市的重要组成部分，国务院、国家发展改革委等部门也先后下发了推进综合管廊建设的相关文件。

（二）主要功能

智慧管廊通过管廊综合管理平台集成所有相关数据，实现管廊监控、信息管理、信息共享等功能。其主要系统介绍如下。

1. 管廊监控系统

管廊控制中心集中管理管廊的运行和维护，可实时监控管廊和管廊内的各种管线情况，并对管廊内的设备进行控制。包括：

（1）环境实时监测功能。

（2）视频显示和存储功能。

（3）入侵监测识别功能。

（4）设备监测和管理功能。

（5）管廊运行维护管理功能等。

2. 管线信息管理系统

（1）记录管廊内所有管线信息。在条件许可的情况下，输入早期地下管线信息，采用统一平台进行管理。

（2）管线显示功能。可以以二维等形式显示。

（3）管线查询定位功能。可以以表格、二维等形式显示。

（4）管线统计功能。

3. 管线信息共享系统

管线信息共享系统可连接至智慧城市公共数据管理系统，为规划审批、市政建设、轨道交通、城市安全管理等其他城市应用提供数据支持。

（三）环境与设备监控系统

1. 设计原则与特点

（1）设计原则。

依据国家节能环保要求，自动化仪表和控制系统设计考虑其先进性、安全性、可靠性、实用性、性能价格比，同时要考虑操作便利、易于维护等因素，同时要适应测控仪表和控制系统的发展趋势。

（2）设计特点。

采用集散型控制架构，彻底贯彻"集中管理、分散控制"的思想，将控制权下放到每个防火分区。当灾害发生时，即使某个分区的控制系统遭到破坏，也不影响相邻分区和其他分区的控制，将灾害的破坏压缩到最低。

本系统支持工业环网技术，具备毫秒级解环，单个设备或某段线路出现故障时，系统首先会自动切换数据链路，保障数据传输的稳定性，而后会在系统中有相应的显示，提示维护，从而避免因单个设备或某段线路出现故障而对整个系统造成影响。

（3）管廊内主要检测项目。

主要检测项目：管廊内部温湿度检测、显示；管廊内部氧气、二氧化碳、硫化氢、甲烷等含量检测、显示、报警联锁；管廊内部集水坑液位检测、显示、报警联锁；管廊内部风机、排水泵、照明总开关状态信号检测、显示；管廊配电系统的运行状态信号检测、显示；管廊出入口控制装置信号检测、显示；管廊人员进出口报警按钮信号检测、显示。

主要受控设备：风机；区间照明系统；出入口控制装置（液压井盖）；排水泵。

（4）主要控制回路说明。

当某区间温度过高或氧气含量过低时，控制系统自动启动该区间的通风机，强制换气，保障综合管廊内设施和工作人员的安全。

当某区间内集水坑液位达到监测高位，排水泵运转。

当某区间内发生安防报警或其他灾害报警时，自动打开相关区间的照明，控制中心显示大屏自动显示相应区间的图像画面。

2. 硬件配置

（1）控制中心设备。

本系统采用Client/Server结构，由服务器、若干台PC客户端、工程师站构成。

服务器：服务器主要用于管廊各个区间PLC系统的过程数据的收集、数据存储等。

客户端：是操作人员对管廊环境与设备监控系统进行操作和监控的人机界面，也被称为操作员站。

工程师站：自动化调试人员通过工程师站对整个系统进行程序和画面的调试。

（2）防火区间设备。

ACU系统：在每个I/O站内设立一套独立的ACU系统，用于本区间内的环境监测、管道介质监测以及设备的监测和控制。

其模块选用如下。

CPU：选用具有高速网络传输技术，确保系统具有高效数据交换和I/O处理能力的产品。

触摸屏：可直观地显示管廊内各种设备的运行情况。

模拟量输入、输出模块：24伏直流电，按需配置。

开关量输入、输出模块：24伏直流电，按需配置。

备用：PLC硬件配置按20%I/O余量、50%内存余量、10%空槽位的要求配置。

（3）仪表选型。

仪表的选型应考虑设备的安全性、可靠性、实用性、性能价格比，考虑操作便利、易于维护等因素，并适应测控仪表的发展趋势。燃气舱选用隔爆型仪表，其他区选用普通型仪表。

氧气、二氧化碳、甲烷、温湿度检测仪表：信号选用4～20毫安（三线制），防护等级为IP65。

温度检测仪表：温度测量采用热电阻（Pt100），一般采用温度变送器进行信号转换进入PLC。

液位计：选用投入式液位计，数显表头，防护等级为IP65，信号采用4～20毫安（二线制）。

3.网络结构

在控制中心和各I/O站内分别设置工业以太网交换机，用于各防火区间的PLC控制系统和控制中心的操作员站、工程师站、服务器等设备之间的网络通信。

每个I/O站内设置1套ACU柜，ACU柜内安装一台工业以太网交换机、一套可编程控制器（PLC），PLC柜带有就地操作屏。所有区间的PLC控制系统通过光纤环网（以太网）与管廊控制中心联网通信。PLC对综合管廊内各设备、仪表进行分散控制。PLC与测控仪表、受控设备之间由开放式现场总线或信号线连接。现场控制系统具备设备的手动/自动状态检测、启停控制、运行状态监测、故障报警监测、温湿度检测、空气质量检测、集水坑水位监测以及实现相关的各种逻辑控制关系等功能。

（四）安防系统

安防系统实现对综合管廊区域内人员的全程监控，将实时视频信息和电子巡查信息通过工业以太网传输到控制中心，便于值班人员及时发现现场问题，排除故障，及时处理现场警情，保证管廊的正常运行。

安防系统包括入侵探测报警系统、视频监控系统、离线式电子巡查系统。

在 I/O 站内设置工业级接入交换机，管廊各分区 IP 摄像机均通过对应接入交换机接入管廊安防专网。在变电所分控站设置高清数字硬盘录像机群，实现各管廊区段分布式存储。

视频监控系统与入侵报警系统建立联动，当报警触发时，控制中心大屏应弹出入侵报警区域的视频图像并全屏显示，以便管理人员能够第一时间掌握被入侵区域现场情况。

1. 入侵报警系统

为防止无关人员入侵管廊，对电缆、管道等设施实施外力破坏，对能够供人员进出的地方进行入侵监测，一旦发现有非法人员入侵，可以立即报警，从而保证管廊的安全运行。在每个通风口、逃生口及投料口处设置红外线双鉴探测器，采用壁挂式安装于综合管廊上端侧壁。其报警信号通过安防系统以太网送至控制中心安防工作站。当触发报警信号时，控制中心安防工作站显示器和大屏画面上相应区间和位置的图像便会闪烁，并产生语音报警信号，同时及时记录入侵的时间、地点。

2. 视频监控系统

在综合管廊各舱每个防火分区中间部位设置一体化网络高速球机 1 套，在各舱防火墙附近设置彩色一体化低照度网络摄像机 1 套，在各 I/O 站及变电所分别设置彩色一体化低照度网络摄像机 1 套。摄像机采用吊装安装，并由防火分区内的 UPS 负责供电，视频画面在分变电所分布式存储，视频数字信号经安防以太网送至控制中心视频服务器。所有的视频监控画面都可以通过智能安全管控平台控制、显示，实现全范围监控；同时，可在安防工作站和控制中心拼接大屏上切换显示各防火分区的监控画面。当有非法入侵时，安防工作站和控制中心综合管廊全貌画面上的相应部位便会显示报警信息，并可语音报警。

3. 离线式电子巡更系统

电子巡查管理系统是考察巡更者是否在指定时间按巡更路线到达指定地点的一种手段。电子巡查系统是对管廊现场巡查行为进行记录并进行监管和考核的系统，是安防系统的重要组成部分，能有效地对管理维护人员的巡逻工作进行管理。该系统采用离线式，不仅安装简单、不需要专用工作站，而且系统的扩容、修改、管理也非常方便。

离线式电子巡查系统后台设置在控制中心，在综合管廊各舱重要部位设置离线式电子巡更地址识别卡，距两端墙面距离不大于 10 m 处各设置 1 个，中间位置设置 1 个，确保两个巡更点之间距离不大于 100 m；同时，在管廊内有阀门处增设 1 个，巡更点距地 1.4 m 处壁装，当壁装操作不便时，可采用支架安装。

4. 出入口控制系统

出入口控制系统是新型现代化安全管理系统，集微机自动识别技术和现代安全管理措施为一体，涉及电子、机械、光学、计算机技术、通信技术等诸多新技术，是解决管廊出入口实现安全防范管理的有效措施。

在综合管廊内设置防盗电子井盖系统。防盗电子井盖主要由高强度复合井盖体、井盖锁、控制器等组成；防盗电子井盖内置多参量报警监测装置，可对防盗电子井盖的倾斜角度加速度、震动进行实时监测并将报警信息传输至过程控制器，过程控制器对报警信息进行初步分析后通过工业以太网传至控制中心，控制中心可对每个防盗电子井盖进行远程控制，控制中心发生的控制命令通过工业以太网络传输至过程控制器，过程控制器对命令进行判断后直接控制防盗电子井盖动作。

（五）通信系统

在综合管廊中设置固定通话系统和无线通信系统。

（1）固定通话系统采用光纤紧急电话系统，该系统实现了管廊内工作人员与外界通话和控制中心对管廊内人员进行呼叫的功能。

在投料口附近设置光纤电话主站，在防火分区各舱及变电所分别设置光纤电话副机，主机与主机之间采用光纤环路连接。各舱内每台电话副机之间的距离不大于 100 m。

（2）无线通信系统应支持语音通信，并具有选呼、组呼、全呼、紧急呼叫、呼叫优先等调度通信功能。无线通信系统可以传输数据，满足基于 2.4 或 5 GHz 的 Wi-Fi 的数据通信。系统可支持移动终端定位的功能，并在监控平台上显示管廊内人员的位置。

七、管廊火灾报警工程

在综合管廊含有电力电缆的舱内设置火灾自动报警联动控制系统。

（一）系统构成

在每个 I/O 站内设置 1 套火灾自动报警接线柜（内含气体灭火控制盘、模块、24 V 电源等），各火灾自动报警接线柜负责对应防火分区内消防设施的控制及信号反馈，火灾报警接线柜采用落地方式安装。

控制中心设置集中式火灾报警联动控制器、火灾报警图形显示装置、火灾报警上位机等设备，与区域火灾报警控制器共同组成综合管廊火灾报警通讯网。

（二）系统配置

区间火灾报警接线柜：设置于各I/O站内。

手动报警按钮、声光报警装置：在综合管廊各舱内每隔50 m设置1套手动报警按钮、声光报警器。

缆式感温探测器：感温电缆S型敷设于每层电力电缆上（不包括自用电缆）。

感烟探测器：在含有电力电缆的舱室每隔10～15 m设置一个感烟探测器，与防火门的距离小于7.5 m。

非消防电源强切：所有模块设置在区域火灾报警接线柜内。

应急照明强切：所有模块设置在区域火灾报警接线柜内。

气体灭火控制器：每个I/O站内设置1套气体灭火控制器，安装于火灾报警接线柜内，用于超细干粉灭火装置的联动及控制。

（三）系统联动

在含有电力电缆的舱室沿顶部设置智能型感烟探测器，每层电力电缆支架上设置感温电缆，在防火分区的各舱均设置手动报警按钮和声光报警器，电力舱每个防火分区的出口设置超细干粉灭火紧急启/停按钮、声光报警器、放气指示灯。当防火区内任意一个感温电缆、感烟探测器、手动报警按钮报警时，开启相应防火分区内的声光报警器和应急疏散指示；当防火区内任意一个感温电缆、感烟探测器和手动报警按钮同时报警时，关闭相应防火分区的送排风机、防火阀，切断配电控制柜中的非消防电源，关闭防火门，经过30 s延时后启动超细干粉灭火装置实施灭火，喷放动作信号及故障报警信号反馈至火灾报警控制器及气体灭火控制盘，开启放气指示灯。

八、管廊消防工程

（一）设计说明

（1）根据《城市综合管廊工程技术规范》（GB 50838—2015），干线综合管廊中容纳电力电缆的舱室以及支线综合管廊中容纳6根及以上电力电缆的舱室，应设置自动灭火系统，其他容纳电力电缆的舱室宜设置自动灭火系统。

（2）主线管廊采用双舱结构断面，为供水舱、电力舱。

（3）该工程的消防灭火设施根据舱室的火灾类别及采用的灭火方式，详见表4-15。

表4-15 安顺路（衡阳路—仙山路）综合管廊舱室火灾类别及灭火方式

舱室	火灾类别	灭火方式
供水舱	丙类	手提式灭火器
电力舱	丙类	超细干粉灭火系统+手提式灭火器

（二）自动灭火系统设计

该工程自动灭火系统采用超细干粉灭火系统，灭火装置为无管网形式，保护形式为全淹没式。超细干粉灭火系统的灭火原理：悬挂式灭火装置同时具有电控、定温两种启动方式。

1. 电控自动启动

将与灭火装置相连接的气体灭火控制器设置于"自动"位置时，灭火装置处于自动控制状态。防护区发生火灾，气体灭火控制器接收到两个独立的火灾信号后发出声光报警信号，延时至设定的时间后启动灭火装置释放超细干粉灭火剂灭火。信号反馈器向火灾报警控制器反馈灭火剂释放信号，该防护区粉剂喷洒指示灯亮，并启动相应的联动设备。

2. 电控手动启动

防护区发生火灾时，按下每个防护区门口（或气体灭火控制盘上）的启动按钮，即可启动灭火装置灭火，火灾声光报警器发出声光报警信号，灭火剂喷洒指示灯显亮，并联动相应的联动设备。

3. 定温启动

防护区发生火灾，使环境温度上升至灭火装置设定的公称动作温度（设定68℃）时，无论火灾报警控制器是否有反应，灭火装置也会自动启动，释放超细干粉灭火剂灭火。由专用模块向气体灭火控制器反馈火灾启动信号，由气体灭火控制器完成规定的报警、联动动作。

自动灭火系统设计的技术要求有以下几个方面：

（1）设计采用悬挂安装垂直喷射方式，消除防护死角，杜绝消防隐患。

（2）灭火装置能迅速扑灭A、B、C、E类火灾。

（3）启动电流（DC）：≥520 mA。

（4）灭火装置使用环境温度：-40℃～+50℃；公称动作温度：68℃。

（5）该设计选用复合材料超细干粉灭火剂，灭火剂有不吸潮、不结块、不导电、对设备无腐蚀等特点。

（6）灭火装置的感温元件不以明火燃烧的形式进行温度信号传递，否则会引起二次火灾。

（7）超细干粉灭火剂和灭火装置应具有国家强制性产品3C认证。

（8）该设计中灭火剂设计灭火效能为65 g/m³，当灭火剂检测报告的数值达不到此数值时，不得采用本设计。

（9）灭火剂应符合《超细干粉灭火剂规范》（GA 578—2005）及国家质量监督要求。

（10）灭火装置具体布置可根据防护空间实际需要略做调整。

（11）灭火装置应具有国家固定灭火系统和耐火构件质量监督检验中心十年有效期报告。

（12）灭火装置应具有国家电网安全防护IP67等级的检验报告。

（13）灭火装置控制启动组件应具备自身（包括探测、控制回路）故障报警功能、电引发器断路和短路报警功能。

（三）设计参数

依据《超细干粉灭火系统设计、施工及验收规范》（DB37/T 1317—2021），采用无管网全淹没计算：

$$M1 = V \times C \times K1 \times K2 \times K3 \qquad (4\text{-}5\text{-}1)$$

式中，$M1$——超细干粉灭火剂设计用量（kg）；

$\quad V$——防护区容积（m³）；

$\quad C$——灭火设计浓度（kg/m³），此数值为灭火剂检测报告值的1.2倍；

$\quad K1$——配置场所危险等级补偿系数；

$\quad K2$——防护区不密封度补偿系数；

$\quad K3$——超细干粉灭火装置喷射不均匀补偿系数。

超细干粉自动灭火装置的数量应按下式计算：

$$N \geqslant M1/M3 \qquad (4\text{-}5\text{-}2)$$

式中，N——超细干粉自动灭火装置数量（台）；

$\quad M3$——单台超细干粉自动灭火装置额定充装量（kg），本设计取2 kg。

（1）各舱室火灾类别及危险等级，如表4-16所示。

表4-16　各舱室火灾类别及危险等级

舱室	火灾种类	危险等级
供水舱	A、E	中危级
电力舱	A、E	中危级

（2）各舱室灭火器设计最低配置基准、型号、保护距离及安装间距，如表4-17所示。

表4-17　各舱室灭火器设计标准

舱室	最低配置基准	灭火器型号	保护距离
供水舱	2A	MF/ABC4	12 m
电力舱	2A	MF/ABC4	12 m

（3）每个灭火器箱内均设置两具手提式磷酸铵盐干粉灭火器，并标识"内设灭火器"。

（4）在IO站内方便人员操作的位置分别布置两具MF/ABC4手提式磷酸铵盐干粉灭火器，并标识"内设灭火器"。

（5）安装要求：人员出入口、逃生口需增设灭火器，灭火器的摆放应稳固，其铭牌应朝外。手提式灭火器设置在灭火器箱内，其顶部离地面高度不应大于1.5 m，底部离地面高度不宜小于0.08 m。灭火器不得上锁。灭火器箱下部须有防水底座，高度不应小于100 mm。

（6）灭火器箱选用XMDDG22。

九、管廊结构设计

（一）设计标准

设计使用年限：百年。

结构安全等级：一级。

抗震设计类别：乙类。

抗震设防烈度：7度，设计基本地震加速度为0.10 g，设计地震分组为第三组。

结构防水等级：二级。

（二）设计参数

车辆荷载：城—A。

控制裂缝宽度为：0.2 mm。

（三）主要工程材料

混凝土：管廊主体结构C40，P8；素混凝土垫层采用C20。

钢筋：HPB300级钢和HRB400级钢。

（四）结构设计

1. 结构设计要点

综合管廊断面设计必须满足运营、施工、防水、排水等要求，保证具有足够的强度和耐久性，满足综合管廊使用期间安全可靠的要求以及各设备工种的埋件设置要求。

综合管廊结构应对施工和使用阶段不同工况进行结构强度、变形计算，同时还须满足防水、防腐蚀、安全、耐久等要求。

结构构件最大裂缝宽度控制不大于0.2 mm。

2. 荷载及组合

主要计算荷载：

（1）永久荷载（恒荷载）。

结构自重荷载——综合管廊结构自重。

覆土荷载——综合管廊顶覆土荷重。

设备荷载——内部管线及支架等荷重。

侧向荷载——作用在综合管廊侧面的水、土压力。

（2）可变荷载（活荷载）。

地面荷载——一般按10 kN/m² 计，对于道路上的车辆荷载经计算确定。

施工荷载——施工荷载包括设备运输及吊装荷载、施工机具荷载、地面堆载、材料堆载等。

（五）结构断面设计

该工程管廊结构包括5个断面形式，分别为单舱净4.4 m×3.5 m、单舱净3.8 m×3.5 m、单舱净2.6 m×2.0 m、双舱净（3.2 m+2.5 m）×2.6 m、双舱净（3.2 m+2.5 m）×3.3 m、双舱净（6.2 m+3.8 m）×3.5 m、双舱净（4.4 m+3.8 m）×3.5 m、双舱净宽（4.3 m+3.4 m）×3 m。（图4-40）

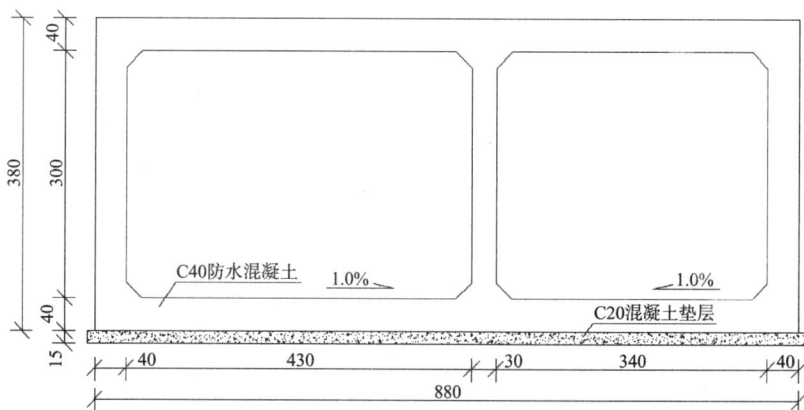

图4-40 管廊断面图（单位：cm）

（六）主体结构形式

目前，管廊结构均采用钢筋混凝土结构，可以分为预制拼装结构和现浇整体结构。安顺路综合管廊为单舱或双舱断面形式。

1. 预制拼装+现浇方案

对于通风井、投料口、出线井、路口下卧段等非标准段，该工程采用基坑开挖+现场浇筑的方式施工。

对于路中标准段，该工程采用纵向分节段预制、现场拼装方式，以提高施工效率。管廊结构纵向按照 2 m 一节段进行划分，节段最大体量为 9.7 m×4.5 m×2 m，重量约 62 t，满足运输及吊装要求。节段间采用纵向预应力连接，预制结构顶底板、侧墙及中墙预留张拉槽口及波纹管。节段衔接端面设置凹凸榫接结构，保证界面间共同受力。

该方案施工速度快，工期短，但是对预制拼装场地及运输路线要求较高。该工程部分路段不具备大型构件运输条件；同时，节段拼装防水对施工技术水平要求极高，后期渗漏水风险较高。

2. 传统人工立模现浇方案

全线采用基坑开挖+现场浇筑的方式施工。现场施工采用传统人工立模、泵送浇注混凝土的施工工艺。

该方案工艺较为成熟，施工质量易保证；但是其施工效率较低，施工工期长，人工成本高。

3. 滑模浇筑工艺方案

为提高施工效率，缩短工期，该工程采用滑模浇筑施工工艺，管廊顶底板及内外墙均采用滑模体系节段整体拼装，并实现沿纵向自动行走组模。滑移体系包括六大系统部分，分别为架构系统、动力系统、导向系统、支撑系统、操作平台系统、提升系统。

根据不同断面尺寸，为方便安装滑移体系，以管廊伸缩缝为界，每施工段配备 5 台滑移体系，每台均长 5 m，宽度及高度以标准节形式可增减。所有整拼模板用手动葫芦挂在平台底部滑梁上，墙体合模时模板通过滑梁靠近墙体并进行加固，砼浇筑完成后再通过滑梁离开墙体，再向前滑移。

该方案工艺为近几年新兴的施工工艺，保留了传统现浇工艺的优点，同时极大地提高了模板周转效率和整体施工速度、降低了人工成本。

结合现场施工条件和工期要求，该工程推荐采用预制拼装+现浇方案。标准段采用工厂预制、现场拼装方式，出线井等复杂节点采用现场浇筑方式施工。

（七）防水设计

在进行综合管廊结构防水设计时，严格按照《地下工程防水技术规范》（GB 50108—2008）标准设计，防水设防等级为二级。

在防水设防等级为二级的情况下，综合管廊主体不允许漏水，结构表面可有少量湿渍，总湿渍面积不应大于总防水面积的1/1 000；任意100 m²防水面上的湿渍不超过1处，单个湿渍的最大面积不应大于0.1 m²。

综合管廊主体防渗的原则是"以防为主，防、排、截、堵相结合，刚柔相济，因地制宜，综合治理"。其主要通过采用防水混凝土、合理的混凝土级配、优质的外加剂、合理的结构分缝、科学的细部设计，来解决综合管廊钢筋混凝土主体的防渗，如图4-41所示。

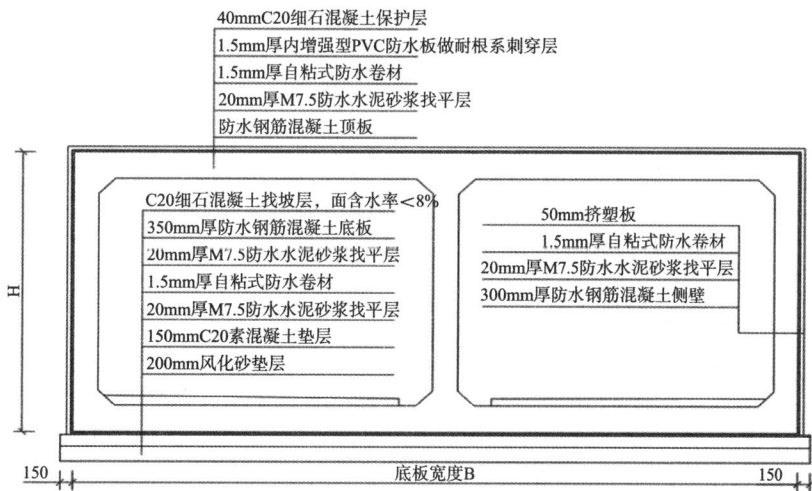

图4-41 综合管廊防水构造图

根据规范及大量的工程实践经验，一般情况下分缝间距为20～25 m。这样的分缝间距可以有效地消除钢筋混凝土因温度收缩、不均匀沉降而产生的应力，从而实现综合管廊的抗裂防渗设计。在节与节之间设置变形缝、遇水膨胀止水胶条、可重复式注浆管、背贴式止水带。变形缝、施工缝、通风口、吊装口、出入口、预留口等部位，是渗漏设防的重点部位。施工缝中埋设遇水膨胀止水条，通风口、吊装口、出入口设置防地面水倒灌措施。

（八）结构耐久性设计

该工程按百年使用寿命进行设计，为此，结构设计施工时应采取下列措施确保结构具有足够的耐久性。

（1）主体结构混凝土强度等级选用≥C35。混凝土最小水胶比为 0.33，最大水胶比为 0.40，胶凝材料最小用量 300 kg/m³。

（2）混凝土 28 d 龄期的氯离子扩散系数 DRCM 值小于 7×10^{-12} m/s²，混凝土最大氯离子含量不超过 0.06%（水溶值），混凝土总含碱量不超过 3.0 kg/m²，混凝土抗冻耐久性指数 DF 不小于 60%，混凝土外加剂中的氯离子含量不大于混凝土胶凝材料总重的 0.02%，高效减水剂中的硫酸钠含量不大于减水剂干重的 15%。

（3）混凝土采用非碱活性集料，混凝土配制应选用优质水泥和级配良好的优质集料。水泥及集料品质应符合相关国家标准的规定及其他相关技术规范要求，要严格控制集料及拌和水的氯离子含量，粗集料最大粒径小于 20 mm。

（4）运营管理单位要加强使用阶段的监测、保护，定期对结构物进行保养和维修。

（5）混凝土配合比在满足胶凝材料用量和 28 d 抗压强度的前提下，适当降低硅酸盐水泥用量，但不得降低混凝土的密实度。要求施工前应对拟采用的配合比进行试件检验（要求与现场同环境），达到要求后方可进行施工。

（6）混凝土保护层垫块的强度和密实性应高于构件本身混凝土，宜采用水灰比小于 0.4 的砂浆、豆石混凝土。

（7）绑扎垫块和钢筋的铁丝不得伸入保护层内。

（8）钢筋混凝土结构整体密实，具有防水性、抗腐蚀性，使用阶段钢筋混凝土结构没有渗水裂缝。

（9）结构混凝土（含保护层）达到规定的密实度，混凝土防水等级采用 P8。

（10）结构的连接缝位置应避开不利的环境作用部分。

（11）混凝土浇捣时应保证表层混凝土振捣密实和均匀性，并进行良好养护，同时保证保护层厚度及钢筋位置的准确性。

（12）构件拆模后，表面应采取封闭措施进行养护。其表面不得留有铁件，因设计要求设置的金属预埋件，其裸露面必须进行防腐蚀处理。

（13）大体积浇注的混凝土应避免采用高水化热水泥，混凝土采用双掺技术（掺高效减水剂加优质粉煤灰或磨细矿渣）。

（14）顶板及与顶板同期浇筑的侧墙应采用高性能补偿收缩防水混凝土，顶板应作蓄水养护，侧墙应作不间断喷水养护。

（15）严格控制混凝土入模温度不超过 28℃。

（16）不掺入缓凝剂的情况下，一般环境混凝土 12 h 标养强度不大于 8 kPa，24 h 不大于 12 kPa。

（九）地基处理

根据该工程岩土工程勘察报告，管廊基础的大部分位于杂填土层或淤泥质层，地基承载力无法满足设计要求，需要进行换填处理。其平均换填深度 0.8 m。采用石渣换填时，应分层碾压，每层铺填厚度为 30 cm，换填后的地基承载力不小于 160 kPa。

（十）基坑开挖方案

安顺路综合管廊采用五种断面形式，衡阳路—规划六号线段采用双舱结构断面，宽×高=11.25 m×4.5 m，管廊底埋深为 7.37～8.94 m，规划六号线附近穿越胶济货线段采用双舱结构断面，宽×高=7.8 m×3.4 m，管廊底埋深 4.01～4.23 m，穿越娄山河及青荣青连铁路段采用双舱结构断面，宽×高=6.9 m×4.2 m，管廊底埋深 6.06～11.47 m，跨中石化铁路专线高架段采用双舱分仓结构断面，一个舱断面为宽×高=5.2 m×4.3 m，管廊底埋深 6.6～8.97 m，另一个舱断面宽×高=4.5 m×4.2 m，管廊底埋深 5.92～8.72 m；先期实施段—仙山路段采用双舱结构断面，宽×高=9.3 m ×4.3 m，管廊底埋深 6.17～10.73 m。其部分污水管线断面直径为 1 m，管底埋深 4.5 m ～6.0 m。该工程基坑为长条形分布，主要采用土钉墙+桩撑支护方案。

主要支护原则：受用地红线及道路边线控制部分，采用垂直支护；其余部分具备放坡条件，采用放坡+土钉墙支护。

管廊工程沿线建（构）筑物较密集，且部分路段沿顺铁路线敷设，根据岩土工程勘察报告显示沿线地层结构较简单，层序清晰，第四系土层较厚，多为素填土、杂填土或淤泥质土等软弱土层，且地下水位较高。该地层力学性质差，具有天然含水量及孔隙比大、压缩性高、抗剪强度低、易扰动变形等特点，基坑开挖时有发生坑边失稳坍塌的风险。

结合工程周边环境及水文地质等特点，管廊工程标准段场地协调困难，占路施工场地受限，不具备放坡开挖施工条件，因此均采取全封闭施工。为避免施工期间大面积降水对其影响，采用长度为 12 m、15 m 的 Ⅳ 型拉森钢板桩方案进行坑边支护，基坑垂直开挖，钢板桩内侧设置钢围檩及钢支撑，基坑开挖期间可通过变形监测对钢板桩位移进行有效控制，充分保证基坑工程的安全稳定。

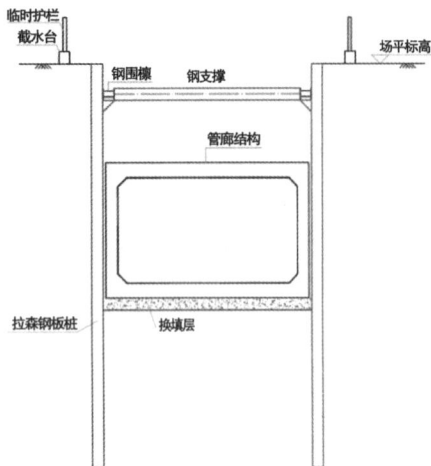

图 4-42 拉森钢板桩支护示意图

图 4-43 拉森钢板桩施工现场图

第六节 景观工程关键技术应用

一、设计范围及内容

本次景观工程设计范围共三段，从南至北分别为瑞昌路至金沙二支路，长约 1.5 km；镇平路至太原路，长约 1.8 km；衡阳路至仙山路段，长约 4.8 km；绿化总面积约 221 852 m²。

其设计内容包括行道树绿带设计、中间分车绿带设计、路侧绿带设计、非机动车道、景观设施小品等。

二、总体设计

（一）设计定位

安顺路作为青岛市李沧区历史变迁的重要原点之一，沉淀了浓厚的历史文化底蕴，同时凝结了深刻的城市记忆，体现出鲜明的精神内涵。该设计以乡愁新传承、城市新活力为道路的总体定位，通过全方位的景观设计，打造传承历史与未来、激发城市活力的道路景观。

（二）设计理念

安顺路所在的李沧区历史上是青岛市最主要的纺织工业中心，本次设计以"纺织工艺"作为道路设计的主线，提出"织城市绿脉、筑安顺家园"的设计理念，结合道路两侧现状自然环境及相关规划方案，打造承载文脉记忆、区域协调统一的线形绿地景观。

（1）打造多彩韵律的线性生态景观带。该设计秉承生态与可持续发展理念，采用本土资源，把零碎的资源再造重组，在一个场地上，建立一个便捷而体验丰富的线性交通网络，包括绿道、人行道以及节点，规模化、序列式兼顾人行和车行的视角绿化。

（2）建设尺度宜人、可进入的多彩林荫人行空间。建设多个绿化路段为慢行的人提供不同的行走感受，根据需求给使用人群提供停留、休息、交流、活动的场所。

（3）营造智能便捷的生活空间。引入智慧城市建设，从交通管理、基础设施、休闲宜居、绿色低碳及产研一体等方面进行建设。

（三）设计原则

1.安全性的原则

首先，要满足通行安全。另外，还要选择吸收粉尘及有害物质、无飞絮的植物品种，保障其功能性、安全性与景观效果并存。

2.系统性及实用性的原则

注重各部分内容之间的关联并结合不同区域及群体需求提供不同形式的设计方案。

3.生态节约的原则

在植物配置方面，遵循"生态化、群落化、乡土化"的原则。

4.可持续发展的原则

一方面，充分地保护和利用周边优越的自然环境，现行设计的景观应与周边环境自然相接，保证整体景观的和谐性；另一方面，选用能够体现当地环境特色的植物材料，以适应当地生长环境，符合当地环境的自然过程。

三、具体设计

（一）瑞昌路至金沙二支路景观设计

1.行道树绿带设计

（1）行道树选择。瑞昌路至金沙二支路行道树绿带宽度为 1.5 m。行道树作为道路绿化系统连续性的主要构成因素，将直观反映城市区域风貌。在行道树的选择方面，以遮阴能力强、形态优美、抗性较强的乔木为主。青岛市常用行道树主要包括以下几种，如表4-18所示。

表4-18　行道树树种比选

名称	根系	生长速度	土壤适应性	抗风性	观赏特性	规格（cm）	价格（RMB）	病虫害	推荐指数
法桐	浅	快	强	弱	秋叶黄褐色，球果奇特	15～17	2 700	少	★★★★★
						18～20	3500		
黄山栾	深	快	强	强	树形优美，树冠饱满	15～17	4 300	少	★★★★
						18～20	6 400		
白蜡	深	快	强	较强	树形优美，树冠饱满	15～17	6 000	少	★★★★
						18～20	9 300		
榉树	深	较慢	较强	较强	秋叶红色	15～17	9 400	少	★★★★
						18～20	15 000		
银杏	深	慢	强	强	秋叶金黄，叶形奇特	15～17	3 400	少	★★★
						18～20	5 800		

瑞昌路至金沙二支路路段旨在打造"现代大气、缤纷时尚"的门户型迎宾景观大道，综合苗源、植物单价、道路不同区段景观氛围等多方面要素，选用树姿挺拔、冠形优美的白蜡为行道树，胸径15 cm，间距6 m栽植，共计677株。

白蜡树姿挺拔，叶形美丽，深秋时节叶色金黄、挂果多多；无虫害，不择土壤肥瘠，管理简便，是优良的行道树树种。白蜡树树形美观，杆形通直，枝叶繁茂，根系发达，植株萌发力强，速生耐湿，性耐瘠薄干旱，在轻度盐碱地也能生长，且抗烟尘、二氧化硫和氯气等，适应性较强。

（2）行道树绿带。该路段行道树绿带宽1.5 m，绿化面积约为6 083 m²，结合上层乔木白蜡，下层采用高度为60 cm的金森女贞与60 cm的红叶石楠，以30 m为标准段交替种植。

2. 中间分车绿带设计

瑞昌路至金沙二支路中间分车绿带宽3.5 m，绿化面积5 232 m²。为柔化城市道路景观，在平面构图上运用自由流畅的曲线构图，能够营造出富有动感的景观视觉效果。

其中间分车绿带采用分层式种植，以 110 m 为一个变化段，在前 40 m 段落上层选用造型油松以及白皮松，间隔 18 m 种植，下层种植红叶石楠以及丰花月季，以瓜子黄杨镶边，造型优美又富有韵律变化；在 70 m 段落上层以绚丽海棠以及独杆紫薇交替种植，下层种植天鹅绒紫薇，两侧以洒金柏镶边，营造繁茂缤纷、自然多彩的绿带景观。

图 4-44 中间分车绿带效果图

3.路侧绿带设计

瑞昌路至金沙二支路路侧绿带宽 3～25 m，设计面积 48 159 m²，设计重点以植物景观提升为主，设计考虑周边用地性质，打造自然、大气、现代的景观风貌。

绿化设计考虑车行速度因素，根据车行视觉感受形成变化舒适的景观线。通过植物合理搭配形成隔离，减少道路车辆对两侧环境的污染，保证交通安全、柔化行车视线、丰富两侧景观。将不同树形的乔木和灌木按照段落组团种植，形成有层次、有变化的植物景观，在满足行人观赏需求的同时，起到改善气候、提升环境档次的效果。

该设计采用曲线片植的种植模式，上层以雪松、乌桕、银杏等形成植物背景；中层片植金叶榆、染井吉野樱、独杆紫薇、紫叶桃等色叶及开花植物，形成季相、色彩丰富的中层景观；下层选择高度不同的大叶黄杨、小叶黄杨、红叶石楠，形成自然曲线的模纹地被，同时搭配常绿草坪作为前景地被，营造自然、大气、精致的绿化景观。

图4-45　路侧绿带标准段平面图

（二）镇平路至太原路景观设计

1.行道树绿带设计

（1）行道树选择。镇平路至金水路行道树绿带宽度为1.5～6.5 m。该路段旨在打造"树影叠翠、生机盎然"的生态型景观廊道，选用树姿挺拔、冠形优美的白蜡为行道树，胸径15 cm，间距6 m栽植，共计547株。

（2）行道树绿带。该路段行道树绿带宽1.5～6.5 m，绿化面积约为4 936 m²，结合上层乔木白蜡，下层采用高度60 cm的红叶石楠与60 cm的大叶黄杨，以45 m为标准段交替种植。

2.中间分车绿带设计

镇平路至金水路中间分车绿带宽3.5 m，绿化面积5 484 m²。中间分车绿带采用分层式种植，以110 m为一个变化段，前40 m上层种植造型油松及白皮松，间隔18 m种植，下层种植红叶石楠以及丰花月季，打造缤纷的迎宾大道景观，造型优美又富有韵律变化；后70 m段落上层以绚丽海棠以及独杆紫薇交替种植，下层种植天鹅绒紫薇，营造繁茂缤纷、自然多彩的绿带景观。

端头设计采用多种颜色的时令花卉呈曲线种植，局部点缀造型松组团结合景石，背景搭配绣球及大叶黄杨，以80 m为一个标准段，形成缤纷大气的道路景观。

图 4-46　中间分车绿带效果图

3.路侧绿带设计

瑞昌路至金沙二支路路侧绿带宽 3～15 m，设计面积也 14 634 m²。

植物设计采用片植的模式进行种植，上层以雪松、银杏、朴树、黄山栾等植物形成背景；中层局部片植日本晚樱、垂丝海棠、绚丽海棠等开花植物，形成季相、色彩丰富的中层景观；下层选择高度不同的大叶黄杨、红叶石楠、金边黄杨、日本女贞等常绿灌木形成自然曲线的模纹地被，同时搭配常绿草坪作为前景地被，点缀大叶黄杨球、红叶石楠球等植物，营造自然、大气、精致的绿化景观。路口节点上层选择造型黑松或丛生大叶女贞等植物形成主景树，以雪松、黑松等为背景，中层围绕主景树种植红枫等色叶植物，下层点缀景石及常绿灌木球，营造精致的绿化节点。

图4-47　路侧绿带鸟瞰图

（三）衡阳路至仙山路景观设计

1. 行道树绿带设计

（1）行道树选择。安顺路（衡阳路—仙山路段）工程行道树绿带宽度为1.5～8 m。

安顺路作为城市主干路，将直观反映城市区域风貌。在行道树的选择应用上，应以绿荫如盖、形态优美的落叶阔叶乔木为主。根据安顺路周边用地性质及其他路段现状行道树的品种，对青岛市常见行道树进行比选，为保证安顺路沿线行道树绿带的整体风格，行道树选用高大挺拔、冠大荫浓的白蜡树作为行道树，间距6 m种植，共计1 128株。

白蜡树干端直，冠美开阔，枝叶繁茂，春夏形成林荫大道，秋季形成金色大道，具有较高的景观观赏价值。适合单排或多排列植作行道树，白蜡降噪防尘，抗性强，是良好的行道树品种。

（2）行道树绿带。行道树绿带宽1.5～8 m，绿化面积14 880 m²，行道树绿带下层选用红叶石楠或大叶黄杨、金森女贞等常绿灌木以及丰花月季、八仙花、毛鹃等花灌木，以40 m为变化段交替种植，构成四季常绿、错落有致、缤纷多彩的城市景观界面。

2.中间分车绿带设计

安顺路中间分车绿带宽3.5 m，其中K6+680-K7+440段宽度稍有变化，为2～6 m，安顺路中间分车绿带总绿化面积12 130 m²，按区段不同分别进行设计。

（1）织悦芳华段。织悦芳华段中间分车绿带宽3.5 m，采用分层式种植，每100 m为一个变化段，在前40 m段落上层选用造型油松以及白皮松，间隔18 m种植，下层种植红叶石楠以及丰花月季，以瓜子黄杨镶边，造型优美又富有韵律变化；在70 m段落上层以绚丽海棠以及独杆紫薇交替种植，下层种植天鹅绒紫薇，两侧以洒金柏镶边，营造缤纷绚丽的迎宾氛围，增强车行视点的视觉冲击力。（图4-48）

图4-48 织悦芳华段中间分车绿带效果图

（2）绣芯映水段。绣芯映水段中分带宽2～6 m，总体分为雕塑小品段以及绿化段。

雕塑小品段上层放置造型别致的景观雕塑，雕塑呈现乘风破浪的风帆形象，以呼应该段主题，展现滨海城市特色风貌。下层种植大叶黄杨以及丰花月季，与雕塑相搭配，绘制安顺路上一道亮丽行车路线。绿化段使用红叶石楠、金森女贞以及北海道黄杨三种植物，修剪为不同高度的海浪造型，高低搭配形成波涛翻滚的景观效果，在合理引导机动车行车的同时，为车行视角提供舒朗大气的视觉美感。中分带以花箱的形式设置，在减轻荷载的同时，为植物提供足够的生长条件。（图4-49）

图4-49 绣芯映水段中间分车绿带效果图

（3）染景自然段。染景自然段中分带宽3.5 m，采用规整式种植，以120 m为一个变化序列，分为40 m段、30 m段以及50 m段，40 m段上层采用独杆月季，呈Z形种植，独杆月季下层种植八仙花，两侧用金森女贞镶边，30 m段上层种植大叶黄杨球，下层以红叶石楠及瓜子黄杨交叉种植，简洁时尚又富有变化，50 m段上层选择日本晚樱，间隔5 m种植，下层种植红叶石楠，两侧选择金森女贞镶边，端头采用纺织系列主题雕塑搭配时令花卉，整体造型简洁大气，同时又彰显出安顺路的文化特色。（图4-50）

图4-50 染景自然段中间分车绿带效果图

3.路侧绿带设计

设计结合远期规划及周边用地性质，在人行道、自行车道与规划用地边界之间结合绿化打造开放空间，提供休闲游憩场地，总面积约为 122 444 m²。根据各区段特色分别进行设计。

（1）织悦芳华段。织悦芳华段北起娄山河，南至衡水路，全长约 1 km，路侧绿带宽度约 10 m，景观设计面积约为 29 718 m²，该段以纺织工艺中的"织"为主线，提取"织"的元素，将文化底蕴融入城市景观，唤醒居民城市记忆，实现寓教于乐的景观功能。该场地内增加座椅、廊架等休憩设施，完善景观功能，打造集展示、休闲、交流、活动于一体的开放空间。

绿化设计采用多样化的种植模式，整体种植风格舒朗、大气，打造充满动感与活力的植物空间氛围，通过花乔木及色叶植物的运用，为周边居民提供温暖、宜人的景观感受。绿化形式打破了单调呆板的行列式种植布局，采用群落式种植手法，构成复层混合式的立体植物群落。其上层布置树形优美的银杏、白蜡、金叶复叶槭等大乔木，形成丰富的季相变化，适当增加雪松、龙柏等常绿树种，以弥补冬景的单调和萧条。中层注重开花及色叶树种的搭配，选择染井吉野樱、紫丁香、紫薇、红枫等，营造三季有花、四时有景的景观效果。下层以整形的灌木绿篱为主，局部形成缤纷多彩的花卉组团，形成色彩缤纷、繁花似锦的景观廊道。（图4-51）

图4-51 织悦芳华段路侧绿带鸟瞰图

（2）染景自然段。染景自然段北起仙山路，南至遵义路，全长约 3.2 km。全段伴随铁路而行，景观设计面积约 83 695 m²。此段道路两侧主要为工业用地，设计以自然生态的手法，融入染织技法等设计语言，编织出洋溢活力与自然的道路景观。

绿化设计采用自然式的种植形式，上层以白皮松、雪松、银杏、白蜡、朴树等乔木塑造绿化骨架；中层种植染井吉野樱、紫玉兰、独杆紫薇、绚丽海棠等花乔木以及红枫等色叶植物，打造四季多彩的景观；下层以规整式的绿篱搭配成品草坪划分种植空间，局部形成特色花境，沿路在视觉上有疏有密，有高有低，有遮有敞，营造出疏朗大气、通透灵动的空间。（图4-52）

图4-52　染景自然段路侧绿带鸟瞰图

4. 景观节点设计

（1）锦织童梦。该处节点在人行道周边增设儿童活动空间，在座椅景墙等景观小品中融入科技互动元素，增添趣味性，激发儿童创造力，提高儿童动手能力，起到寓教于乐的作用。（图4-53）

图4-53　锦织童梦效果图

绿化种植上层选择银杏、金叶复叶槭、榉树、雪松、红枫等常绿树及色叶树作为背景,形成空间骨架;中层搭配独杆紫薇、高秆染井吉野樱等开花乔木,形成色彩丰富的中层景观;下层模纹地被采用北海道黄杨、金森女贞、红叶石楠等绿篱形成基底,搭配紫穗狼尾草,为儿童营造一个安全而又多彩缤纷的游憩空间。

(2)织趣乐园。织趣乐园周边以居住用地为主,基于"编织"元素进行设计,在路侧绿地中增加特色趣味体育运动设施及休憩场地,打造以运动健身、休闲游憩为主的景观节点空间。

在绿化配置方面,上层以白蜡、榉树等色叶树为主,搭配雪松等常绿树种,以保证冬季的观赏效果;中层选择鸡爪槭、美人梅等观赏性树种,丰富绿化空间;下层种植北海道黄杨、日本女贞,形成绿篱,点缀小兔子狼尾草,形成层次丰富、充满活力的绿化景观界面。(图4-54)

图4-54 织趣乐园效果图

(3)织蕴斑斓。路口交汇处加入以纺织元素为主题的景观雕塑,激发了入口景观的活力;树池中融入了科技元素,变化的马赛克组团与行人形成多元的互动,提高了体验的趣味性。以金森女贞搭配仙境月季,背景树选择丛生朴树、银杏、雪松等大乔木,前景增加金叶榆球,以红叶石楠及金森女贞镶边,丰富植物群落层次,打造特色门户景观。

图4-55 织蕴斑斓效果图

（4）辉织映彩。辉织映彩位于安顺路与规划六号线的交叉路口处，总设计面积约为4 300 m²，周边以居住用地、工业厂房为主。作为安顺路、规划六号线、规划十二号线的重要交汇节点，该场地设计以展示性为主，设置地形上升的阳光草坡，种植编制纹样的地被花卉，设置塔形构筑物，形成视觉焦点。场地内兼顾交通功能，设置宽阔的带状广场，为行人快速通过提供便捷。

通过对地形的塑造，形成缓坡上升地形，赋予北侧向南行驶车辆以绝佳的视觉展示面，种植花卉、常绿灌木等底层植被，形成线形交织的肌理，营造通透绚丽的城市展示界面，加入花灯、文字Logo、"辉织塔"等构筑物，提升视觉品质，赋予空间艺术性与时尚感。（图4-56，图4-57）

图4-56 辉织映彩鸟瞰图　　　　　　　图4-57 辉织映彩效果图

（5）绣芯映水。绣芯映水桥体美化设计北起遵义路（滨海路）南至规划六号线，全长约0.76 km，全段途径娄山河与娄山后河，景观设计面积约为12 420 m²。桥体美化格栅造型，具有横面、立面、顶面，多维度的波涛状递进结构，具有视觉上、空间上的立体美感。构造覆盖机动车道处最低点高度为5 m，满足交通限高规范。其造型结构利用波浪造型，合理避让胶济铁路桥桥柱，不与铁路桥相交。

在桥台外侧设置外接悬挑平台，平台形式为曲线波浪形式，为整体规整的桥面，提供丰富的人行、滨水、观水体验。平台整体为钢结构，独立设置支撑柱，为支撑结构。边界处与桥台衔接，不占用桥台的承载力，能够保障桥台的安全性。（图4-58）

图4-58 绣芯映水效果图

（6）彩绦跃舞。以绸缎纺织品为某造型的灵感来源，设计特色的景观构筑物，蜿蜒舞动的造型搭配跳跃式的渐变色彩，成为路口的视觉焦点。

其下层以缤纷的应季花卉勾勒出舒展优美的地被线，与构筑物相呼应，强化彩绦跃舞的主题氛围。以大面积的白蜡树作为背景，点缀雪松等常绿植物，丰富冬季的观赏体验。中层增加染井吉野樱及丛生紫薇等开花乔木，以大面积的扶芳藤、大花月季以及金森女贞打底，形成舒朗大气、绚丽多彩的门户型景观节点。（图4-59）

图4-59　彩绦跃舞效果图

（7）碧丛枫染。该节点位于自然生态段，着重对路侧植物景观的设计。通过红枫、鸡爪槭等秋色叶植物的种植，搭配景观花带以及常绿树种，打造以植物观赏为主的路口节点景观以及路侧景观，渲染叠翠流金、层林尽染的生态自然之景。（图4-60）

图4-60　碧丛枫染效果图

（8）幻染溢彩。该节点位于自然生态段，设置特色构筑物溢彩门，具有引领视线、雾森、亮化等功能，可用于调节局部空间小气候。背景植物选用多层次种植，舍弃灌木等中底层植物，打造通透自然的效果。另外，多选用开花植物，形成四季溢彩的景观画面，突出溢彩主题。

图4-61 幻染溢彩效果图

（四）比选方案

1. 行道树绿带设计

（1）行道树绿带选择。选用黄山栾为行道树，胸径15 cm，间距6 m栽植。黄山栾树形端正，枝叶茂密而秀丽，春季嫩叶紫红，夏季开花时满树金黄，入秋鲜红的蒴果又似一盏盏灯笼，是良好的三季可观赏的树种，且无虫害、不择土壤肥瘠、管理简便，是优良的行道树树种。

图4-62 黄山栾行道树意向图

（2）行道树绿带。行道树绿带采用90 cm高红叶石楠与大叶黄杨以30 m为标准段交替种植，下层以25 cm高的小龙柏镶边，保证车行视线不脱脚，打造简洁、大气的道路景观。

2. 中间分车绿带

比选方案中间分车绿带根据段落的不同，分别进行设计。

瑞昌路至金沙二支路中间分车绿带上层以60 m大乔木与20 m常绿白皮松组合成80 m的标准段。下层种植100 cm高的红叶石楠与80 cm高的金森女贞，以40 cm高的小叶黄杨进行镶边，保证中分带不脱脚。通过大量常绿植物的使用，保证冬季景观效果。端头渐变区段以多彩花乔作为主景，搭配红叶石楠球，丰富道路色彩，展现震撼大气的门户景观氛围。（图4-63）

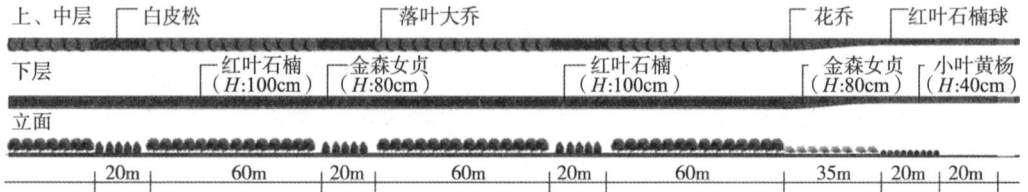

图4-63 中间分车绿带平面及立面图

镇平路至金水路中间分车绿带下层延续南段的植物种类及变换形式，增强道路景观的连续性。其上层以60 m的樱花与20 m的独杆红叶石楠组合成80 m的标准段，丰富道路景观色彩。端头渐变区段以造型树作为主景，搭配红叶石楠球，保证良好的车行视线。（图4-64）

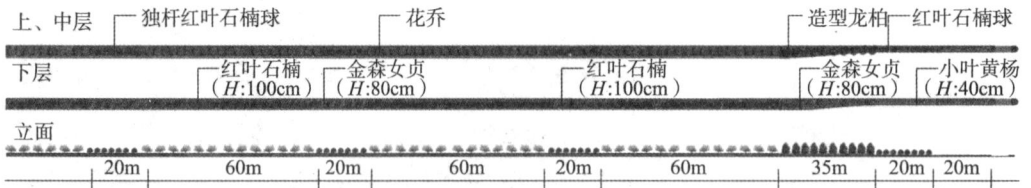

图4-64 中间分车绿带平面及立面图

衡阳路至仙山路中间分车绿带下层延续东段的植物种类及变换形式，增强道路景观的连续性。其上层以20 m的紫薇与60 m的大叶黄杨球、白皮松组合成80 m的标准段，端头渐变区域以红叶石楠球作为主景，自然经济，满足冬季观景需求。（图4-65）

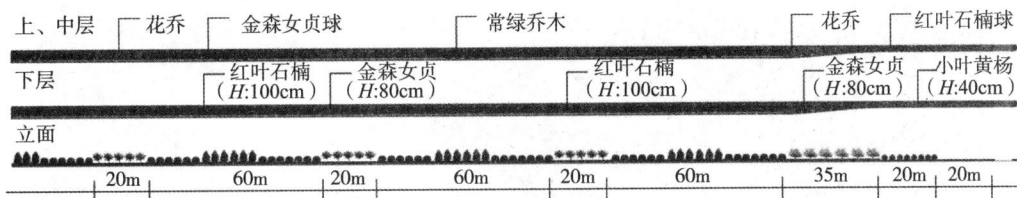

上、中层	花乔	金森女贞球		常绿乔木			花乔	红叶石楠球
下层		红叶石楠 （H:100cm）	金森女贞 （H:80cm）		红叶石楠 （H:100cm）		金森女贞 （H:80cm）	小叶黄杨 （H:40cm）
立面								

| | 20m | 60m | 20m | 60m | 20m | 60m | 35m | 20m | 20m |

图4-65 中间分车绿带平面及立面图

3.路侧绿带

路侧绿带根据区段以及主题的不同，分别进行设计。

（1）瑞昌路至金沙二支路。路侧绿带采用规则式种植模式。其下层采用80 cm高大叶黄杨与60 cm高金森女贞进行规则的模块化种植，上层选用榉树与行道树"品"字形种植，形成双排行道树效果，风格简洁大气，形成极强的迎宾感。（图4-66）

图4-66 路侧绿带效果图

（2）镇平路至金水路。周边绿化与环境相协调，充分做到因地制宜，移步异景。其设计以80～150 m为一个变化段，上层片植樱花等花乔木，下层打造流动的曲线模纹，形成流畅多彩的景观效果。背景种植常绿雪松，丰富常绿落叶比，保证冬季景观效果。

图4-67　路侧绿带效果图

（3）衡阳路至仙山路。该段人流量较大，设计时要保证人行尺度上的舒适。人行铺装以铁轨为元素进行设计，以折线形式传达速度感，灰色调的铺装充分体现出"现代、简洁"的风格。植物配置采用自然组团式种植模式，选择黑松、花乔木作为主景树，以80 m为变化段交替种植，下层搭配灌木球及草花，形成自然群落式效果。（图4-68）

图4-68　路侧绿带效果图

四、专项设计

（一）种植设计

1.设计原则

（1）合理控制苗木规格，将慢生树和速生树控制在合理的比例范围，充分考虑植物群落的远期发展，保留现状大乔木，补植乔木以中小规格苗木为主。

（2）乡土树种与彩叶树种，以乡土树种为主，并适当选用一些经过长期考验适应当地风土条件的外来树种。乡土树种具有适应性强，适合当地的风土条件、抗御各种恶劣环境的能力强、生长健壮、种苗易得等优点，但也不能忽视那些经过长期考验证明已基本适应当地生长的外来树种，这些树种在创造丰富的园林景观中也是不可缺少的。因此，应根据现场特点，多选用彩叶植物，以丰富季相变化，丰富植物色彩。

（3）乔木采用成片种植的形式，给人以强烈的印象，在开敞的绿地空间选用具有自播能力且低维护的花卉，如粉花绣线菊等，塑造自然生态的植物景观。

2.植物选择标准

乔木：应选择株形整齐，观赏价值较高，冬季可以观赏树形、枝干的树木。树木应寿命较长，生长速度适中，病虫害少，便于修剪管理，花、果、枝、叶无不良气味；树木应发芽早、落叶晚，且有一定耐污染、抗烟尘的能力。其中，以乡土树种为主，并适当选用一些经过长期考验适应当地风土条件的外来树种。

灌木：应选择枝叶丰满、株形完美，花期长、花多而显露的植株，叶色最好有变化。植株应无刺或少刺，耐修剪且易于管理，在一定年限内通过人工修剪可以控制形状和高矮，能耐粉尘和路面辐射。

地被：北方大多数城市主要选择冷季型草坪作为地被，根据气候温度、湿度、土壤等条件选择适宜的草坪草种是至关重要的。多种低矮花灌木和宿根花卉也可作为地被使用。

（二）铺装设计

铺装材质的选用随着场地功能和位置的不同而变化，并使铺装的形式及材质与场地特色完全契合。以自然、生态、节约为原则，采用以透水砖、透水地坪及木铺装为主，多种材料与颜色组合形成变化丰富、整体统一的铺装风格。人行道以不同规格的深灰以及白色PC仿石透水砖组合铺设，整体性强，疏朗大气，不失变化美感；自行车道铺装选择彩色透水沥青；盲道采用300 mm×300 mm透水盲道砖。节点空间采用塑胶、花岗岩、透水石材等多种铺装材料，前庭停车场地采用沥青铺装，路面标线采用黄色热熔漆，并融入安顺路文化元素。

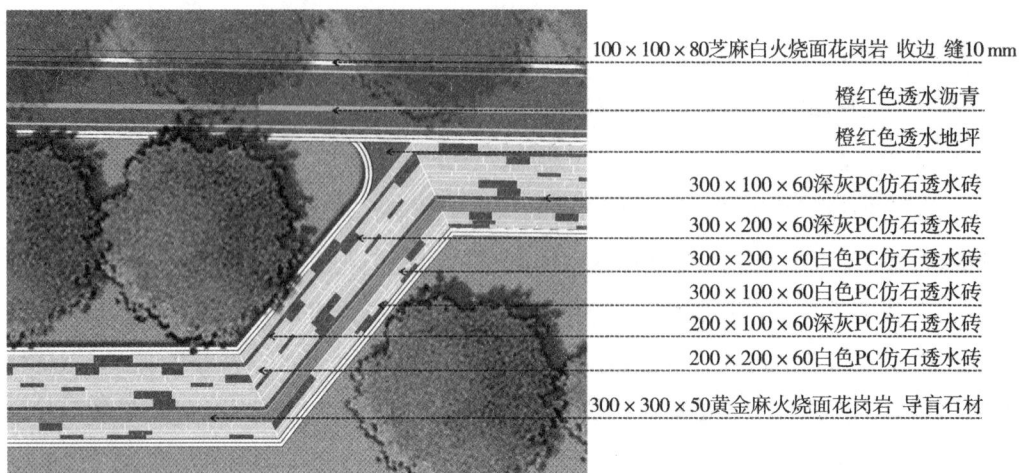

100×100×80芝麻白火烧面花岗岩 收边 缝10 mm

橙红色透水沥青

橙红色透水地坪

300×100×60深灰PC仿石透水砖

300×200×60深灰PC仿石透水砖

300×200×60白色PC仿石透水砖

300×100×60白色PC仿石透水砖

200×100×60深灰PC仿石透水砖

200×200×60白色PC仿石透水砖

300×300×50黄金麻火烧面花岗岩 导盲石材

图 4-69　人行道自行车道标准段设计图

（三）Logo 设计

打造安顺家园主题 Logo 并将铺装、雕塑、小品等多种形式应用于安顺路的整体设计，形成区域内和谐统一的特色景观效果。（图4-70）

图 4-70　Logo 设计图

（四）城市家具设计

城市家具是提升区域环境品质的重要因素，不仅需满足行人的使用需求，更需展现区域特色并充分考虑材料耐久性及易于后期维护的特性。本次城市家具主要包括座椅以及垃圾桶设计。

1. 座椅

结合两侧绿化带设置座椅，根据游人的行为习惯及设施功能进行合理布置。安顺路全线座椅突出工业风格，材质以钢构架为主，局部结合塑木，在注重艺术效果的同时，能够很好地与自然环境相融合。（图4-71）

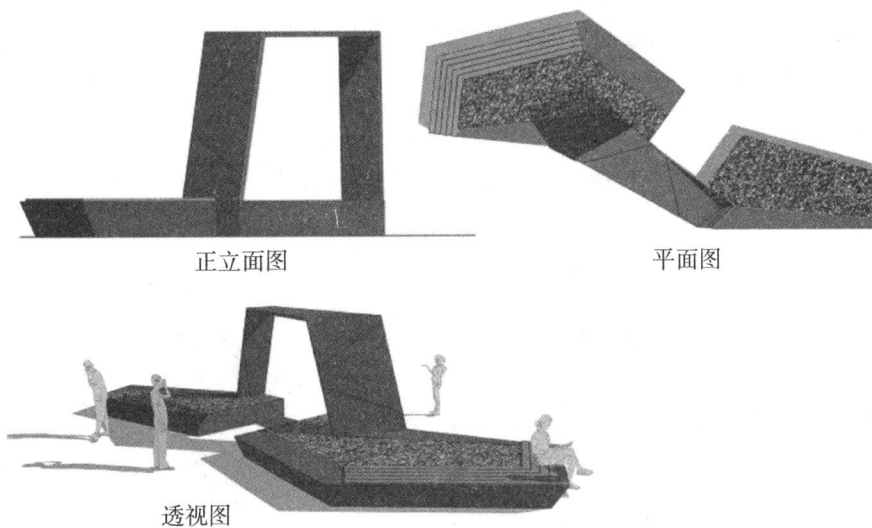

正立面图　　　　　　　　　　　平面图

透视图

图4-71　树池座椅意向图

2.垃圾桶

垃圾桶应根据行人的行为习惯及设施功能进行合理布置。垃圾桶采用不易损坏、方便维护的不锈钢材料，响应国家垃圾分类的号召，采用四分类形式，全线共设置142个，其中瑞昌路至金沙二支路32个，镇平路至金水路设置44个，衡阳路至仙山路设置66个。（图4-72）

图4-72　垃圾桶意向图

（五）标识设计

为满足游览需求，安顺路全线共设置综合标识以及指示标识两类标识牌，其中综合标识主要放置于不同区域空间的主要人流入口处，内容涵盖中心总平面各重要活动场所示意图及介绍；指示标识主要分为名称标牌以及导向标识，放置于主要节点处，介绍节点信息、当前活动区域及具体位置，并指引周围建筑及方向。（图4-73，图4-74）

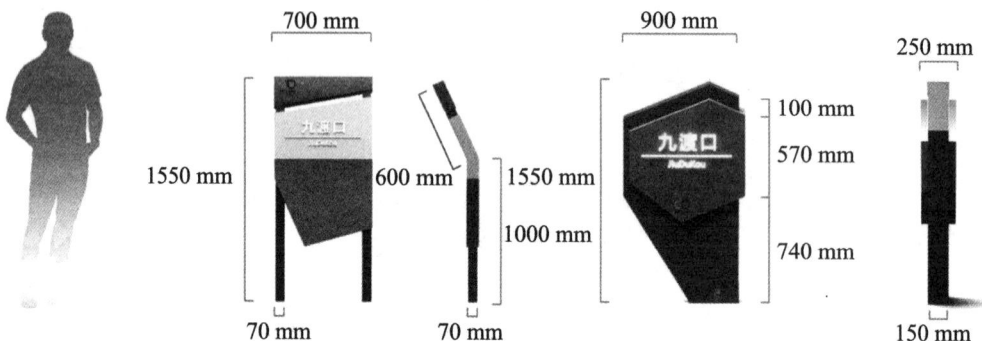

图4-73　名称标牌意向图

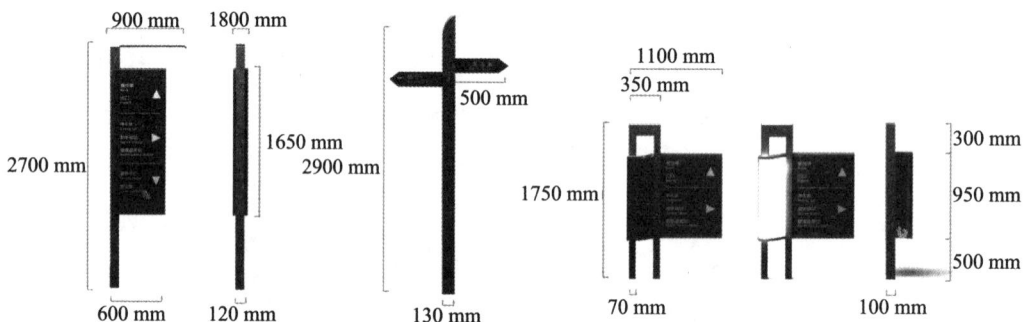

图4-74　导向标识意向图

第七节　全元素关键技术应用

一、人行道设计

根据海绵城市设计要求并结合未来区域发展规划及区域整体景观效果，唐河路—安顺路人行道采用透水地坪铺装。

珍珠岩露骨料透水面层：3 cm。

透水基层：8 cm。

级配碎石垫层：15 cm。

路基平整碾压：压实度达92%（重型击实）。

该工程在道路交叉口、沿线单位出入口等位置，设置无障碍设施，在道路路段上铺设盲道。路段上人行道不得有突然的高差与陡坎，以方便残疾人利用轮椅行进。如有高差或陡坎，以斜坡过渡，斜坡坡度1∶20。为避免车辆驶入人行道，提供安全的行人驻足空间，本次安顺路设计时考虑在无障碍坡道及交通岛处加设挡车柱。

二、非机动车道系统设计

根据区域控规，区域未规划非机动车道，周边已建成道路均未设置非机动车道，区域现状基本无非机动车通行，因此本段安顺路暂不单独设置非机动车道。根据目前青岛市范围内实际管理情况，未来本段安顺路上可能出现的少量非机动车可沿用人行道及人行道过街设施行进。

三、公交停靠站设计

（一）站点布置原则

公交站点的布置应充分考虑道路性质、沿线两侧用地性质、换乘便利性、临近路段和交叉口交通状况及用地可能条件的约束，并遵循以下几个原则。

（1）注重以人为本，保证乘客的安全。

（2）方便乘客换乘、过街，提高便捷性。

（3）有利于公交汽车安全停靠、顺利驶离。

（4）充分考虑路段及交叉口通行能力，使之相互协调。

（5）公交车站的布置宜满足同向换乘≤50 m、异向换乘≤100 m、交叉口换乘≤150 m的要求。

（二）站点类型选择

公交停靠站台的布置方式，按其设置的位置，分为港湾式停靠站和沿边式停靠站两类。

1.港湾式停靠站

一般在双车道以上干道布置，该停靠站不占用主线车行道，长度应保证有两个停车位。［图4-75（左）］

2. 沿边式停靠站

该停靠站又称之为占道式停靠站，占用最外侧机动车道或机非混行道，设置方式简单。［图4-75（右）］

图4-75　港湾式、沿边式停靠站

港湾式公交停靠站的设置在不影响交通流正常运行的条件下满足乘客换乘的需要，便于人流的集散，故该工程考虑设置港湾式公交停靠站，原则上在路段上每间隔500～600 m布设1对港湾式公交停靠站。

四、交通工程

（一）"多杆合一"方案

交通标志采用"多杆合一"的设计理念，除大型交通标志牌外，其余小型标志牌在具备条件时，均附着于道路两侧的路灯杆、信号灯杆、交通标志杆和智能交通设施杆件。根据工程经验，对于道路两侧的交通设施提出如下整合原则。

1. 交通标志整合原则

（1）除指路标志、分道标志等大型交通标志外，其余标志的设置以附着、共杆设置为主。

（2）分车道标志采用小型标志，并附着于电子警察杆上。

（3）为保证视认性，同一地点需要设置2块以上标志时，可安装在1个支撑结构（支撑）上，但最多不宜超过4个，特殊情况经论证后确定。

（4）警告标志不宜多设。同一地点需要设置2个以上警告标志时，原则上只设置其中最需要的1个。同一位置设置多于2个禁令标志时，应组合设置。

（5）具备条件时，交通标志应与信号灯、路灯立柱合杆设置。

（6）节假日交通、占道施工、大型活动等临时（含时段性）调整交通组织的告示标志按最小需求原则设置，且须明确标志的使用期限，到期后应立即拆除或收回。

2. 智能交通整合原则

（1）信号灯：左转待转区信号灯、右转专用信号灯、非机动车信号灯、人行信号灯原则上应附着安装在指导机动车通行的信号灯灯杆或其他交通设施杆件上，不再单独立杆。

（2）交通监控、电子警察及智能卡口等系统：在保障各类监控设施功能发挥及结构安全的前提下，各类监控设施应尽量合杆设置。

3. 整合方案

（1）指路标志与路灯合杆。根据《城市道路交通标志和标线设置规范》（GB 51038—2015），指路确认标志设置位置距离停止线为 30～80 m。因指路标志与停止线之间需设置分车道标志，为了避免标志间相互遮挡的问题，在满足条件的条件下，指路标志位置应尽量保证距离停止线 80 m 左右。考虑到路灯道路两侧的全线布置，其间距大多控制在 30 m～40 m，因此，指路标志杆位置确定后，需路灯专业根据标志牌位置对路灯设计方案进行调整。

指路标志杆和路灯杆合杆设计是设计指路标志杆时，在标志杆顶部预留安装法兰盘，将路灯安装于标志杆顶部，基础预留穿线管，便于路灯穿线接电。（图4-76）

图4-76　指路标志与路灯合杆

（2）电子警察杆与路灯合杆，分车道标志牌附着电子警察杆。电子警察杆上设置摄像头、补光灯、爆闪灯等设施，主要作用是对闯红灯、不按照导向车道行驶等违法行为进行抓拍，是保障车辆按照交通信号灯行驶的重要设施。根据电子警察设备参数的不同，其最佳抓拍距离也不同。根据对国内设备厂家调研，结合实际工程经验，电子警察杆最佳抓拍距离范围为20～35 m。电子警察杆和路灯合杆原则与指路标志和路灯合杆原则基本一致，在电子警察杆顶部设置法兰盘，路灯安装在电子警察杆顶部。

根据《城市道路交通标志和标线设置规范》（GB 51038—2015），分车道标志牌设计位置距离停止线30～90 m处。为保证合杆的有效性，减少交通杆件数量，同时有效缓解标志相互遮挡问题，将分车道标志牌拆分成1.5 m×1 m单箭头的小型标志牌，附着于电子警察杆，并保证分车道标志位于车道正上方，有效降低车辆选择车道考虑时间，提高通行效率。

图4-77　分车道标志附着于电子警察杆

（3）限速标志、禁停标志等小型标志牌。为了指示相交道路、道路限速、禁止停车、前方道路变窄等信息，在道路上设置很多小型标志牌。若小型标志牌均单独立杆设置，那么道路两侧标志很多，会影响街道美观。因小型标志牌灵活性较大，可附着于路灯、信号灯和标志杆等杆件，其对减少杆件数量作用明显。（图4-78）

图4-78　小型标志牌附着于信号灯杆

4.人行信号灯和非机动车信号灯等

人行信号灯和非机动车信号灯安装位置需满足行人快速识认的要求，其设置位置相对固定，可调整的范围较小。在路口设计有导流岛的区域，可附着于导流岛端点处的信号灯杆；未设计导流岛时，一般可附着于路灯杆上；若路口无可附着杆件或位置不合适时，方可考虑新建杆件。

（二）交通标志、标线

本工程道路交通标志标线按照有关规定执行。

1.设置原则

标志、标线设计应统筹考虑、整体布局，做到连贯、统一，给驾驶员提供正确的道路交通信息，满足驾驶员安全使用道路的需要。

2.设置方式

（1）交通标志设置方式。交通标志按功能可分为警告标志、禁令标志、指示标志、指路标志、辅助标志。其标志形状和尺寸为：警告标志△90 cm；禁令标志Φ80 cm；指示标志Φ80 cm；指路标志采用中英文对照，字高40 cm。交通标志应粘贴六级反光膜。

标志设置方式：指路标志及部分指示标志采用大型悬臂式标志杆设置，其他警告标志、禁令及部分指示标志采用路侧式和附着式相结合的方式设置。为增强警示效果，增强不良天气下标志的标识效果，该工程中警告标志及禁令标志均采用自发光标志。

（2）交通标线设置方式。交通标线按功能可分为指示标线、禁止标线、警告标线。该工程路段、路口等位置根据实际情况分别设置车行道分界线、车行道路边缘线、人行横道线、导向箭头等指示标线。

该工程全线设置对向车道分界线为黄色虚线，线宽 15 cm；路口等特殊位置为黄色实线，线宽 15 cm；车道边缘线为白色实线，线宽 20 cm。交叉口按标准设置各种导向箭头、人行横道线（线宽 40 cm、间距 60 cm）等。交通标线材料采用热熔型道路涂料，面撒反光玻璃珠。

（三）交通信号设施

根据节点设计方案对主要交叉口设置信号灯。

（四）交通监控设施

为方便治安监控及规范驾驶行为，保障交通安全，根据相关意见，安顺路沿线主要交叉口处均设置交通监控系统及电子警察。

五、照明工程

（一）道路照明技术标准

道路照明等级：安顺路为城市主干路，根据《城市道路照明设计标准》（CJJ 45—2006）确定各项设计指标。

（1）道路照明标准：路面平均光照度（维持值）不低于 30 lx，均匀度 0.4 以上；路面平均亮度（维持值）不低于 2.0 cd/m^2，总均匀度不低于 0.4；灯具维护系数 0.7。

（2）节能标准：功率密度低于 1 W/m^2。

（二）照明灯具布置

全线路灯采用双侧对称布置，路灯安装间距 35 m，道路展宽段适当缩短布置间距，路灯安装间距为 30 m。灯杆沿道路两侧设置，灯杆基础中心与侧石距离为 0.5 m，采用钢筋混凝土灯杆基础，基础上设有与灯杆连接的法兰盘。

采用智慧型路灯，双挑布置，瑞昌路至金沙二支路车行道侧选择 260 W 光源，灯具安装高度 12 m，悬臂长度 1.5 m；人行道侧选择 90 W 光源，灯具安装高度 10 m，悬臂长度 1.5 m。镇平路至金水路车行道侧选择 360 W 光源，灯具安装高度 14 m，悬臂长度 2 m；人行道侧选择 90W 光源，灯具安装高度 11 m，悬臂长度 1.5 m；LED 路灯系统光效高于 120 lm/W，色温 3 500～4 000 K，采用一体化铝挤压合金灯壳设计，防护等级 IP65。同时，采用截光型灯具，配光曲线符合道路照明要求，散热性能良好，LED 灯具在正常工作 3 000 h 的光通维持率不应低于 96%，6 000 h 的光通维持率不应低于 92%，LED 灯具寿命不应低于 5 万 h，LED 灯具正常工作一年的损坏率不应高于 3%。

（三）多功能灯杆

灯杆为钢杆，根据智慧路灯合杆的具体要求设置，灯杆锥度比为 10‰～12.5‰。灯杆表面均采用热浸（镀）锌的防腐工艺，表面喷塑，镀锌厚度≥65 μm，受力要求抗 35 m/s 风力，灯杆均采用法兰与基础相连接。

根据《青岛市多功能智能杆建设标准》，该工程采用多功能灯杆，将城市交通、市政、5G 通信等多种前端设备集成挂载于同一杆件上，使该杆件具备城市交通、市政管理、公共服务等多项功能，并能实现联网交互和智能联动。同时，该工程搭载路灯、交通相关设备，5G、各类传感器设备仅预留接口。

灯杆各层的搭载设备有如下内容。

第一层：0～2.5 m 设置检修门（双杆门形式）、附属设备（置单灯控制系统、分线器、网关设备）、一键报警按钮。

第二层：2.5～5 m 设置交通标志（小型标志标牌、小型信号灯、路名牌）、安防监控、传感器（由空气质量传感器、温湿度传感器、风速风向传感器、电磁辐射传感器、光照强度传感器组成的综合传感器预留接口），设置挂花、挂旗预留位置。

第三层：5～8 m 设置交通标志（交通信号灯、指路标志牌、分道指示牌、大型信息发布屏）、安防监控（安装大型 L 杆的安防监控、交通监控）。

第四层：8 m 以上设置照明（灯具）、通信（4G 基站/5G 宏基站通信设备预留安装条件、路侧单元 RSU、ETC 预留安装条件）相关设备。

图 4-79　系统整体架构图

杆件根据搭载需求，分为以下几个类型。

A 类杆：主要搭载机动车信号灯，路侧协同、微基站等功能预留，其他设施可根据需要搭载。

B 类杆：主要搭载视频监控杆体和挑臂预留接口，路侧协同、微基站等功能预留，其他设施可根据需要搭载。

C 类杆：主要搭载分道指示牌；杆体和挑臂预留接口，路侧协同、微基站等功能预留，其他设施可根据需要搭载。

D 类杆：主要搭载大中型指路标志牌；杆体和挑臂预留接口，路侧协同、微基站等功能预留，其他设施可根据需要搭载。

E 类杆：主要搭载路段小型道路指示牌，路侧协同、微基站等功能预留，其他设施可根据需要搭载。

F 类杆：主要搭载道路照明灯杆，路侧协同、微基站等功能预留，可搭载小型设施设备。

多功能杆的杆体应采用优质高强度钢材，宜采用优质碳素结构钢，性能应符合《优质碳素结构钢》（GB/T 699—1999）中的相关规定。杆体、设备舱的黑色金属部分应采用热浸锌进行防腐处理，同时根据需要可再喷漆或喷塑。

桥上安装的多功能杆应有防震措施。灯杆高度超过 15 m 的中杆灯及预留搭载 5G 通信模块的灯杆应根据《建筑物防雷设计规范》（GB 50057—2010）等相关规范设置防雷保护措施。

（四）电缆线路设计

主缆选用 ZRVV-4×25+-1 kV 电力电缆。沿桥梁敷设线缆穿防撞体内预埋多功能灯杆的保护管敷设，防撞体上设有方便线缆敷设和接线的接线箱供桥上路灯接线用。电缆由地面上穿接高架采用线槽敷设；桥上其他电缆分接采用线槽桥底板明敷方式。吸顶灯电缆采用线槽桥底板明敷方式敷设。地面路灯电缆采用穿保护管埋地敷设方式，穿多功能灯杆 PE110 保护管敷设。为避免路灯管线影响绿化栽植以及方便电缆敷设，每杆路灯配一座预制接线井。电缆过道路穿多功能灯杆 G100 钢管保护，保护管两端伸出路基 0.5 m，在保护管两端各做一个过路预制接线井。电缆接头设置在灯杆的杆门里，电缆三相交替引入各灯具杆门，所有电缆接头进行防潮处理后加热缩套管密封封装。同时，接线井及接线箱应有防盗措施。

（五）道路照明供配电设计

设置 5 台 400 kVA 路灯专用箱式变压器为该段道路路灯及相交道路路灯设施供电。所有照明回路电压等级为 380/220 V 三相四线制电源供电。

该工程箱式变压器前设置分界开关柜，以分界开关柜为界，引入开关柜的 10 kV 进线，其接入位置及方式应由建设单位根据用电情况，向供电部门提出用电申请，由电力部门根据现场情况确定供电方案。

变压器安装位置及内部计量和保护电器，由当地电力部门最终确定。

路灯开关由微机无线遥控系统远距离控制，可在管理部门的监控中心集中控制。

（六）多功能灯杆的保护管设计

地面道路上，由于管综密集空间受限，排管仍需设置在设施带（绿篱）中，同时为避免与绿化冲突，需将地面道路 8 根 PE110 保护管与侧石混凝土靠背一同包封。每处过路为 12 根 SC100 保护管，每杆多功能灯杆需设置 950 mm × 950 mm × 1 660 mm（长 × 宽 × 深）预制接线井。

桥上防撞体中根据需求设置 7 根 PE75 保护管、2 根 PE50 保护管，每杆多功能灯杆需设置接线箱。

（七）接地系统

采用 TT 接地系统。变压器中性点、避雷器、电气设备金属外壳、电缆金属外皮等均须可靠接地，系统接地电阻不大于 4 Ω。沿路灯线缆同步设置 10 mm 接地圆钢做接地保护用，接地电阻不大于 10 Ω，沿线缆设置的圆钢须与灯杆外壳、灯座基础钢筋可靠连接。

（八）路灯智能控制系统

该工程设置路灯智能控制系统，构建路灯物联网，采用最新的 LED 路灯智能调光技术，在保证照明质量的前提下，根据时间、路段、天气、特殊场合等条件进行路灯单灯节能控制，真正实现按需照明，深化节能减排。通过"在线巡测"，可实时掌握每盏灯的工作状态，对设备故障进行精准定位，改变人工巡检、热线报修的传统运维方式，实现定向维修。

整体系统构建：针对城市公共照明设施的拓扑特征，系统采用物联网架构，由感知层、网络层和应用层构成，对路灯进行"点、线、面"实时监控和节能管理，及时掌握路灯的运营情况，统计路灯设施的基本信息和能耗状况，加强路灯管理的针对性和科学性。

整体系统架构，如图 4-80 所示。

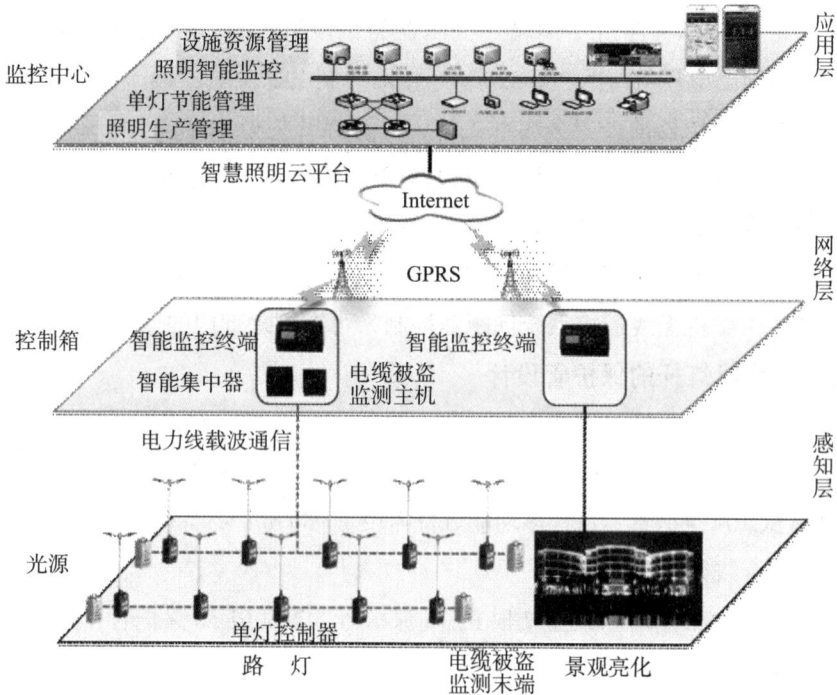

图4-80 系统整体架构图

1. 感知层

感知层主要包括智能监控终端、智能集中器、单灯控制器、电缆被盗监测设备，提供自动感知和执行能力。

感知层单灯节能监控信息的汇聚传输采用电力载波通信技术，利用照明供电线路实现单灯控制器的通信和组网管理，不需要单独布线，方便施工。

电缆防盗监测报警设备包括监测主机和监测终端，主机安装于路灯箱变内，监测终端安装于电缆末端，实现全天候24 h电缆防盗监测。

2. 网络层

网络层采用运营商无线公网（GPRS）接入Internet，架起感知层和上层应用之间的信息桥梁，实现现场监控设备与智慧照明平台的双向数据传输。

3. 应用层

融合路灯设施基础信息、监控信息和管理信息，对路灯监控和管理业务进行计算、分析和存储等处理，构建城市智慧照明云平台，实现智慧照明各项应用，包括照明设施资源管理、照明智能监控、单灯节能管理、电缆被盗监测、照明生产管理等，同时支持移动应用。

该工程路灯智能控制系统在路灯箱变设置智能监控终端、智能单灯集中器，每个照明灯具设置单灯控制器，利用供电电缆进行电力载波通信，通过电力线载波通信方式实现智能集中器与每个单灯节能控制器通信，动态监测每个灯源的运行状况，并可实时发送控制信息，实现单灯开关和调光控制。集中器通过智能监控终端，利用运营商无线公网（GPRS）向路灯监控中心实时传输数据，实现智慧照明监控平台与现场监控设备的信息交互。青岛市路灯管理处已设有智慧照明监控功能的平台，该工程不需单设应用层设备即可实现基于单灯控制的路灯智能控制功能。

（九）桥梁夜景照明

桥梁夜景照明主要是对该工程范围内的桥梁进行夜景塑造。采用投光手法，通过光与影的营造，展示桥梁的形态特征、彰显桥梁结构美，打造"流光溢彩、优雅大气"的夜间景观。

通过在防撞体顶部安装点光源，在防撞体外侧安装LED洗墙灯，在防撞体底部安装LED投光灯投射桥腹，桥柱装设投光灯，形成有层次的光影效果。LED洗墙灯能够整体慢速变色，通过光色变化营造不同的夜景观。

防撞体亮化：防撞体是高架桥形状轮廓的主要表现载体，采用点线结合的方式进行勾勒，将桥梁总体的线条勾画出来。该设计通过在防撞体顶部安装点光源和在防撞体外侧安装LED洗墙灯，达到突出桥梁线形美感的目的。

桥腹照明：对桥腹采用投光与勾勒相结合的照明手段，以较好地表现桥梁轮廓线型、烘托亮化氛围，体现桥梁宏伟高大、流畅的线形和层次结构特点。该设计通过在桥腹两侧连续安装LED投光灯，构成连续投光灯带，打亮桥腹，突出桥梁姿态，增加桥下空间的开阔感，形成桥浮于光上、光衬托桥梁的交融效果。

桥柱照明：桥柱是桥梁重要的组成部分，对桥柱采用光影照明手法。桥柱顶部设置LED投光灯向下投射，突出桥柱肌理，形成有纹理的渐变效果。（图4-81）

图4-81 桥柱渐变效果

（十）景观夜景照明

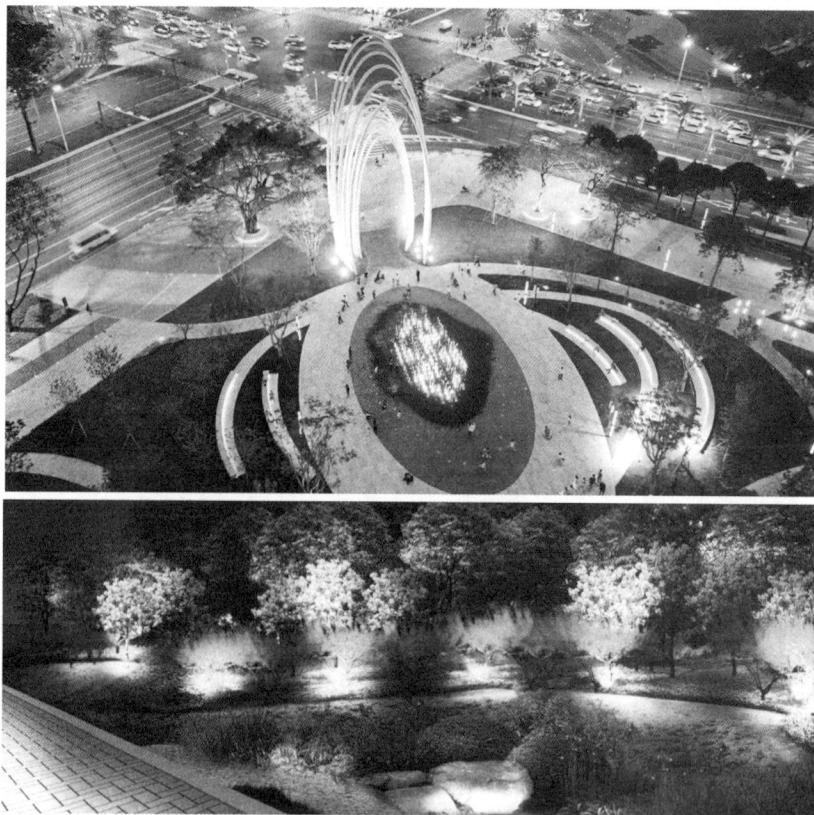

图4-82　广场照明效果

对该工程范围内的景观节点进行重点塑造。采用投光灯打亮雕塑、灯带暗设于花坛、座椅底部，形成见光不见灯的夜景效果，使用投光灯对植物进行渲染，烘托桥梁整体夜景氛围。使用室外投影灯由上向下投射绿化带，增强人行视点的趣味性与动态感。

1. 灯具及安装

选用抗震性能好、寿命长、耗电省的光源。照明灯具防护等级应不低于IP65。LED洗墙灯、LED投光灯均由配套支架安装固定。

2. 电缆的选型及敷设

（1）电缆选用YJV—1 kV交联聚氯乙烯绝缘，聚氯乙烯护套铜芯电力电缆。

（2）桥梁夜景照明供电电缆尽量敷设于防撞体预埋电缆管内。每两个防撞体接线箱间的LED线形洗墙灯、LED线形投光灯、桥墩投光灯在接线箱内从主缆分接电源，由接线箱底部预留管引出，采用桥柱内预埋管上引，沿盖梁顶部明敷，主缆采用

YJV5×25，分支电缆采用YJV-3×2.5。

（3）景观照明电缆地面敷设部分与路灯线路同沟、同井敷设，人行道上电缆穿直径100 mm玻璃钢管埋地敷设，过路穿钢管敷设。绿地内庭院灯线路穿PE50管埋地敷设，埋深0.7 m。三相供电线路上的灯具按灯具数量均匀分配到各相，尽量做到三相平衡。

3. 景观照明供电设计

景观照明设施用电量较大，为便于管理，设置5台专门的箱变为景观照明设施供电。采用智能控制系统进行控制，可根据不同需要控制亮灯时间及亮灯回路，营造节日与日常不同的亮化氛围。其景观照明负荷等级为三级，交流380V/220V。供电采用TN-S系统。

第五章

<<< **项目评价与分析**

第一节　环境影响分析

节约能源、保护环境是我国的基本国策之一。道路项目的建设，涉及沿线资源的保护，而道路线形指标及路面状况，关系着车辆行驶效率的高低，从而决定着能源消耗水平的高低。因此，道路设计和建设中应始终贯彻节约能源、保护资源的原则和理念。

一、沿线环境特征分析

安顺路（衡阳路—仙山路）所在区域现状主要为企业，现状区域环境内无成型的道路，多为土路、临时路铺砌，场地内基本无植被生长，多处场地处于堆土状态，场地现状粉尘污染严重。

二、项目环境影响分析

（一）生态环境影响评价

拟建道路永久占地为山东省粮油进出口集团与中国粮油食品进出口公司山东分公司汽车队之间现状土路、青岛碱业股份有限公司内部厂区道路以及部分企业用地，临时性占地为施工阶段工棚、堆料场、施工机械停放占用土地；同时，施工过程中的生活垃圾、弃土弃石、建筑垃圾的堆放也占用土地。这些永久占地将改变原有的使用功能，但临时性占地的影响是暂时的，施工结束后，可以消除影响，恢复土地的原有功能。

施工期对生态环境的影响主要表现为场地平整、路基开挖和施工机械、车辆、人员践踏等活动对生态环境的影响。该项目施工营地拟设置在项目用地范围内，施工便道主要利用现状道路或设置在道路征地范围内，不设置取土场和弃土（渣）场，不会造成地表植被严重破坏。

在项目运营期，通过加强道路两侧绿化，可减少水土流失、降低交通尘埃和交通噪声污染，改善沿线的景观和生态环境。

（二）大气环境影响分析

1. 施工期大气环境影响分析

该项目现场不设专用的沥青混凝土搅拌站，因此该项目道路施工期的大气污染物主要是平整土地、土石方填挖、路面铺浇、材料运输和装卸等过程中产生的粉尘，沥青路面铺设过程中产生的沥青烟气以及运输车辆的往来产生的道路二次扬尘。

（1）道路扬尘。在施工期，施工材料的运输和装卸将给道路沿线带来 TSP 污染，特别是干旱季节，降雨量较少，在风速较大、运输车辆行驶较快时，扬尘污染更为严重。根据类似施工现场汽车运输引起的扬尘监测结果，距路边 50 m 下风向处 TSP 浓度超过二级标准 10 倍以上，相距 150 m 处超标仍达到 4 倍以上，说明施工期车辆运输扬尘对施工沿线地区污染较重，不可忽视，应采取相应措施（如洒水）减轻污染。根据同类项目的实验结果，如果施工阶段对汽车行驶路面勤洒水（每天 4～5 次），可以使空气中降尘量减少 50% 以上，收到很好的降尘效果。

（2）场地扬尘。堆放场地因刮风而产生的扬尘影响范围一般在 100 m 以内。因此，在施工阶段，在选择堆放场地时应避开居民区等敏感区，临时堆放的土石方等必须进行遮盖和围挡防护。

（3）土方的开挖、回填产生的尘污染。土方的开挖和回填作业产生的 TSP 污染严重程度与气候条件有关，干旱季节、大风时对下风向的污染影响较大。一般来说，在距施工现场 100～150 m 范围以外，TSP 浓度可达到标准限值要求。

从以上分析中可看出，施工期 TSP 污染严重，但随着施工区域内施工作业的完成，TSP 的污染即会消失，影响周期较短。

（4）沥青烟气。该工程不在现场进行沥青熬炼和搅拌，仅在路面铺设过程中散发少量的沥青烟，由于其浓度较低，沥青烟气不会对周围空气环境质量造成明显影响。沥青铺浇路面在靠近敏感点路段施工时，沥青摊铺应避免在敏感点的上风向时段施工，以免对人群健康产生影响。

从以上分析中可看出，施工期 TSP 污染严重，为了控制扬尘的污染，工程中应采取洒水措施，禁止大风天气施工，并合理确定施工场所，对运输散体物质车辆严加管理，采取加盖篷布或洒水降尘措施。采取上述措施后，粉尘影响和污染程度会明显减轻。同时，随着施工区域内施工作业的完成，TSP 的污染即会消失，影响周期较短。

2. 营运期大气环境影响分析

营运期环境空气污染物影响主要是道路汽车尾气的排放造成的。

类比铁路青岛北站市政配套工程安顺路（太原路—金水路）、振华路（站前路—四流中路）、站前路工程环境影响报告书中安顺路（太原路—金水路）大气环境影响的预测结果可知，在典型小时气象条件下，安顺路（衡阳路—仙山路）近、中、远期预测范围内 NO_2 最大小时浓度值、日均浓度值叠加背景值后均能够满足《环境空气质量标准》（GB 3095—2012）中的二级标准要求，不会对周围环境及敏感点造成显著影响。在长期气象条件下，近、中、远期在预测范围内贡献值叠加背景值亦能满足《环境空气质量标准》（GB 3095—2012）中的二级标准的相关要求，不会对周围环境及敏感点造成显著影响。

同时，参考周边已建项目环境保护竣工验收的结果，与该工程沿线二氧化氮排放源进行类比，可知该项目沿线扩散条件较好，环境容量较大，汽车尾气不会对环境空气产生明显影响。

此外，随着国家对环境保护的重视、技术的进步和清洁能源的广泛应用，未来机动车辆单车污染物排放量将逐步降低，可预见远期汽车尾气污染将进一步减小，同时拟建道路两侧的绿化带建设也将吸附部分污染物，使空气中的污染物浓度降低。

总体而言，营运期汽车尾气对沿线区域环境空气质量影响较小。

（三）声环境影响评价

1. 施工期噪声影响预测与评价

施工期噪声影响主要表现为施工道路交通噪声对拟建道路两侧居民的干扰，以及施工机械噪声对附近居民的影响。其中，道路交通噪声的影响范围集中在道路两侧150 m范围内，施工机械噪声影响主要在距离上述施工场所200 m范围内。考虑到工程施工期道路运输车辆的不连续性，其造成的影响也是有限的。

因此，施工过程中应采取必要的防护措施，以最大限度地降低施工噪声对周围环境的影响，同时应做好与项目沿线企业的协调沟通工作，以尽量取得公众的理解。目前，可采取的噪声防治措施，主要有以下几个方面。

（1）合理布置施工现场。应避免在受影响的环境敏感点附近停放施工机械，在距离较近的敏感目标临近路段设置施工围挡等措施。

（2）合理安排施工时间。制订施工计划时，尽可能避免大量高噪声设备同时施工，夜间不施工。

（3）降低设备声级。加强对机械设备的检查、维护和保养，减少运行震动噪声。整体设备应安放稳固，并与地面保持良好接触，有条件的应使用减振机座，以降低噪声。

（4）加强环保意识。施工过程中，要加强一线操作人员的环保意识，对一些零星的手工作业，尽可能做到轻拿轻放。在切实采取上述噪声防治措施后，可最大限度地降低施工期机械设备噪声对周围声环境的影响。

2. 运营期噪声影响预测与评价

目前，安顺路沿线周边地块用途尚未最终确定，项目道路红线两侧 50 m 范围外 200 m 内无敏感目标，考虑远期沿线地块的开发，安顺路应尽量降低营运期交通噪声对周边的影响，经与建设单位沟通，本次道路路面均采用高等级低噪声铺设材料，且道路两侧均种植乔灌木结合的绿化带设施，进一步降低营运期交通噪声的影响。

（四）水环境影响分析

1. 施工期对水环境的影响分析

项目施工期对水环境的污染主要来自施工废油、生活污水以及降雨产生的水土流失对水体的影响。

（1）施工废油的影响。施工期含油污水主要来源于施工机械的修理、维护过程及作业过程中的跑、冒、滴、漏，其成分主要是润滑油、柴油、汽油等石油类物质，这些物质如若管理不慎，流入附近水体，会对水体水质产生一定程度的影响。因此，应严格管理施工机械和运输车辆，减少跑、冒、滴、漏现象的发生。

（2）施工人员生活污水的影响。当施工场所常驻施工人员总数按 100 人估算时，施工期内产生的生活污水总量约为 5 m³/d。生活污水一般含有较高浓度的污染物，对施工人员生活污水进行集中收集，可以显著降低生活污水对周围环境的影响。根据道路建设经验和施工路段具体情况，施工期的生活污水多数经上述处理后，对环境造成的影响较小。

（3）降雨产生的面源流失对水环境的影响分析。施工期间，在原路面、路基开挖时，遭遇当地强降雨时可能造成水土流失，进入周围水体后会对水环境造成较大影响。因此，在施工期间要注意对裸露表土的防护。该项目在施工时考虑用塑料薄膜对开挖和填筑的未采取防护措施的边坡、表土堆积地、堆料场等进行覆盖，在表土堆积地周围采取用编织土袋拦挡、在堆料场周围设置沉淀池等措施。采取这些措施后可大大减少雨水对表土的冲刷，且设置的沉淀池对泥水能够起到预沉淀作用，在强降雨条件下所产生的面源流失量较小，对周围水环境的影响也很小。

2. 道路营运期对水环境的影响预测与评价

（1）地表水环境影响分析。该项目沿线不设服务区等管理设施，因此营运期不会产生生活污水的影响，只有路面径流对水环境有影响。

该项目建成通车后，随着交通量逐年增多，沉落在路面上的机动车尾气排放物、车辆油类以及散落在路面上的其他有害物质也会逐年增加。强降水容易在路面形成径流，而径流则有可能排入附近水体。根据同类项目类比可知，降雨期间，路面径流所挟带的污染物主要成分为悬浮物及少量石油类，多发生于一次降水初期，该项目中的道路在雨季产生的路面径流可导致附近河流水质在短时间内有所降低，但这种影响只发生在降雨初期，在水体自净能力的作用下，可为环境所接纳，对水环境影响较小。

根据该工程方案，各道路结合自然地势和道路坡向，均设有雨水管渠收集道路雨水径流，经分析，主要对初期雨水浓度有较大影响。该项目建成后，通过设置完善的排水系统，路面径流不会对沿线的地表水环境和胶州湾海域产生明显影响。

（2）地下水环境影响分析。根据项目沿线的水文地质条件，区域地下水类型以第四系松散岩类孔隙潜水为主，基岩裂隙水为辅，以大气降水和侧向径流补给为主要来源。由于该工程不进行地下水开采等活动，不进行污水排放，项目污水管网铺设时会采取严格的防渗措施，不会导致污水渗漏，不会对区域地下水产生污染影响。

三、环境保护措施

该项目建设所产生的环境问题及拟采取的环保对策与一般工业建设项目有所不同，其主要表现：① 道路建设对环境的不利影响主要发生在施工期，营运期相对较小。② 道路营运后主要是落实噪声防治与生态保护措施。基于上述特点，并结合该项目建设的具体情况，本评价分别提出施工期及营运期的环保对策、措施与建议，有如下几个方面。

（一）施工阶段的环保对策

1. 施工场地选址的环境合理性与可行性

该项目施工营地建设于项目用地范围内，不占用其他土地资源。根据区域的环境质量现状和周边状况，施工场地容易做到与周边企业保持合理的距离，施工场地设置于用地范围内是合理、可行的。

2. 施工期环保对策

道路施工期带来的环境问题较多，所以这一时期环保措施的有效性及环境管理的严格性就显得尤为重要。本阶段的环保措施与管理应由道路建设单位负责实施，并由青岛市环保局李沧分局监督检查。

（1）大气污染防治措施。

路基、路面施工场地应远离居民生活区，施工过程中不能视施工方便程度随意更改施工场地。施工场地周围应设置护栏。

同时，应采取相应措施减轻施工场地及道路扬尘污染。根据同类项目的实验结果，如果施工阶段对汽车行驶路面勤洒水，可以使空气中扬尘量减少50%以上。建议在干旱季节，每天对施工场地以及车辆道路洒水4～5次。粉状原材料在堆放与运输过程中应覆盖篷布，避免飞灰的产生。

（2）噪声污染防治措施。

夜间不施工，必须施工时，需向当地环保部门申请夜间施工许可，并张贴公示，征得当地居民的理解。

加强对机械和车辆的维修，以使它们保持较低的噪声，车辆运输中尽量避免鸣笛，减轻对居民的影响和干扰。

尽量避免在同一地点安置较多的动力机械设备，以避免局部声级过高；同时，应在高噪声场地设置围栏，通过阻隔衰减降低噪声的影响；施工车辆在经过各敏感路段时禁止鸣笛，减轻对居民的影响和干扰。

（3）水污染防治措施。

加强施工材料的管理，禁止将粉状材料、油料等堆放在河道岸边。

施工人员生活污水避免随意排放对环境造成影响。

（4）固体废弃物处置措施。

及时做好施工场地、路基路面筑路材料的清理工作，避免随意堆放和丢弃。

生活垃圾应收集在固定的垃圾堆放点并定期清理。

（5）生态环境保护及水土流失防治措施。

施工场地使用结束后要及时清理，恢复其原有功能，或根据实际情况进行有利的改造。

做好全线路基边坡和道路两侧的绿化，边坡采用植草的方式，道路两侧宜采用灌草木结合的方式。绿化工作建议在雨季前一个月进行。

按设计要求进行护坡、围挡，并及时进行植被恢复。

同时，应按设计要求的范围进行施工，不能随意在工程沿线取土和弃土，减少开挖面；在进行土方工程的同时，应尽量同步进行路面的排水工程，预防雨季路面形成的径流直接冲刷坡面而造成水土流失。

（二）营运阶段的环保措施

该项目建成营运后，将创造出显著的经济效益和社会效益，其所带来的最主要的环境问题是道路经过沿线企业地段的噪声污染。如果措施有效，管理有力，上述环境问题是可以避免和杜绝的。此阶段的环境管理与环保措施应由道路管理局及当地环保部门负责实施。

1. 声环境环保措施

（1）选用低噪声的路面材料结构，降低轮胎与地面的摩擦声。

（2）加强道路两侧的绿化。

（3）设置限速警示牌和超速电子警察。

（4）设立禁鸣标志，以提醒过往车辆禁止鸣笛。

（5）加强道路的维修保养，保持路面平整，尽可能减少路面下沉、裂缝、凹凸不平现象，减少汽车刹车、起动过程中产生的噪声，减少交通噪声扰民事件的发生。

2. 生态恢复与绿化措施的落实

道路工程的生态恢复与绿化是施工期和营运期均需特别重视的环节，道路管理部门应设置或委托专门的单位按计划实施，并采取切实可行的措施防控水土流失。在营运期，除了对施工期已实施的绿化工程进行补充和完善之外，还需做好现有绿化带的维护工作，使绿化工程发挥其应有的作用，并形成良好的景观。

3. 其他方面的污染防治措施

（1）提高工程质量，加强维修养护和管理，保证路面的平整度，以减少车辆行驶过程中产生的振动和噪声，减轻环境影响。

（2）货物运输可能沿路撒落，带来二次扬尘污染，因此，应禁止没有足够防护措施的车辆上路。

（3）加强排水系统的维护，定期进行排水系统的清淤，以确保降水畅通排泄。

（4）应加强运输危险品车辆的质量及运行状态检查，特别是安全防范措施的检查，消灭事故隐患。

（5）在环境敏感区（如居民集中区等）及事故多发地段，交通管理部门应设置醒目的提示板或警告牌，并公布事故急救电话。

第二节　节能评价与措施

一、节能评价

（一）节能评价的依据

车辆运营过程中燃油消耗量的节约是公路建设项目的主要节能体现。该项目节能评价以国家计划委员会、国家经济贸易委员会和建设部的相关文件为依据。

（二）节能的必要性

道路交通运输中，机动车所消耗的燃料主要是汽油和柴油，这两种燃料是从石油中提炼出来的，而石油作为非再生能源，储量是有限的，随着大量开采使用，石油将会变得越来越少。同时，在公路运输中，汽油和柴油燃烧释放的硫化物会污染大气，并形成酸雨；燃烧释放的二氧化碳将引发温室效应，导致全球变暖，加剧地球生态环境的恶化。

改革开放以来，我国经济飞速发展，经济运行机制的变化加剧了对公路运输的需求，导致公路机动车出行的持续增加。在我国的汽车运输总成本中，客车的燃油消耗占运营总成本的30%～35%，货车的燃油消耗占运营总成本的25%～35%。到2005年末，我国民用汽车保有量达到了3 159.66万辆，汽车燃油消耗的汽油、柴油量分别占汽、柴油消耗量的85%和30%左右。今后，随着我国公路运输事业的快速发展，燃油消耗的绝对值会越来越高。因此，公路运输节约能源对我国国民经济的可持续性发展有着十分重要的意义，需要从各个角度研究公路运输节约能源的途径和措施，减少公路运输对稀缺石油资源的需求，保护生态环境。

（三）节能影响因素

道路交通运输节能主要包括建设期和运营期两部分的节能，由于建设期间的能源消耗是一次性的投入，所占的比例相对较小，因此，该项目仅考虑公路运营期间的节能。

影响运输燃油消耗的因素有很多，归纳下来主要有以下两类。

第一类：车辆本身的燃油经济性，这是由车辆本身的构造和制造工艺决定的，在车辆出厂之前就已是定值。

第二类：车辆的行驶状况，这取决于车辆运行的具体环境和驾驶员的操作技能，可概括为如下几方面。

（1）公路条件，包括几何特征（纵坡、曲线和路面宽度等）和路面特征（平整度等）。

（2）车辆特性，包括车辆的物理特性和行驶性能（发动机功率、转速和车辆荷载等）。

（3）交通状况，如流量、交通组成、行人和非机动车流量等。

（4）地区因素，如司机的驾驶行为和车速限制等。

车辆运行的燃油消耗量与公路交通条件密切相关。车辆在运行过程中通常由起步、换挡、加速、减速、滑行、制动等基本操作单元组成。当公路条件、交通条件发生变化时，车辆运行油耗也随之改变。在良好的公路条件下，车辆运行状态平稳，其耗油量相对较小；而当公路、交通状况不佳时，车辆行驶中的加、减速次数随之增加，车辆运行状态将变得不稳定，耗油量相对于平稳行驶时增加很多，尤其是当停车次数增加时，起动加速所耗燃油将成倍增加。

根据调查，我国汽车的经济运费中，客车的燃油消耗占运营总成本的30%～50%，货车的燃油消耗占运营总成本的25%～35%，解放牌汽车的平均百公里油耗在20～60 L，高低相差达3倍多。

道路条件是指道路的平、纵面线性以及宽度、视野、路面平整度和附着力等。美国的研究表明，纵坡从6%降至3%，小汽车可节油20%，卡车可节油70%。日本对不同路面的研究结论则是卡车在高级、次高级路面上比砂石路面上行驶节油30%～40%，这是因为在非高级路面上行驶要克服较大的滚动阻力。

交通条件主要是道路服务水平，包括混合交通情况、交通流大小及离散程度，行人及横向干扰程度，行车速度以及交通设施的完善程度等。日本的相关研究表明，通畅的道路比拥挤的道路可节油30%～40%，这主要是汽车以低速挡行驶时，节气门开度小，曲轴转速高，发动机在非经济状况下工作，在混合交通条件下，横向干扰大，停车、减速及加速使能量消耗增大，油耗增加。根据研究表明，汽车每次停车起动的汽油消耗量相当于汽车多跑180 m左右。

（四）节能评价

该项目建成后的油耗节约效益的计算将采用"有无比较法"，无此项目时的汽车燃油消耗与建设此项目后新老路汽车燃油消耗之差额即为油耗节约量。

该项目为新建道路项目，燃油节约主要包括以下几个方面。

（1）道路晋级节约油耗。

（2）减少拥挤、提高速度节约油耗。

（3）缩短里程节约油耗。

二、节能措施

为加快建设资源节约型城市，促进电力和能源的可持续利用，保护城市生态环境，在世界能源日益紧张的情况下，实施节能措施具有重要的现实意义。加强道路工作的节能管理，降低能源消耗，提高能源使用效率和经济效益势在必行。在本设计中所称的能源是指煤炭、石油及燃料制品，天然气、电力等，主要通过以下几个方面达到节能的目的。

（一）设计阶段

（1）合理设计道路纵曲线，将道路纵坡控制在合理范围内。研究结论显示，随着纵坡增大，每提高1 km/h的油耗和每增加1 t货物的油耗将急剧增加，特别是纵坡坡度大于7%时尤其突出。

（2）对横断面、交叉口及道路服务水平设计进行合理优化，减少车辆拥堵，从而降低汽车的尾气排放。

（3）合理设计路面结构，减少沥青的使用数量以及对车辆轮胎的磨损。

（二）施工阶段

（1）大力推广应用节能"新技术、新工艺、新产品、新材料"。

（2）实施重点耗能设备即装机容量在120 kW以上的施工机械、设备的用能管理制度，同时合理组织施工，减少设备的非生产运转，按施工生产任务和耗能定额分配指标用能。

（3）对技术状况差、耗能高的重点耗能设备，要有停止使用、限期技术改造和更新的具体条件和措施。

（4）切实做到路基分层压实，延长道路使用寿命，减少养护成本。

（5）施工时节约用水，尽量减少不必要的水资源消耗，同时保证管道施工质量，减少滴漏对水资源的浪费。

（三）管理维护阶段

（1）道路建设、养护的节能管理工作，应有机构分管，并配置有一定专业知识、业务能力的人员具体负责。

（2）对养护人员进行培训，使每个工人均能熟练操作，从而减少养护人员数量，制定并严格执行相应的作业规范。

（3）对绿化带中的植物进行浇灌时，尽量避免水资源的浪费。

（四）运营阶段

1. 道路照明节能的管理原则

（1）道路照明系统的建设目标是提供与周边环境相适应、满足功能要求、讲求实用、适度考虑美观的和谐照明。

（2）道路照明节能措施的采用可以结合当地景观照明、绿化照明、广告灯照明，考虑周边环境的影响进行综合考虑。

（3）道路照明系统的节能必须综合考虑技术、管理等多个方面因素，要力求综合效益的最优化。

（4）道路照明节能要因地制宜，讲求实效，要具体情况具体对待。

（5）要把道路照明节能作为规划设计的重要内容加以贯彻并付诸实施。

（6）对采取节能技术措施的照明设施，应加强管理和巡视，保证系统的正确运行。

2. 道路照明节能技术原则

（1）道路照明系统的技术要求是安全可靠、科学合理、先进适用、维护方便，应用节能技术保证系统的功能达到各项技术指标。

（2）要全面考虑道路照明系统的性能和节能效果，综合考虑光源、灯具及附属装置、照明供电、照明控制等各技术环节的节能效果和作用。

（3）节能设备的推广和使用应以安全、可靠、成熟为原则，产品应达到国家、行业及企业相关技术标准，优先推广获得国家节能认证的产品。

3. 照明节能技术

照明设计体现"绿色照明"的理念。照明节能是一项系统工程，设计通过合理选用灯具和光源、合理选用照明方式、合理设计照明线路与控制方式，来提高整个照明系统的效率。

（1）路灯采用效率高、寿命长、性能稳定的高压钠灯光源。

（2）选用控光合理的灯具，选用高效率的灯具，灯具效率不得低于70%。

（3）整流器采用节能型电感整流器，减少整流器损耗。

（4）路灯采用单灯就地补偿，补偿后功率因数达0.9以上，减少线路损耗，降低电压损失。

（5）机动车交通道路的照明功率密度值符合《城市门路照明设计标准》（CJJ 45—2006）的规定。

（6）三相配电干线的各项负荷分配平衡，减少零点移位，减少电压偏差。

（7）路灯控制箱内采用专用的节能产品PLC智能照明调控装置，该装置具有控制、稳压、软启动、降压运行等多种功能。当夜深时车流量少，采用降压运行方式，照度可定时降低，达到明显的节能效果。其具体做法为晚上11点以前采用稳压模式，晚上11点以后至早上关灯时段采用降压节能模式。

（8）路灯变压器采用非晶合金铁芯，空载损耗、负载损耗较硅钢片铁芯变压器有大幅度降低，节能效果明显。

第三节　劳动安全卫生消防

为了搞好安全生产、预防事故发生、改善劳动条件、保护职工的安全和健康，本次参照《中华人民共和国安全生产法》及《职业安全健康管理体系指导意见》等法律法规，对该工程进行评价。

一、主要危险因素分析

该项目建成投产后，在生产过程中可能存在的主要危险因素有机械伤害、触电、高处坠落、火灾隐患。

（一）机械伤害

机械伤害事故是指机械设备运动（静止）部件、工具、加工件直接与人体接触引起的伤害。

可能导致机械伤害事故的因素主要是由于人的违章指挥、违章操作造成的，常见因素有以下几个方面。

（1）违章操作，穿戴不符合安全规定的服装进行操作。

（2）机械设备安全防护装置缺陷、损害、被拆除等，导致事故发生。

（3）操作人员疏忽大意，身体进入机械危险部位。

（4）在检修和正常工作时，机器突然被别人随意启动，导致事故发生。

（5）在不安全的机械上停留、休息，导致事故发生。

（二）触电

可能造成触电事故的主要因素，有以下几个方面。

（1）不填写操作票或不执行监护制度，不使用或使用不合格的绝缘工具和电器工具。

（2）线路检修时不装设或未按规定装设接地线。

（3）线路或电气设备工作完毕，未办理工作终结手续就对停电设备恢复送电。

（4）在带电设备附近进行作业，不符合安全间距或无监护措施。

（5）机电操作不核对设备名称、编号、位置状态。

（6）跨越安全围栏或超越安全警戒线；工作人员误碰带电设备；在带电设备附近用钢卷尺等测量工具或携带金属超高物体在带电设备下行走。

（7）装设地线不通电。

（8）工作人员擅自扩大工作范围。

（9）使用的金属工具外壳不接地，不戴绝缘手套。

（10）在潮湿地面、金属容器上工作不穿绝缘鞋、无绝缘垫、无监护人。

（三）高处坠落

高处坠落事故是指在高处作业中发生坠落造成的伤害。

可能造成高处坠落事故的主要因素，有以下几个方面。

（1）没有按要求使用安全带、安全帽。

（2）使用楼梯不当。

（3）没有按要求穿防滑性能好的软底鞋。

（4）高处作业时安全防护设施损坏。

（5）工作责任心不强、主观判断失误。

（6）使用安全保护装置不完善的设备、设施进行作业。

（7）作业人员疏忽大意，疲劳过度等。

（四）火灾隐患

火灾隐患主要有包装用水泥纸袋及支护模板等。

二、职业危害分析

该项目生产过程中可能产生职业危害的主要因素有噪声、火灾隐患、体力劳动强度等。

三、劳动安全卫生消防技术对策措施

（一）防机械伤害、高处坠落、物体打击的对策措施

（1）运转设备应安装防护罩。

（2）清理、检修设备时，必须切断电源。

（3）不准戴着手套对运转的机器做清洁工作。

（4）工作平台、走廊以及便于操作、巡检、维修作业的爬梯均设置有防护栏杆和扶手。

（5）正式接班前必须穿戴好劳动保护用品。

（6）登高作业一定要抓紧护栏，严禁翻越围栏走近路，防止高空坠落。

（7）在高处作业时，注意使用工器具和防护用品的摆放，防止高空落物伤人，严禁从高空向下抛掷工器具及物体。

（8）高空作业人员必须身体健康，对有心脏病、高血压、贫血、昏晕、深度近视、癫痫病者，不能安排其进行高空作业。

（9）高空作业拆卸下来的物体及工具等，应放置在妥善的地点，堆放牢固稳妥，防止坠落。

（10）严禁酒后上岗。

（11）生产巡视时不能攀越运行设备，注意运转设备的工作情况，以防带出物击打伤害。

（12）制定岗位检查制度，对违规作业者实行必要的处罚，提高全员安全生产意识。

（二）防电伤与防雷击对策措施

（1）检查电气设备是否具有国家指定机构的安全认证标志。

（2）为防止人体直接、间接和跨步电压触电，必须设置电源系统中性点接零、接地保护。

（3）对一旦发生漏电切断电源时，会造成事故和重大经济损失的装置和场所，应安装报警式漏电保护器。

（4）检查防雷装置是否采取等电位连接。

（三）消防对策措施

（1）安全疏散：疏散楼梯、走道宽度均在 1.1 m 以上，满足安全疏散的要求。

（2）消防设施：按《建筑设计防火规范》（GB 50016—2014）设置消防设施。消防用水量储存于循环水池中。室外消火栓间距不超过 120 m。

（3）消防设施及器材的使用管理：消防器材要设置在明显、取用方便的地方，要经常检查，做到定点、定型号和确保用量，定专人维护管理，不准挪作他用。人人都应熟知消防器材的结构、性能、适用范围，并能够熟练、正确地使用各种消防器材，熟悉水源、消防器材、设施、电话的设置地点，并能对初期的火灾进行有效扑救。

（四）个人防护

按相关规定，对岗位职工发放相应的劳动保护用品。

四、劳动安全卫生消防管理对策措施

（1）按照劳动安全卫生与消防管理体系的需要，设置必要的安全卫生与消防教育和管理机构，配备相应的专（兼）职管理、检查、安全、卫生教育、检测、消防人员。

（2）配备安全卫生消防管理、检查、事故调查分析、检测检验的用具和设施、设备。

（3）配备安全卫生、消防、培训、教育设备和场所。

（4）与附近的消防部门建立密切联系，建立火灾报警系统。

（5）制定事故应急预案。

（6）根据国家规定，制定合理的劳动休息制度。

（7）生产主管者必须管理安全，各级领导和生产管理人员必须重视安全工作，认真贯彻落实各级安全生产责任制，实现全面的安全管理。

（8）制定危险源管理制度和安全标志管理制度。

（9）加强防寒保暖、降温防暑及工时制度管理。

（10）按照国家规定，实行对女工的劳动保护。

（11）建立职业安全健康管理体系（OHSMS），采用安全系统工程等科学的管理方法进行安全管理，确保安全文明生产。

五、预期效果及评价

该项目在设计过程中应遵循"安全第一"的思想，贯彻"预防为主"的方针。通过采取以上防治措施，能达到改善劳动条件、加强劳动保护的相关规定，因此，在劳动安全、工业卫生及消防方面，该项目是可行的。

第四节 社会评价

一、工程项目效益评价

工程项目效益可分为经济效益、社会效益、环境效益。

（一）经济效益

项目的经济效益主要体现在时间节省的经济效益、运输成本下降所带来的经济效益、交通事故下降的经济效益以及道路沿线土地增值效益、沿线竞争地位的提高、整个路网运输条件的改善所产生的效益等。

工程的实施能够改变路网的运输状况，节省物流、人流的出行时间，改善车辆的运营状态，大幅度降低运营成本，增加车辆运行的快速、有序性，减少交通事故的发生率。同时，区域内道路建设大大提高了该区域的竞争地位，该项目取得的经济效益是显而易见的。

（二）社会效益

社会效益表现为增强区域间的可达性、改善人们出行的安全感及舒适程度、刺激经济发展等。道路建设所取得的经济效益也反映了其社会效益，道路建设能增强区域间的可达性，提高道路通行能力，提高车辆行驶的舒适性。人行道、绿化种植的实施确保了人们出行的安全及舒适，从而带动经济发展，充分体现"最大限度地满足人们需求"的宗旨。

该工程的实施将改善周边区域的环境质量，促进区域经济的进一步发展以及土地较大幅度的增值，增大招商引资的可能性，从而进一步提升城市形象。

（三）环境效益

随着人类文明的进步和社会经济的发展，人类已逐渐认识到环境保护对促进社会和经济持续、稳定、协调发展的重要意义，在我国，环境保护已成为一项基本国策，受到了全社会的关注和重视。

该项目的环境效益包括灰尘、噪声的减少，道路及周边环境的改善等，从而提高人们的生活质量。

该工程通过行道树、绿化种植等景观环境方式，可大大改善其周边环境，提高环境质量，取得预计的环境效益。

二、社会风险分析

该项目的社会风险分析是对可能影响项目的各种社会因素进行识别和排序，选择影响面大、持续时间长、容易导致较大矛盾的社会因素进行预测，分析可能出现这种风险的社会环境和条件。

该项目的实施不仅可以缓解交通压力，方便市民出行，同时，该工程的建设还可以提升区域城市品质，带给区域居民一个更好的城市环境。此外，该项目的实施确实会产生一定的不利影响，主要为施工期间引起的噪声、空气、废水等污染。针对不利影响，该项目制定了环境保护控制措施，力争将对环境的影响和市民生活的影响降至最低。

该项目的建设需要进行良好的交通组织，施工期间可能会对汾阳路东西向通行造成一定不便，但对沿线居民的生活无较大影响。

因此，该项目的实施没有明显的社会风险。

第六章

≪≪ 新技术应用与研究

第一节　BIM在道路桥梁设计施工中的应用

一、BIM的概念

建筑信息模型（Building Information Modeling）是以建筑工程项目的各项相关信息数据作为模型的基础，进行建筑模型的建立，通过数字信息仿真模拟建筑物所具有的真实信息。它具有信息完备性、信息关联性、信息一致性、可视化、协调性、模拟性、优化性和可出图性等特点。（图6-1）

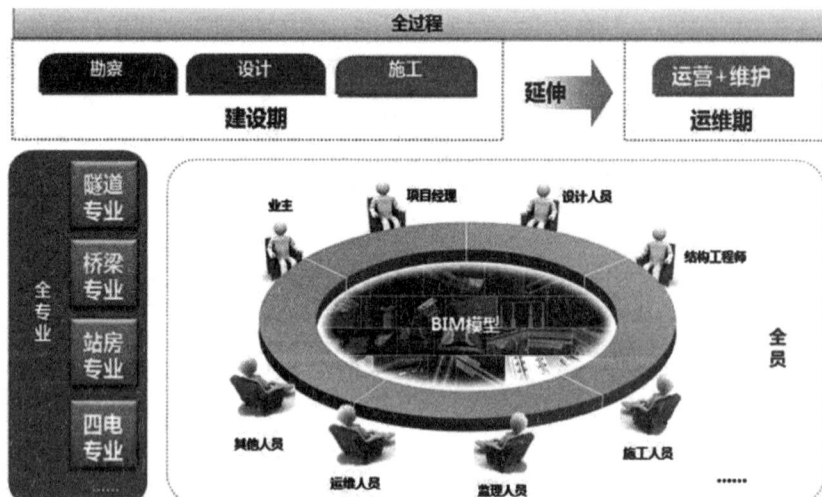

图6-1　BIM全专业协同组织图

二、BIM 的优势

近年来，随着经济发展的需要，大型、特大型路桥隧工程项目越来越多，越来越复杂、多样化，施工难度不断加大，这对道路、桥梁、隧道工程施工提出了更高的要求。将建筑信息模型（BIM）引入工程中，通过 BIM 在路桥隧工程施工中的种种优势，包括设计复核、工序模拟、进度模拟、可视化交底和成本管理等，为路桥隧工程设计施工提供有效的支持，进而减少返工、提高效率。

三、BIM 应用总体方案

（一）无人机航拍技术

利用遥感技术，使用无人机航拍，将实景与设计方案合成，有效直观地展示设计方案，快速判断该项目对周边环境的影响，对设计方案的优化提供有效的支持，优化设计成果，减少沟通成本。

（二）倾斜摄影

倾斜摄影三维模型为实景模型，可将全方位实景地表附着物、构筑物等相互关系十分精确地进行展示，且表面纹理颜色等均与实际情况一致。通过对实景模型的浏览，可以方便了解整个工程范围的情况，对整个工程形成直观印象。

倾斜摄影三维模型精度较高，模型分辨率优于 0.05 m，可直接基于模型进行包括高度、长度、面积、角度、坡度等的测量。利用倾斜摄影技术，可以快速精准地获取项目环境的点云数据，为设计提供依据。

（三）参数化标准建模

参数化建模指的是通过参数而不是数字建立和分析模型，简单地改变模型中的参数值就能建立和分析新的模型；BIM 中的图元是以构件的形式出现的，这些构件之间的不同是通过参数的调整反映出来的，参数保存了图元作为数字化建筑构件的所有信息。

（四）虚拟现实（VR）

虚拟现实是利用计算机生成一种模拟环境，通过多种传感设备使用户"沉浸"到该环境中，实现用户与该环境直接进行自然交互的技术。它能够以自然的方式与计算机生成的环境进行交互操作，体验比现实世界更加丰富的感受。同时，可依据建设单位或设计单位工程负责人指定的漫游路线制作建筑物内外部虚拟动画，便于相关人员直观感受建筑物的三维空间，辅助设计评审，优化设计方案。（图6-2）

图6-2　VR虚拟现实

（五）重难点、复杂节点施工模拟

通过可视化的过程模拟，分析施工工序、进度计划、资源配置等的可行性，进而不断改善施工方案。同时，可以根据BIM技术完成的模型，来进行实际项目施工中的施工技术，施工工艺及现场的场地布置、人员配置，优化施工组织设计等，为具体的施工技术方案提供可视化演示，优化施工方案。在该项目施工中应用BIM技术指导施工，能够有效地控制施工质量，加快施工进度，并在施工中模拟施工工艺流程演示施工，通过软件随意查看工程施工中各工序的施工工艺流程，做到可视化指导施工。

（六）挖填方土方量计算

利用无人机倾斜摄影建成的真实三维模型，将地块未开挖的原始地貌真实、精确地予以反映，对不同的开挖方案结合BIM软件进行数据分析，与不同土石方开挖运作方案比对运算，得出各方案的精确土石方开挖回填工程量和经济指标测算，能够确定最优土石方平衡运作方案。

（七）BIM协同管理平台

在设计阶段采用BIM技术，使各个设计专业可以协同设计，减少设计缺陷。在施工阶段，各个管理岗位、工序、工种的协同工作，可以提高道路、管线等专业的施工效率。（图6-3）

图6-3 协同管理平台功能图

第二节 城市智慧化技术应用

结合当前城市运行管理的迫切需求，城市智慧化技术的应用可以提高社会治安防控能力，增强交通运行智慧化调控水平，促进新形势下智慧城市建设的创新和落地，创新应用道路交通态势感知系统、行人管控系统及自适应协调式交通信号控制系统。

一、道路交通态势感知系统

道路交通态势感知系统利用前端道路监测设备对道路的路网状况、常规拥堵、异常拥堵、突发事故、道路施工和热点区域等运行状态进行监测。通过融合前端设备采集的数据，在控制中心对当前道路的运输状况进行评价，获取拥堵里程比例、拥堵持续时间、常发严重拥堵路段数和平均行程车速等关键评价指标，实现整个区域交通运行状况的在线感知。（图6-4）

图6-4　道路交通态势感知系统

二、道路行人管控系统

通过在路口行人通道建设行人监控系统，实现对路口人流量的统计分析。同时，对行人闯红灯的违法行为进行抓拍，运用视频分析、人脸识别和运动跟踪等新技术，采用图像识别自动检测算法自动检测行人是否存在闯红灯行为。当检测到行人闯红灯时，进行人脸抓拍并与人脸数据库信息实时比对，通过喇叭语音警示和对违章行为图片和行人相关信息大屏曝光显示的警示方式，规范行人过马路的交通行为。（图6-5）

图6-5　道路行人管控系统

三、交通信号控制系统

在重点路口建设新一代自适应协调式交通信号控制系统，实现中心平台集中管控、多模式自主化应用，以服务日常交通监督管控、疏堵排堵以及重大活动信号保障。另外，通过路口/路段的实时交通检测，利用多模式广域自适应交通信号协调控制算法，使路口交通信号控制实时响应实际交通需求，实现单路口、主要干线、重要区域的协调控制，提高城区交通通行效率，保障重要活动的顺利举行。（图6-6）

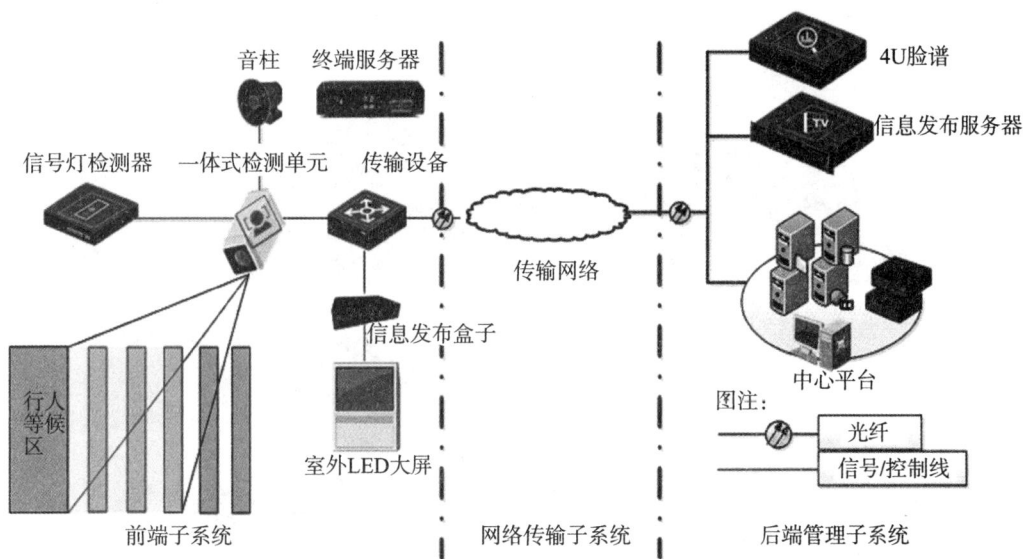

图6-6　自适应联网协调式交通信号控制系统

第三节　智慧综合杆的建设

现状道路上杆件众多，如路灯、交通标志标牌杆、信号灯杆、监控杆、路名牌杆等，其高低不同，色彩多样，严重影响市容市貌。

道路修建完成后增加的杆件，如电子警察等，需要供电的设备，会有电线裸露，影响用电安全。目前，道路上设置的主要杆件包括照明灯杆、交通标志标牌杆、信号灯杆、监控杆、路名牌杆、公共服务设施指示标志牌杆、电车杆、公交站牌杆、停车诱导指示牌杆等。以灯杆为载体，对设计范围的信号灯、监控摄像机、交通标志、道路照明等设备进行合杆，整合后的综合杆布设在人行道或分隔带内，将上下行摄像机和交通标志分别安装在综合杆上，与此同时根据与安装设备系统相匹配并留有余量的原则，同步对所涉及的设备机箱进行整合，设置综合机箱。（图6-7）

实施前　　　　　　　　　　　　　实施后

图6-7　综合杆实施前后对比

通过智慧综合杆的建设，对该项目周边多种设施进行整合，将各种无序的设施集成到智慧综合杆中，美化道路周边环境，避免不同步建设与重复建设，节约投资，降低维护资源的投入，做到资源整合化、管理集约化。同时，遵循道路杆体"能少则少，能合则合"的总原则，为其他智慧设施以及车路协同设施预留安装位置和通信接口。（图6-8）

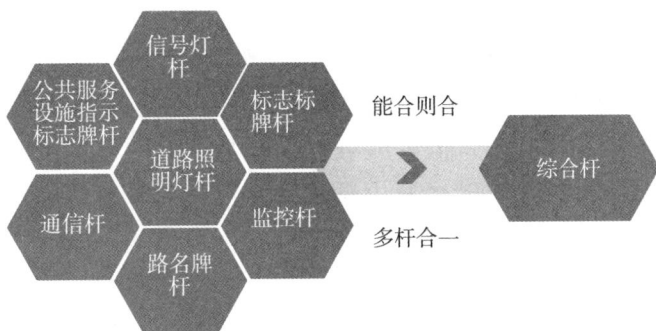

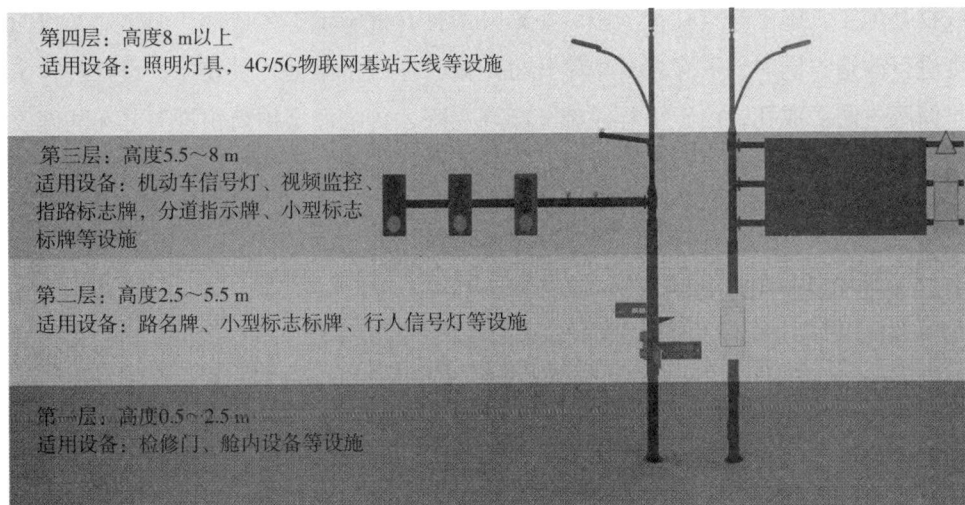

图6-8　多杆合一示意图

第四节　搓管机全护筒成桩新工艺

一、工艺工法概况

铁路营业线施工安全是关系到国家财产和人民生命财产安全的重要问题，是进行大规模铁路建设的前提。近些年铁路营业线施工事故的频发，铁路营业线施工安全要求越来越高。铁路营业线施工要始终要把安全放在首位，坚持"安全第一，预防为主，综合治理"的方针，把铁路营业线施工安全作为重中之重来抓。

桥梁下穿营业线施工，利用桥梁结构对既有桥墩的影响小、工后沉降小、整体刚度大的优点，最大限度地减小新建线路对营业线桥墩偏压位移的影响，确保营业线安全运营。在下穿营业线施工中，桩板结构路基也得到越来越广泛的应用。

软土地区的钻孔桩施工，普遍采用回转钻机成孔，钻机高度为9～11 m；下穿营业线桩基施工，施工净空往往受限，虽然一般钻孔桩施工工艺成熟，但需对钻机门架高度进行改造；同时，下穿段少数钻孔桩距离营业线桥梁钻孔桩较近，设计往往采用全护筒跟进防护成孔，由于下穿段施工净高受限，传统的全护筒跟进工艺无法施工，造成全护筒跟进防护施工难度大。但是，随着改良型搓管机的引入，已有效地解决了护筒跟进的难题。

二、在工程中的应用

桥梁下穿青连营运线，桥下净空仅4.5 m，而传统钻机高度为9～11 m，无法满足桥梁施工要求。该工程因地制宜，融合搓管机全护筒成桩新工艺，施工高度仅为3 m，且对临近铁路桥桩基影响小，从而解决了净空受限、地质条件差、临铁怕扰动等系列难题，保障了工程控制性节点的顺利实施。

第五节　利用arcGIS软件解决片区防洪排涝问题

利用arcGIS软件，对娄山北片区的地形、地势进行分析，梳理区域排水存在的问题，结合防洪排涝规划和河道防洪规划，合理划分排水区域，在区域内规划、建设防洪排涝通道及防洪排涝设施，利用海绵城市建设、排水管网建设等方式，系统性地解决该区域的雨水排放问题。

第六节　管道穿越河道采用非开挖技术施工

安顺路工程需多处穿越营运铁路、河道，其中，娄山河、娄山后河段距离入海口较近，河水水位长期保持较高水位。同时，娄山后河宽度 100 m 左右，开槽施工难度较大，采用顶管、托管等非开挖技术施工，能够大大降低施工难度。（图6-9）

图6-9　顶管施工示意图

参考文献

［1］李继业，张峰，马朝阳. 城市道路设计实用手册［M］. 北京：化学工业出版社，2014.

［2］周亦唐，唐正光. 道路勘测设计［M］. 重庆：重庆大学出版社，2023.

［3］杨建明. 道路交叉设计［M］. 北京：中国建筑工业出版社，2013.

［4］程国柱. 道路与桥梁设计概论［M］. 北京：人民交通出版社，2013.

［5］汪小茂. 城市道路地下管线综合设计［M］. 武汉：长江出版社，2013.

［6］李良训. 市政管道工程［M］. 北京：中国建筑工业出版社，1998.

［7］王晓俊. 风景园林设计［M］. 南京：江苏科学技术出版社，2000.

［8］刘朝辉，秦仁杰，公路环境与景观设计［M］. 北京：人民交通出版社，2003.

［9］王恒栋. 综合管廊工程理论与实践［M］. 北京：中国建筑工业出版社，2013.

［10］曾国华，欧阳康淼，安志强. 城市地下综合管廊技术创新与管理实践［M］. 北京：清华大学出版社，2023.

［11］徐泽中. 公路软土地基路堤设计与施工关键技术［M］. 北京：人民交通出版社，2007.

［12］冯守中. 公路软基处理新技术［M］. 北京：人民交通出版社，2008.